Kinder sollen sich selbst entdecken

Die Erlebnispädagogik Kurt Hahns

von

Michael Lausberg

Tectum Verlag
Marburg 2007

Lausberg, Michael:
Kinder sollen sich selbst entdecken.
Die Erlebnispädagogik Kurt Hahns.
/ von Michael Lausberg
- Marburg : Tectum Verlag, 2007
Zugl.: Köln, Univ. Diss. 2005
ISBN –10: 3-8288-9204-3
ISBN –13: 978-3-8288-9204-0

© Tectum Verlag

Tectum Verlag
Marburg 2007

1. Einleitung

Die große Bedeutung Kurt Hahns für die Pädagogik des 20. Jahrhunderts ist in der internationalen Forschung unumstritten. Für den Leiter des Institutes für Erlebnispädagogik an der Universität Lüneburg, Jörg W. Ziegenspeck, besitzt der ganzheitliche Erziehungsansatz Hahns bis in die heutige Zeit Aufforderungscharakter für das Erziehungs- und Ausbildungswesen in Deutschland und in anderen Ländern.[1] Michael Knoll bezeichnet Hahn als „eine der großen Gründergestalten der internationalen Reformpädagogik".[2] Robert Flarell bemerkt stellvertretend für den anglo-amerikanischen Raum:[3] „Kurt Hahn is increasingly mentioned as the foremost educator of the 20th century."

Nach seinem Tod im Jahre 1974 wurde Hahns pädagogisches Lebenswerk in verschiedenster Weise gewürdigt. Die Association for Experimental Education rief im Jahre 1983 den Kurt-Hahn-Award ins Leben. Im selben Jahr richtete die Alt-Salemer Vereinigung eine Kapitalstiftung als Kurt-Hahn-Stiftung zur Förderung der Schule Schloss Salem und weiterer Hahnscher pädagogischer Einrichtungen sowie zur Unterstützung begabter Schüler ein. Drei Jahre später gründete die Universität Cambridge eine Stiftung der Kurt-Hahn-Gedächtnis-Stipendien für deutsche Studenten der Philosophie und Geisteswissenschaften. Seit dem Jahre 1992 verleiht das Bundesland Niedersachsen den Outward-Bound-Preis für herausragende Projekte und Programme im Sinne der Hahnschen Erlebnistherapie.

In vielen Teilen der Welt wurden Outward-Bound-Schools gegründet, die sich direkt auf die von Kurt Hahn entwickelten Prinzipien bezogen: in Europa (Belgien, Deutschland, Großbritannien, Niederlande, Griechenland u.a.), in Afrika (Kenia, Nigeria, Südafrika u.a.), in Asien (China, Japan, Malaysia, Singapur u.a.), in Nordamerika (USA, Kanada) ebenso in Australien und Neuseeland.

---

1   Ziegenspeck, J.W.: Kurt Hahn. Erinnerungen-Gedanken-Aufforderungen. Beiträge zum 100. Geburtstag des Reformpädagogen, Lüneburg 1987, S. 7
2   Knoll, M.: Kurt Hahn-ein politischer Pädagoge. Zu seinem 100. Geburtstag, in: Ziegenspeck, Kurt Hahn, a.a.O., S. 9–20, hier: S. 10
3   zitiert aus Friese, P.: Kurt Hahn. Leben und Werk eines umstrittenen Pädagogen, Bremerhaven 2000, S. 355

Umso erstaunlicher ist die Tatsache, dass bis zum heutigen Tage nur wenige wissenschaftliche Publikationen über Hahns Leben und seine pädagogische Theorie existieren. Über die Gründe der geringen Forschungsresonanz zum Thema Kurt Hahn können nur spekulative Aussagen gemacht werden. Die Tatsache, dass Hahn zeitlebens keine vollständige pädagogische Theorie entwarf, könnte für das fehlende Interesse an seinen Erziehungsvorstellungen verantwortlich sein. Ein weiterer Erklärungsansatz liegt darin, dass Hahns Erziehungskonzept als veraltetes Relikt des frühen 20. Jahrhunderts ohne Bedeutung für die Lösung gegenwärtiger Probleme wahrgenommen werden könnte.

Seit der Mitte der 80er Jahre stieg zwar die Zahl der Beiträge ein wenig an, dennoch fristen Hahns Erziehungsvorstellungen – unberechtigterweise – immer noch ein Schattendasein innerhalb der pädagogischen Forschungslandschaft. Die Schriften Kurt Hahns konnten lange Zeit nur in den Archiven in Berlin, London und Washington eingesehen werden; sie waren somit einer breiten Öffentlichkeit kaum zugänglich. Die lange Zeit einzige deutschsprachige Sammlung erschien im Jahre 1958 unter dem Titel „Erziehung zur Verantwortung".[4] Erst im Jahre 1998 gab Michael Knoll Hahns wichtigste Reden, Aufsätze und Briefe in einem Sammelband heraus.[5] Im Jahre 1960 veröffentlichten Richter und Münch in Form eines Praxisberichtes das Werk „Kurzschule und Charakterbildung" über die Kurzschule Baad im Kleinwalsertal.[6] Dieses Buch bedeutete nicht nur eine erste intensivere Reflexion des pädagogischen Konzepts Hahns an einer deutschen Kurzschule, sondern trug ebenfalls zu einer Verbreitung des Kurzschulgedankens in Deutschland bei.

Zum 80. Geburtstag Kurt Hahns gab Hermann Röhrs die Festschrift „Bildung als Wagnis und Bewährung" heraus.[7] Ein internationaler Autorenkreis beschäftigte sich dort mit der Darstellung des Le-

---

4   Linn, F./Picht, G./Specht, M.(Hrsg.): Kurt Hahn. Erziehung zur Verantwortung. Aus den deutschen Landerziehungsheimen. Heft 2, Stuttgart 1958
5   Knoll, M.(Hrsg.): Kurt Hahn: Reform mit Augenmaß. Ausgewählte Schriften eines Politikers und Pädagogen, Stuttgart 1998
6   Richter, G./Münch, H.: Kurzschule und Charakterbildung. Ein Bericht aus der Arbeit, München 1960
7   Röhrs, H. (Hrsg.): Bildung als Wagnis und Bewährung. Eine Darstellung des Lebenswerkes von Kurt Hahn, Heidelberg 1966

benswerkes von Kurt Hahn, vor allem mit der Verbreitung der Kurzschulidee von Salem aus in alle Teile der Welt. Eine kritische Auseinandersetzung mit Hahns Pädagogik fand bis auf den Aufsatz von Hartmut von Hentig kaum statt. Apologetische Parteinahmen für die Hahnschen Ideen durchzogen das Werk, so dass es zur wissenschaftlichen Auseinandersetzung nur bedingt herangezogen werden kann.

Aus der im Hinblick auf das Forschungsinteresse nicht mehr aktuellen Dissertation von Köppen[8] aus dem Jahre 1967 lassen sich lediglich Informationen über die Gründungsgeschichte Salems und Kurt Hahns Wirken als Schulleiter bis zu seiner erzwungenen Emigration nach England im Jahre 1933 ziehen.

Pionierarbeit in Bezug auf die wissenschaftliche Auseinandersetzung mit Hahn und die Bekanntmachung seiner Kurzschulidee nicht nur in der pädagogischen Fachwelt leistete Karl Schwarz mit seiner im Jahre 1968 veröffentlichten Schrift „Die Kurzschulen Kurt Hahns – Ihre pädagogische Theorie und Praxis.".[9] In Ermangelung ebenso detaillierter wissenschaftlicher Beiträge in der neueren Hahnforschung muss das Werk von Schwarz mehr als 40 Jahre nach seinem Erscheinen noch immer als die informativste Grundlage der Hahnschen Pädagogik bezeichnet werden.

Aus den 70er Jahren ist allein die Arbeit von Skidelsky[10] zu erwähnen, die sich zwar kritisch mit dem Erziehungskonzept Hahns auseinandersetzte, jedoch weitestgehend eine intensivere Diskussion der Hahnschen Ideen vermissen ließ. Weber und Ziegenspeck gaben im Jahre 1983 einen breit angelegten Überblick über die grundlegenden Aspekte der Pädagogik Kurt Hahns, die historische Entwicklung und die gegenwärtige Situation der deutschen Kurzschulen heraus.[11] Ziegenspeck, der seit den 80er Jahren für eine Neubelebung der Hahnforschung sorgte, entwickelte in seinem Vortrag

---

8   Köppen, W.: Die Schule Schloss Salem in ihrer geschichtlichen Entwicklung und ihrer gegenwärtigen Gestalt, Ratingen 1967
9   Schwarz, K.: Die Kurzschulen Kurt Hahns – Ihre pädagogische Theorie und Praxis, Ratingen 1968
10 Skidelsky, R.: Schulen von gestern für morgen. „Fortschrittliche Erziehung" in englischen Privatschulen: Gordonstoun. Summerhill. Abbotsholme, Hamburg 1975
11 Weber, H./Ziegenspeck, J.: Die deutschen Kurzschulen. Historischer Rückblick- Gegenwärtige Situation-Perspektiven, Weinheim/Basel 1983

zum 100. Geburtstag des Reformpädagogen einen groben Abriss über das Leben und Werk Hahns, der jedoch nur vereinzelte neue Aspekte in Bezug auf die Forschung lieferte.[12] Eine wesentlich intensivere Beschäftigung mit der Pädagogik Hahns erfolgte in der von Ziegenspeck herausgegebenen Schrift „Kurt Hahn. Erinnerungen –Gedanken – Aufforderungen.", wobei besonders die Abhandlung von Geißler und Wollersheim über das Menschenbild Hahns neue Gedanken aufwarf.[13]

Die Annäherung von Knoll an Hahn in dem oben bereits erwähnten Sammelband[14] ist weitestgehend eine Wiedergabe der schon bekannten Forschungsergebnisse und dient eher als Einführung in das Hahnsche Denken. Knolls Verdienst liegt darin, eine schon längst überfällige breite Sammlung der Zeugnisse Hahns der Öffentlichkeit zugänglich gemacht zu haben. Torsten Fischer legte in seinem im Jahre 1999 veröffentlichten Buch „Erlebnispädagogik – das Erleben in der Schule" die Perspektiven einer zukunftsorientierten Schulentwicklung in den Möglichkeiten der modernen Erlebnispädagogik dar.[15] Die überzeugende und sehr tief greifende Charakterisierung der internationalen Schulbewegung in vier Entwicklungsetappen bedeutete einen weiteren Entwicklungsschritt für die Hahnforschung.

Der aktuellste Forschungsbeitrag ist die detaillierte biographische Analyse von Peter Friese.[16] Eingebettet in einen historischen Kontext wurde sowohl das Leben und Wirken Kurt Hahns dargestellt, als auch die wichtigsten Punkte seiner pädagogischen Konzeption kontrovers diskutiert, wobei bislang unbekannte Aspekte der Hahnschen Denkweise herausgearbeitet wurden.

In der „Zeitschrift für Pädagogik", eine der führenden erziehungswissenschaftlichen Foren in Deutschland, fand Hahns Pädagogik

---

12 Ziegenspeck, J.W.: Lernen für's Leben – Lernen mit Herz und Hand. Ein Vortrag zum 100. Geburtstag von Kurt Hahn (1886–1974), 2. Auflage, Lüneburg 1993
13 Ziegenspeck, J.W. Kurt Hahn. Erinnerungen-Gedanken-Aufforderungen, a.a.O.
14 Siehe S. 6
15 Fischer, T.: Erlebnispädagogik – das Erleben in der Schule, Berlin 1999
16 Friese, Kurt Hahn, a.a.O.

lediglich am Rande Beachtung. Außer einigen Artikeln[17] oder Nach-rufen sowie Geburtstagserinnerungen fiel die Beschäftigung mit seinen pädagogischen Grundlagen spärlich aus.[18]

Das von Jocelin Winthrop-Young aufgebaute Kurt-Hahn-Archiv in Salem und das Archiv an der Universität Lüneburg beim Institut für Erlebnispädagogik, das Kurt Hahn gewidmet ist, bleiben verdienst-volle Ausnahmen des wissenschaftlichen Interesses an Hahns Päda-gogik.

In vielen Bereichen gibt es Nachholbedarf in der Hahnforschung. Es existiert weder eine Analyse der Beziehung Hahns zu Prinz Max von Baden noch zum Religionsphilosophen Leopold Ziegler. Eine nähere Beleuchtung von Hahns Frauenbild fehlt ebenso wie seine Einstellung zur Sexualität und zur Koedukation. Weitere unbearbei-tete Forschungsfelder sind das Politik- und Geschichtsverständnis Hahns sowie die fundamentale Kritik des inzwischen emeritierten Bielefelder Erziehungswissenschaftlers Hartmut von Hentig an Hahns pädagogischer Konzeption.

Ein hervorstechendes Dilemma der Hahnforschung liegt darin, dass es keine zusammenfassende Darstellung der Hahnschen Erlebnis-pädagogik gibt. Die Absicht der folgenden Arbeit ist es, diese For-schungslücke zu schließen.

In der Forschungsarbeit wird zunächst eine grundlegende Skizzie-rung der Erlebnispädagogik Kurt Hahns vorgenommen.

Von der Tatsache ausgehend, dass Leben und Werk Hahns unmit-telbar miteinander verknüpft sind, wird dabei zuerst die Biographie Hahns näher beleuchtet. Danach werden die Grundpfeiler seiner pädagogischen Konzeption (Platon, Goethe, die englischen Public Schools, Kerschensteiner, Reddie, Lietz, James, Geheeb) vorgestellt, die alle mehr oder weniger auf eine grundlegende Reform des pädagogischen Systems ihrer Zeit im Hinblick auf eine Stärkung der Charakterbildung des Menschen gegenüber der theoretischen Wis-sensvermittlung abzielen.

---

17   z.B. Esser, W.: Vom besseren Staat im Schlechteren. Bemerkungen zu Kul-turpessimismus und Kulturoptimismus bei Kurt Hahn, in: Zeitschrift für Pädagogik, 32 Jg. (1986), Heft 6, S. 811- 827

18   Vgl. dazu auch die ausführlichere Analyse vom Friese, Kurt Hahn, a.a.O., S. 12 f

Die Auseinandersetzung mit Hahns Menschenbild und seine Vorstellungen über Pubertät und Adoleszenz sind Untersuchungsgegenstand der beiden folgenden Kapitel. Dann folgt eine Charakterisierung der von Hahn beobachteten Verfallserscheinungen (Verfall der menschlichen Anteilnahme, Verfall der Sorgsamkeit, Verfall der persönlichen Initiative, Verfall der körperlichen Tauglichkeit) in der Gesellschaft seiner Zeit. Um diesen Verfallserscheinungen entgegenzuwirken, entwickelte Hahn seine aus den Komponenten körperliches Training, Projekt, Expedition und Rettungsdienst bestehende Erlebnistherapie, die im Mittelpunkt des folgenden Kapitels stehen. Weiterhin folgt eine Betrachtung der kritischen Einstellung Hahns gegenüber der Gesellschaft, der Staatsschule, der Familie, der organisierten Sportbewegung und den Universitäten seiner Zeit. Die Darstellung des grundlegenden Ziels seiner Erziehung – die Ausbildung des Menschen zu staatsbürgerlicher Verantwortung auf demokratischer Grundlage – schließt die Erörterung der Erlebnispädagogik Hahns ab.

Anschließend folgt eine Auseinandersetzung mit der praktischen Anwendung der Theorie Hahns in seinen und die sich auf ihn beziehenden Schulgründungen. Exemplarischer Untersuchungsgegenstand sind die Schulen Schloss Salem, Gordonstoun/Schottland, Aberdovey/Wales sowie die in den 1950er Jahren gegründeten deutschen Kurzschulen Weißenhaus und Baad.

In der Schlussbemerkung wird eine abschließende Zusammenfassung und Bewertung der Untersuchungsergebnisse durchgeführt.

Für die Unterstützung bei der Beschaffung des literarischen Materials ist der Verfasser besonders Prof. Dr. J. W. Ziegenspeck, dem Leiter des Institutes für Erlebnispädagogik e.V., den Angestellten des Kurt Hahn-Archivs an der Universität Lüneburg und Sophie Weidlich, der Leiterin des Kurt-Hahn-Archivs in Salem dankbar verpflichtet. Der Dank gilt ebenso dem „Outward Bound- DGEE e.V." und dem Verein Segelschiff „Thor Heyerdahl" e.V; der Hermann Lietz-Schule Spiekeroog; den Leitern von Outward Bound Baad und Outward Bound Ceska Cesta in Prag; dem Outward Bound UK Trust; der Körperbehindertenschule Mössingen; dem Verein zur Förderung bewegungs- und sportorientierter Jugendsozialarbeit (bsj) in Marburg und dem Verein für sozialpädagogisches Segeln e.V. in Reutlingen. Für Förderung und Anregung bei der Abfassung der Arbeit ist der Verfasser Herrn Prof. Dr. Henning Günther und

Herrn Prof. Dr. J. Wickert zu besonderem Dank verpflichtet. Nicht zuletzt schuldet der Autor seinen Eltern, Dr. Rainer Wilk, Michael Odinius, Marc Noethlichs, Robert Kind, Robert Meiser und Pia Cornelius für kritische Anregungen und Verbesserungsvorschläge Dank.

Michael Lausberg

Köln, im Oktober 2003

2. Erlebnispädagogik

2.1 Geistesgeschichtliche Wurzeln: Wilhelm Dilthey

Die geistesgeschichtlichen Wurzeln der Erlebnispädagogik prägte laut Fischer der deutsche Geschichts- und Kulturphilosoph Wilhelm Dilthey (1833- 1911).[19]

Dilthey gilt als der Begründer der Erkenntnistheorie der Geisteswissenschaften und als einer der führenden Vertreter der hermeneutischen Wissenschaften („historische Schule"). In seinem Werk „Ideen über beschreibende und zergliederte Psychologie"[20] aus dem Jahre 1894 entwickelt er den Begriff des Erlebens zur erkenntnistheoretischen Verflechtung. In der Schrift „Das Erlebnis und die Dichtung"[21] aus dem Jahre 1906 stellt Dilthey den inneren Zusammenhang zwischen den menschlichen Erlebnisinhalten und ihrer äußeren Existenzformen, der künstlerischen Ausdrucksform des gefühlsmäßig Erlebten, her.

Dilthey differenziert dabei zwischen den „erklärenden Naturwissenschaften" und dem „verstehenden Geist". Er lehnt die positivistisch-experimentelle Denkschule seiner Zeit ab und negiert die verschiedenen Versuche naturwissenschaftlicher Erkenntnismodelle. Vielmehr macht Dilthey den Versuch, eine „Erfahrungswissenschaft der geistigen Erscheinungen" aufzubauen und methodisch zu sichern. In seinem Denken ist Erkenntnis sehr stark mit der individuellen Bedeutsamkeit dieses neu erworbenen Wissens verbunden. Experimentelle Versuche, die alle Erscheinungen in „Ursache – Wirkung – Beziehungen" sahen, finden nicht seine Zustimmung:[22] „Erleben ist eine unterschieden charakterisierende Art, in welcher Realität für mich da ist. Das Erlebnis tritt mir nämlich nicht gegenüber als ein Wahrgenommenes oder Vorgestelltes; es ist uns nicht gegeben, sondern die Realität. Erlebnis ist für und dadurch da, da wir ihrer innewerden, daß ich sie als zu mir in irgendeiner Sinn zugehörig unmittelbar habe." Das gefühlsmäßige Erleben wurde da-

---

19   Fischer, T.: Erlebnispädagogik. Das Erlebnis in der Schule, Lüneburg 1998, S. 117

20   Dilthey, W.: Gesammelte Schriften, Bd. 5, Leipzig 1924, S. 139- 240

21   Dilthey, W.: Das Erlebnis und die Dichtung, 5. Aufl., Leipzig/Berlin 1913

22   Dilthey, Gesammelte Schriften, a.a.O., S. 313

durch „eine Realität, unmittelbar als solche auftretend, ohne Abzug, innegeworden, nicht gegeben und nicht gedacht."[23]

In ihrer im Jahre 1930 vorgelegten Dissertation „Das Erlebnis in der Pädagogik" entwickelt Waltraut Neubert den Begriff der Erlebnispädagogik in der Nachbildung der Kulturphilosophie Diltheys.[24] Die Erlebnispädagogik realisiert sich in ihrem Verständnis von Erziehung aus dem inneren Zusammenhang von Arbeit in der Schule und persönlichem Erlebnis.[25] Ästhetische Gefühle des Menschen entstehen aus der Wahrnehmung der gegenständlichen Umwelt und kommen so der individuellen Person bewusst zur Geltung:[26] „Von hier aus werden Kraft und Grenzen des Erlebnisses noch einmal ganz deutlich: dadurch, daß es sich innerhalb des seelischen Zusammenhangs vornehmlich an das wertende Gefühl wendet, bekommt es eine eigentümliche Mittelstellung zwischen der Erkenntnis, die den Intellekt bildet, und der Arbeit, deren Aufgabe die Erziehung des Willens zu objektiver Leistung ist." Neubert thematisiert die Verbindung zwischen Erlebnis und Erziehung durch Methoden der Arbeitsschulbewegung.[27] In der Arbeitserziehung bemerkt sie, dass das Gefühl Ausdruck eines bewusst gewordenen Erlebens der Beziehung von Heranwachsenden zu den schulischen Anforderungen ist. In Anlehnung an Dilthey vertritt Neubert die These, dass die Verbindung des Gefühls mit dem Gegenstand, der dieses hervorrief, besonders bei ästhetischen Gefühlen deutlich auftritt. Dilthey deutet das ästhetische Gefühl als Ausgangspunkt, Rahmen und Ergebnis des Sich-Einfühlens in den Gegenstand. Das Einfühlen des Gegenstandes bedeutet nicht nur, dass das Gefühl durch den Gegenstand erzeugt wird, sondern auch, dass eine gefühlsmäßige individuelle Eindringlichkeit in den Gegenstand eingeht und ihn verändert. Bezogen auf den schulischen Erziehungsprozess beweisen die von Dilthey gewonnenen Erkenntnisse die Bedeutsamkeit des Sammelns von Erfahrungen im Hinblick auf den Erkenntnisprozess der Kinder und Jugendlichen. In ihrer altersspe-

---

23 Ebd. S. 314
24 Neubert, W.: Das Erlebnis in der Pädagogik, 2. Aufl., Lüneburg 1990; Vgl. dazu auch Fischer, T./Ziegenspeck, J. W.: Handbuch Erlebnispädagogik. Von den Ursprüngen bis zur Gegenwart, Bad Heilbrunn 2000, S. 198 ff
25 Vgl. auch dazu Fischer, Erlebnispädagogik, a.a.O, S. 118 ff
26 Neubert, Das Erlebnis in der Pädagogik, a.a.O., S. 46
27 Nähere Informationen zur Arbeitsschulbewegung in: Röhrs, H.: Reformpädagogik, Hannover u.a. 1980, S. 181- 209

zifischen Eigenart sollten Kinder und Jugendliche das Wesen der Erscheinungen in ihrer Außenwelt erkennen. Dadurch werden Kunstobjekte, Naturgegenstände und die sozialen Gegebenheiten im Umfeld der Kinder und Jugendlichen zu Erkenntnisgegenständen, die wegen ihrer ästhetischen Eigenschaften verinnerlicht werden sollten. Neubert überträgt aus dieser Sicht wesentliche Thesen der Psychologie Diltheys auf den gesamten Erziehungsprozess. Erleben verwirklicht sich als das „Innewerden und Inbeziehungtreten von Gegenständen, Situationen und Personen", die sich für den einzelnen Menschen als bedeutsam erwiesen haben.[28]

2.2 Begriff

Die Erlebnispädagogik, die eine jüngere erziehungswissenschaftliche Teildisziplin darstellt, versteht sich als Alternative und Ergänzung traditioneller und etablierter Erziehungs- und Bildungseinrichtungen. Jürgen Oellers bezeichnete den Begriff Erlebnispädagogik als eine „Protestformel gegen die Verschulung".[29]

Im Gegensatz zu theoretischen und lediglich auf die Wissensvermittlung ausgerichteten Lernsituationen dominieren bei Programmen mit erlebnispädagogischer Ausrichtung Vermittlungsstrategien, bei denen es um die praktische Erfahrbarkeit von Fertigkeiten und Kenntnissen geht. Der Leiter des Institutes für Erlebnispädagogik an der Universität Lüneburg, Jörg W. Ziegenspeck, verweist darauf, dass es sich bei der Erlebnispädagogik weder um ein Überlebenstraining noch um eine „Ranger-Ausbildung" handelt, sondern praktische Erziehung zur Vermittlung bestimmter Charaktereigenschaften im Vordergrund steht.

Die Begriffe Erlebnis, Erfahrung, Erkenntnis und Einsicht sind von grundlegender Natur für die Erlebnispädagogik.[30]

Das Erleben wird als das subjektive Innewerden von Vorgängen verstanden, die von Menschen als bedeutsam empfunden werden. Es beschreibt die multisensorische Eigen- und Selbstwahrnehmung von Prozessen und Resultaten der seelischen und körperlichen Existenz des Menschen. Die Erfahrung ist das durch eigenes Erleben

---

28 Fischer, Erlebnispädagogik, a.a.O., S. 119
29 Zitiert aus Ziegenspeck, Erlebnispädagogik. Rückblick-Bestandsaufnahme-Ausblick, a.a.O., S. 139 ff
30 Ebd.

erworbene Wissen; sie stellt die Summe von Erlebnisanteilen dar. Erkenntnisse bezeichnet man als den Gewinn eines neuen Wissens und die Beschreibung bislang unerklärbarer Zustände und Zusammenhänge, die aus den Erfahrungen resultieren. Aus diesen Erkenntnissen können höchstwahrscheinlich Einsichten erwachsen, die die höchste Stufe menschlichen Wissens darstellen.

Ziegenspeck benennt sieben Faktoren, die im weitesten Sinne die Erlebnispädagogik ausmachen:[31]

- Die innere Bereitschaft, sich zu neuen Horizonten aufzumachen; Neugierde und das Suchen nach dem bisher Unbekannten sind also gleichermaßen ihre Bestandteile.
- Der Mut, sich herausfordern zu lassen, Herausforderungen anzunehmen und sich selbst herauszufordern.
- Der Reiz, Neues in Erfahrung bringen zu wollen und Altes neu zu sehen und zu verstehen.
- Die Wahrnehmungsleistung, Chancen zu erkennen und gebotene zu nutzen.
- Das Hineinhören in sich selbst und die Kunst des Zuhörens, weil eins das andere bedingt.
- Die Sensibilität, mit den eigenen Gefühlen angemessen umzugehen, und die rücksichtsvolle Aufmerksamkeit gegenüber der psychischen Befindlichkeit des Nächsten.
- Das Bewusstsein von der Zerbrechlichkeit und Schutzbedürftigkeit der sozialen, materiellen und emotionalen Welt und daraus resultierende Denk- und Handlungsmuster.

2.3 Erlebnispädagogik in Deutschland

In Deutschland entwickelte sich die Erlebnispädagogik um das Jahr 1930 in der Reformpädagogik[32] zu einem wichtigen Element des Un-

---

31 Ebd. S. 142
32 Reformpädagogik ist die praktische und theoretische Erneuerung von Erziehung in pädagogischen Institutionen, eine Sammelbewegung für eine interne pädagogische Bewegung ab etwa dem Jahre 1890, deren Mitglieder ab dem Jahre 1920 im World Education Fellowship organisiert waren. Die Reformpädagogik war historisch ein Konglomerat von radikal sozialistischen, unpolitischen, kulturkritischen, naturalistischen Impulsen – von Rousseau, Pestalozzi, Goethe, Marx, Fröbel u. a hergeleitet- mit dem verbindenden Ziel, in pädagogisch- alternativ gestalteten Institutionen die Selbständigkeit der Jugendlichen, die freie Entfaltung sowie die soziale

terrichtsverständnisses.[33] Die Erlebnispädagogik wurde in der Zeit zwischen 1933–1945 durch die Organe der NSDAP vereinnahmt und für parteipolitische Ziele missbraucht, wobei die ursprünglich postulierten Werte pervertiert wurden.

Nach dem 2. Weltkrieg wurde in der Bundesrepublik Deutschland der Versuch gestartet, an die Erkenntnisse und Ziele der Erlebnispädagogik in der Weimarer Republik anzuknüpfen. Dies gelang jedoch nur in Ansätzen, da viele Pädagogen, die in der Zeit des Nationalsozialismus eine führende Rolle spielten, weiterhin wichtige Positionen im deutschen Erziehungswesen bekleideten. Verstärkend kam hinzu, dass ehemalige Unteroffiziere und Offiziere der Wehrmacht, die nach neuen Beschäftigungsfeldern suchten, in Erziehungs- und Ausbildungsstätten drängten, wo erheblicher Personalbedarf bestand. Noch immer beeinflusst vom nationalsozialistischen Gedankengut standen die meisten von ihnen den als progressiv empfundenen Ideen der Erlebnispädagogik skeptisch bis ablehnend gegenüber.

---

und politische Verantwortung als ganzheitliche Persönlichkeit zu bewirken. Stellvertretend für die damalige Zeit bemerkte Hermann Lietz: „Es handelt sich heute nicht mehr um bloße Überlieferung einiger als sicher angenommener, eng begrenzter Wissensgebiete, nicht mehr allein um Unterricht, sondern um Charakterbildung, Anleitung zu einer befriedigenden Lebens- und Weltanschauung. Ausbildung aller guten körperlichen, geistigen, sittlichen Anlagen und Kräfte der Kinder, Anleitung zum Verständnis und zur Mitarbeit an dem gewaltig gewachsenen Kreis neueren Kulturlebens und naturwissenschaftlich- technischen und politisch- gesellschaftlichen Gebietes, um religiöse, sittliche, vaterländische, staatsbürgerliche und künstlerische Erziehung."(Lietz zitiert in: Schäfer, W.: Das Selbstverständnis der Landerziehungsheime in Geschichte und Gegenwart und die Konsequenzen für die Zukunft, in: Neue Sammlung, 4. Jg., Göttingen 1964, S. 51- 64, hier: S. 54). Einen guten Überblick über die Reformpädagogik liefert Scheibe, W.: Die reformpädagogische Bewegung 1900–1932, 9. Auflage, Weinheim 1984; Röhrs, H.: Die Reformpädagogik, 4. Auflage, Weinheim 1994; Röhrs, H./Lenhart,V.(Hrsg.): Die Reformpädagogik auf den Kontinenten, Frankfurt/M. 1994; Oellers, J.: Reformpädagogik. Eine kritische Dogmengeschichte, Weinheim 1989; Oellers, J.: Unmittelbarkeit als Programm: Zur Aktualität der Reformpädagogik, in: Heckmair, B. u. a.: Erlebnispädagogik: Mode, Methode oder mehr?, München 1992, S. 96- 116; Flitner, W./Kudritzki, G. (Hrsg.): Die deutsche Reformpädagogik, Düsseldorf 1962

33 Vgl. Neubert, Das Erlebnis in der Pädagogik, a.a.O. S. 24

Ende der 50er Jahre musste sich das Bildungs- und Ausbildungswesen in der Bundesrepublik Deutschland unter dem Eindruck der machtpolitischen Blockbildung in der Welt (NATO, Warschauer Pakt) dem „Wettlauf der Systeme" unterordnen. Nach dem „Sputnik-Schock" stand die Optimierung von kognitiven Lernleistungen im Vordergrund, die Ganzheitlichkeit des Bildungsgedankens spielte in pädagogischen Entscheidungsprozessen nur noch eine marginale Rolle.[34]

Das Aufkommen von ökologischen Erkenntnissen und sozialen Bewegungen in den 70er und 80er Jahren führte sowohl in weiten Teilen der Gesellschaft als auch in pädagogischen Fachkreisen zu einer kritischen Bestandsaufnahme der bisherigen Bildungsleitlinien und zu einer Neubesinnung über Bildung und Erziehung. Die Erlebnispädagogik erlebte in diesem Zusammenhang eine neue Wertschätzung, wobei außerschulische Wirkungsfelder eher im Vordergrund standen.

Ziegenspeck spricht zu Recht davon, dass der Erlebnispädagogik immer stärker eine sozialtherapeutische Aufgabe zuwächst.[35] Dieser Prozess wird durch die bildungspolitischen Folgen der „Wiedervereinigung" Deutschlands beschleunigt. Es wird nach neuen Wegen öffentlicher Jugendhilfe gesucht, weil die Erziehungsproblematik unter den neuen sozialpolitischen Verhältnissen nicht mehr angemessen berücksichtigt werden kann (z.B. Massenarbeitslosigkeit, wachsende Drogenproblematik, Erfahrung sozialer Vereinzelung, zunehmender Rassismus usw.). Kinder und Jugendliche sollen über das Medium erlebnisintensiver Aktivitäten dabei unterstützt werden, problemlösende Verhaltens- und Verständigungsformen zu entwickeln und zu verinnerlichen, außerdem ist die Vermittlung von lebensbereichernden Faktoren wie Charakterstärke und Verantwortungsgefühl von großer Bedeutung.

---

34 Ziegenspeck, Erlebnispädagogik, a.a.O., S. 139
35 Ebd. S. 141

3. Die Erlebnispädagogik Kurt Hahns

3.1 Biographie

Kurt Hahn wurde am 5.7.1886 als Sohn jüdischer Eltern in Berlin geboren.

Das folgenreichste Ereignis seiner Kindheit war laut Landau-Wegner der Tod seines 11jährigen älteren Bruders, der an den Folgen einer Mittelohrentzündung starb.[36] Neben seinen Eltern übten die beiden Berliner Pädagogen Siegmund Auerbach und George W. Humphreys den größten charakterbildenden Einfluss in seiner Kindheit auf ihn aus.

Von der Sexta bis zum Abschluss der Oberprima besuchte Hahn das humanistische Wilhelmsgymnasium in Berlin. Während seiner Gymnasialzeit wurde er durch die Dialoge „Laches" und „Gorgias" in die platonische Sittenlehre eingeführt und dadurch schon in Grundzügen mit der Gedankenwelt des griechischen Philosophen vertraut gemacht. Gemäß der Schilderung Hasselhorns galt Hahn als „temperamentvoller, tatendurstiger und sportlich veranlagter Junge, der die damalige Unterrichtsschule nur schwer erträglich fand."[37] Hahn empfand den Unterricht am Berliner Wilhelmsgymnasium als „verknöcherter Lernbetrieb", so dass er sich bereits während seiner Schulzeit mit der Planung einer „Reformschule" beschäftigte, die auf gegenseitigem Vertrauen und Gemeinschaftsgefühl von Schülern und Lehrern basieren sollte.[38]

Kurt Hahns Verantwortungsgefühl für jüngere Kinder war schon in seiner Jugendzeit sehr stark ausgeprägt. Lora Landau-Wegner berichtete:[39] „Kurt wurde im Jünglingsalter schon eine Art Erzieher der Kinderschar. Oft versammelte er die Kinder an heißen Sommer-

---

36 Landau-Wegner, L.: Familie und Tradition, in: Röhrs, Bildung und Wagnis als Bewährung, a.a.O., S. 102–107, hier: S. 104

37 Hasselhorn, M.: Kurt Hahn und das Salemer Erziehungssystem. Eine Studie über Kurt Hahn und die Salemer Pädagogik von 1920 bis 1933, Überlingen 1964, S. 3

38 Richter, L.: Politiker und Erzieher Kurt Hahn, in: Die Zeit; 11. Jg., Nr. 22, 31.5.1956, S. 2

39 Landau-Wegner, Familie und Tradition, in: Röhrs, Bildung als Wagnis und Bewährung, a.a.O., S. 104

nachmittagen in dem weißen Pavillon und las ihnen vor. Immer wählte er mit Bedacht die Lektüre, in der gewöhnlich eine heldenhafte Figur die Hauptrolle spielte."

Er unternahm mit den jüngeren Kindern Wanderungen durch unwegsames Gelände, wo sich schon Grundlagen seiner späteren Erziehungskonzeptionen andeuteten: sportliche Übungen und gemeinschaftliches Erleben.

Als sein Vater im Jahre 1904 starb, übernahm der angehende Abiturient faktisch die Erziehung seines jüngeren Bruders Rudolf.[40] Die Charakterformung seines Bruders war gemäß den Schilderungen Landau-Wegners eine Andeutung dessen, was Hahn in seinem späteren Leben bewirken wollte: die Erziehung der Jugend zu einer verantwortungsbewussten Persönlichkeit und staatsbürgerlicher Tugend.

Im Alter von 16 Jahren begegnete Hahn zwei ehemaligen Schülern der Internatsschule Abbotsholme in England, die ihm das Buch „Emlohstobba" von Hermann Lietz schenkten. Die Lektüre dieses Buches wirkte auf Kurt Hahn „wie ein Ruf des Schicksals".[41]

Wenige Monate vor dem Abitur erlitt Hahn einen Sonnenstich, dessen langfristige Folgeerscheinungen ihm damals nicht bewusst waren. Nach dem erfolgreich bestandenen Abitur zog es ihn nach Oxford, wo er ein Studium der klassischen Philologie aufnahm. Im Jahre 1906 kehrte er nach Deutschland zurück und studierte mit langen Unterbrechungen bedingt durch die Folgen des Sonnenstiches an den Universitäten in Berlin, Heidelberg und Freiburg.[42]

Danach schrieb er sich an der Universität Göttingen ein, wo er hauptsächlich an Philosophieveranstaltungen des damaligen Professors Leonard Nelson teilnahm.

Im Jahre 1910 kehrte er nach Oxford zurück; dort war in den Folgejahren für ihn das Studium nur noch im Winter möglich, da er die Sommermonate aufgrund seiner gesundheitlichen Beeinträchtigung (Sonnenstich) im kühlen schottischen Klima verbringen musste. Erst nach mehreren Operationen, die von dem Hirnchirurg Victor

---

40 Ebd. S. 106
41 Linn/Picht/Specht, Erziehung zur Verantwortung, a.a.O., S. 94
42 Vgl. zu diesem Lebensabschnitt die ausführlicheren Schilderungen von Friese, Kurt Hahn, a.a.O. S. 36 ff

Hornsley durchgeführt wurden, ging es ihm gesundheitlich besser. In Oxford beschäftigte sich Hahn in Zusammenarbeit mit dem Platoniker J. A. Stewart mit Plänen für die Gründung eines Internats in Deutschland nach dem Vorbild einer englischen Public School.[43]

Im Sommer 1910 erschien Kurt Hahn Schulroman „Frau Elses Verheißung", nachdem Ludwig Finkh und Hermann Hesse dem Verleger die Veröffentlichung des Werkes empfohlen hatten.[44] In dem Roman waren verschiedene Überzeugungen und Ideen der Hahnschen Erziehung bereits enthalten:[45] die Verabscheuung der „Buchschule", die die Entfaltung von Phantasie behinderte; die These, das die „Kraft der Kinderjahre" im Erwachsenenalter beibehalten werden könnte; die Ablehnung einseitiger geistiger Bildung, die Forderung, dass Kinder in einer abgeschiedenen Umgebung jenseits der Städte erzogen werden müssten und die positive Wirkung des Rettungsdienstes auf den Helfenden selbst.[46]

Nach Ausbruch des 1. Weltkrieges kehrte Kurt Hahn nach Deutschland zurück und arbeitete als englischer Lektor bei der dem Auswärtigen Amt angegliederten „Zentralstelle für Auslandsdienst".[47] Dort machte er die Bekanntschaft des späteren Reichskanzlers Max von Baden, im Laufe der Zeit entwickelte sich eine freundschaftliche Beziehung zwischen ihnen.

Im Januar 1917 bezeichnete Hahn die bevorstehende Erklärung des verschärften U-Boot-Krieges als Fehlentscheidung, womit er sich den Zorn des Auswärtigen Amtes zuzog. Hahn wurde in die militärische Stelle des Auswärtigen Amtes versetzt und bekam ein politisches Referat. Nach und nach kam er mit Anhängern des so genann-

---

43 Ebd.
44 Sieverts, R.: Ansprache des Rektors der Universität Hamburg, anlässlich der Verleihung des Freiherr-vom-Stein-Preises 1962 am 11.Juli 1962 an Dr. h. c. Kurt Hahn, in: Stiftung Freiherr- vom-Stein zu Hamburg (Hrsg.): Freiherr-vom-Stein-Preis 1962, Hamburg 1962, S. 7- 18, hier: S. 8
45 Vgl. dazu auch Weber/Ziegenspeck, Die deutschen Kurzschulen, a.a.O., S. 79
46 Die Hauptfigur des Romans, der Junge Erwin, bemerkte in einer humorigen Form: „Lieber Gott, laß morgen einen ins Wasser fallen und mich dabei sein, damit ich ihn retten kann." Vgl. Hahn; K.: Frau Elses Verheißung. Eine Erzählung, München 1910, S. 85
47 Ziegenspeck, Lernen für's Leben – Lernen mit Herz und Verstand, a.a.O., S. 8

ten Verständigungsfriedens wie Friedrich Naumann, Hans Dellbrück und Friedrich Meinecke in Kontakt.[48]

Nach dem Ende des 1. Weltkrieges wurde er der Privatsekretär des Prinzen Max von Baden und zog gemeinsam mit ihm nach Salem am Bodensee.

Prinz Max von Baden und Kurt Hahn begannen, die politischen und gesellschaftlichen Vorkommnisse der letzten Jahre zu analysieren. Dabei kamen sie zu der Erkenntnis, dass Unmündigkeit und Verantwortungslosigkeit in der deutschen Gesellschaft stark ausgeprägt waren. Laut Strömer lag die Verantwortung für diese Fehlentwicklung ihrer Meinung nach im methodischen Konzept der Staatsschulen, wo lediglich die reine Wissensvermittlung im Vordergrund stand. Sie bemängelten, dass die Charakterbildung und die Persönlichkeitsentwicklung der Schüler keinen hohen Stellenwert bei der Organisation des Unterrichts in den Staatsschulen besaßen.[49]

Um diese Missstände zu beseitigen, gründete Prinz Max von Baden auf der Grundlage Hahnscher Ideen die Internatsschule Schloss Salem, die im April 1920 eröffnet wurde. Bis zu seiner Emigration im Jahre 1933 leitete Kurt Hahn zusammen mit Marina Ewald die Schule.

Im Jahre 1923 missglückte dank der Aussage eines Mitwissers ein geplantes Attentat einer völkischen Organisation auf Hahn. Zur Konfrontation mit dem aufstrebenden Nationalsozialismus kam es im August 1932, als Kurt Hahn sich gegen die Verherrlichung der „Potempamörder" durch Adolf Hitler wandte.[50] Hahn schickte ein

---

48 Nähere Einzelheiten finden sich bei Friese, Kurt Hahn, a.a.O., S. 55 ff
49 Strömer, H.: Zur Bedeutsamkeit körperlicher Erziehung in den Kurzschulen Kurt Hahns, Essen, S. 5 f
50 Hahns Politikverständnis orientierte sich an einer Form „demokratischer Elitenherrschaft": „Für mich sind Aristokratie und Demokratie keine Gegensätze. Ich sehe in dem Mehrheitsprinzip den heilsamen Zwang für den Aristokraten, der sich durch Herkunft oder Bildung oder eigenes Verdienstes zur Führerschaft befähigt glaubt, den Weg zu den Volksgenossen zu finden, von deren profaner Menge sich abzusondern, immer die große Versuchung für den ‚Erlesenen' gewesen ist. Die Aristokratie ist das Salz, auf das die Demokratie nicht verzichten kann. Den Adel von Geist und Geburt aber gilt es auch in seinem eigenen Interesse von dem entnervenden Gefühl der Privilegiertheit zu befreien.". Vgl. Baden, Prinz Max von: Erinnerungen und Dokumente, Stuttgart 1968, S. 171. Diese Gedanken

Rundschreiben an die Mitglieder des Salemer Bundes:[51] „Durch das Telegramm von Hitler an die ,Kameraden' von Beuthen ist ein Kampf entbrannt, der über die Politik hinausführt. Es geht um Deutschland, seine christliche Gesinnung, sein Ansehen, seine Soldatenehre: Salem kann nicht neutral bleiben. Ich fordere die Mitglieder des Salemer Bundes auf, die in einer SA- oder SS-Tätigkeit sind, entweder ihr Treueverhältnis zu Hitler oder zu Salem zu lösen."

Daraufhin folgte eine Hetzkampagne gegen den „Juden Hahn"[52] und später ebenfalls gegen den „Markgrafen Berthold als Schildhalter des Juden Hahn"[53]

Kurt Hahn wurde im März 1933 von den Nationalsozialisten in „Schutzhaft" genommen. Nur aufgrund der permanenten Intervention des damaligen englischen Premierministers Ramsay Mc Donalds, des Markgrafen von Baden und anderer einflussreicher Persönlichkeiten aus dem In- und Ausland wurde er fünf Tage später unter der Bedingung, Baden sofort zu verlassen, aus der Haft entlassen.[54]

Aus Angst vor einer erneuten Verhaftung wanderte Hahn im Juli 1933 nach England aus, wo er kurze Zeit nach seiner Ankunft den Posten des Schulleiters des neu gegründeten Landerziehungsheims in Gordonstoun (Schottland) annahm.

In den darauf folgenden Jahren entwickelte Hahn nach und nach die Konzeption der Kurzschule. Im Jahre 1941 wurde die erste Kurzschule, die Outward Bound Sea School, in Aberdovey (Wales) gegründet.

Die Zielsetzung der Kurzschule umriss Hahn folgendermaßen:[55] „Was ist das Ziel? Die heutige Jugend, vor allem die unterprivilegierte Jugend, gegen eine kranke Zivilisation zu schützen. Die Kurz-

---

wiesen Ähnlichkeiten zur Praxis des englischen Parlamentarismus in jener Zeit auf, die dem profunden Englandkenner Hahn geläufig gewesen sein dürften.
51 Ebd. S. 96
52 Vgl. Bodensee- Rundschau vom 4.3.1933, S. 4
53 Winthrop-Young, J.: Zur Geschichte Salems, in: Schule Schloss Salem. Salemer Hefte 53, Herbst 1980, S. 19- 33, hier: S. 28
54 Friese, Kurt Hahn, a.a.O., S. 126 f
55 Linn/Picht/Specht, Erziehung zur Verantwortung, a.a.O., S. 68

schule versucht, schützende Erfahrungen zu vermitteln. (...) Kann man wirklich in einem Monat Gesundheit bringen? Das kann man nicht, aber man kann die Heilung in Bewegung setzen. Man kann nicht gute Samariter in vier Wochen heranbilden, aber man kann die Jungen und Mädchen soweit bringen, daß sie sich ernsthaft fragen, ob sie nicht hingehen und dergleichen tun sollen."

Im Jahre 1953 gab Hahn sein Amt als Schulleiter von Gordonstoun ab und kehrte nach Deutschland zurück, wo er weiterhin als Berater der Internatsschule Salem tätig war.

Mitte der 50er Jahre verfolgte Hahn zusammen mit dem ehemaligen Leiter des NATO Defence College in Paris, Sir Lawrence Darvall, das Ziel, die Gründung von Atlantic Colleges in aller Welt herbeizuführen. Hinter dieser Gründung steckte die Absicht, die positiven Erfahrungen des Defence College bei der militärischen Ausbildung von Erwachsenen aus verschiedenen Ländern auf begabte Jugendliche in den letzten zwei Oberschuljahren mit dem Gedanken der internationalen Verständigung anzuwenden.[56]

Hahn verstand die Gründungen von Atlantic Colleges in verschiedensten Teilen der Welt als Hoffnungsschimmer:[57] „Es gilt den Abscheu einzupflanzen vor der Vergewaltigung von Menschen und Völkern im Krieg wie im Frieden. Wenn Duldsamkeit und menschliches Verstehen, so sagt Darvall, noch neue Wurzeln schlagen kann bei reifen Männern von ganz verschiedener Nationalität dank gemeinsamen Erlebnissen, wieviel hoffnungsvoller wäre die Aufgabe, werdende Menschen aus aller Welt in ihren empfänglichsten Jahren durch die Kameradschaft eines fordernden Gemeinschaftslebens miteinander zu verbrüdern."

Im Jahre 1974 verstarb Kurt Hahn. Zu Lebzeiten war Hahn für die Gründung von zahlreichen Einrichtungen und Initiativen verantwortlich:[58]

- Die im Jahre 1919 gegründete Heidelberger Vereinigung, eine politische Arbeitsgemeinschaft zur Durchsetzung eines „Rechtsfrie-

---

56 Vgl. dazu auch Darvall, L.: The Concept of the Atlantic College, in: European-Atlantic Review. First Journal of the Atlantic Community and the European Ecomomic Cooperation, London 1959
57 Linn/Picht/Specht, Erziehung zur Verantwortung, a.a.O., S. 91
58 Ziegenspeck, Kurt Hahn. Erinnerungen-Gedanken-Aufforderungen, a.a.O. S. 10

dens" in Versailles mit den Mitgliedern Max Weber, Robert Bosch, Prinz Max von Baden usw.;
- die im Jahre 1941 in Aberdovey/Wales gegründete Outward-Bound-Bewegung mit Kurzschulen in aller Welt;
- Internatsschulen im In- und Ausland, wie Schloss Salem (Deutschland), Gordonstoun (Schottland), die Athenian School (USA), die International School Ibadan (Nigeria) usw.;
- das im Jahre 1956 gegründete Duke of Edinburgh Award[59], ein Abzeichen für besondere sportliche, projektorientierte und soziale Leistungen;
- die United World Colleges, Oberstufenkollegs mit einer Dauer von 2 Jahren mit Schülern aus der ganzen Welt und Abiturprüfung u.a. in Wales, Kanada, USA und Venezuela;
- die im Jahre 1963 ins Leben gerufene Medical Commission of Accident Prevention, eine Institution, die sich wissenschaftlich mit Fragen der Unfallprävention, Erster Hilfe und Lebensrettung beschäftigt.

3.2 Das theoretische Fundament

3.2.1 Georg Kerschensteiner

Georg Kerschensteiner[60] (1854-1932) war der Verfechter eines einheitlich aufgebauten Schulsystems, förderte den naturwissenschaft-

---

59 Nähere Informationen über das Abzeichen findet man bei Hunt, J.: The Duke of Edinburgh's Award Scheme, in: Journal of the Royal Society of Arts, London, Vol. CX, No.5068, März 1962, S. 205- 227 oder Hall, W.: Das Projekt des Herzogs von Edinburgh, in: Die Leibeserziehung, 7.Jg., Heft 3, Schorndorf 1958, S. 86- 88

60 Als Vorbilder seiner Erziehungstheorie müssen vor allem Pestalozzi und Dewey erwähnt werden. Indem Kerschensteiner sich auf Anschauung und Selbsttätigkeit als Prinzipien für den Schulunterricht bezog, stellte er sich in die Tradition Pestalozzis. Bei seiner Kritik der reinen Wissensvermittlung in den Schulen orientierte er sich an Dewey und die Reformschulen in den USA. Außerdem berief er sich auf Ernst Mach und Richard Avenarius, zwei Anhänger des Positivismus, die das Prinzip der Ökonomie des Denkens postulierten. Vgl. Gonon, P.: Georg Kerschensteiner: Begriff der Arbeitsschule, Darmstadt 2002, S. 139 ff, Nicklis, W.S.: Das Verhältnis der Pädagogik Georg Kerschensteiners zu Pestalozzi, Berlin 1960 oder Agustsson, S. J.: La doctrine d'education de Georg Kerschensteiner, Paris 1936

lichen Unterricht und rückte die Charakterbildung der Jugendlichen in den Mittelpunkt der Schulerziehung.[61] Er besaß entscheidenden Einfluss auf die pädagogischen Reformbewegungen zu Beginn des 20. Jh. und prägte besonders die Arbeitsschulbewegung.[62] Im Gegensatz zur Schule einer bloßen Rezeptivität erkannte er den pädagogischen Wert berufsorientierter Arbeit und wollte die Menschenbildung durch Berufsbildung fördern.[63]

Laut Campbell fielen der Schule in Kerschensteiners Erziehungskonzeption drei Aufgaben zu:[64]

- Die Berufsbildung,
- Die Versittlichung der Berufsbildung,
- Die Versittlichung des Gemeinwesens, innerhalb dessen die Berufsbildung auszuüben ist.

Auf einem Vortrag am 12.1.1908 zum 162. Geburtstag Pestalozzis in der Peterskirche in Zürich stellte Kerschensteiner die Forderung auf:[65] „Aus unserer Buchschule muß eine Arbeitsschule werden, die sich an die Spielschule der ersten Kindheit anschließt." Der Pädagoge Hugo Gaudig kritisierte die seiner Meinung nach eindeutig auf den Handfertigkeitsunterricht abzielende These Kerschensteiners und stellte dieser die Idee der „freien geistige Schularbeit" entgegen.[66] Gaudig begriff alle Handlungen in der Schule unter dem Gesetz des selbstverantwortlichen Schaffens und entwickelte eine Methode des geistigen Bildungserwerbs in der Schularbeit.[67] Nach der Auseinandersetzung mit Gaudig und der Kulturphilosophie Spran-

---

61 Reichwein, G.: Georg Kerschensteiners „Theorie der Bildung", in: Wehle, G. (Hrsg.): Kerschensteiner, Darmstadt 1979, S. 111- 127, hier: S. 121
62 Zur Arbeitsschulbewegung siehe Weber/Ziegenspeck, Die deutschen Kurzschulen, a.a.O. S. 15 ff
63 Dies wird ausführlich erläutert in Kötteritz, E.- I.: Georg Kerschensteiners Arbeitsschule und die Arbeitslehre der Gegenwart, München 1981 oder Adrian, R.: Die Schultheorie Georg Kerschensteiners. Ein hermeneutische Rekonstruktion ihrer Genese, Frankfurt/M. 1998
64 Campbell, J.: Joy in Work, German Work, Princeton 1989, S. 21
65 Kerschensteiner, G.: Grundfragen der Schulorganisation, Leipzig/Berlin 1921, S. 94
66 Günther, K.-H.: Über die Persönlichkeitspädagogik Hugo Gaudigs, Berlin 1957, S. 15
67 Vgl. dazu Gaudig, H.: Die Schule im Dienst der werdenden Persönlichkeit, 1. Bd., Leipzig 1922; Ders.: Persönlichkeit, Leipzig 1923 oder Scheiber, O.: Arbeitsschule in Idee oder Gestaltung, Heidelberg 1962.

gers[68] erweiterte Kerschensteiner seine erzieherischen Vorstellungen; die Arbeitsschule wurde nunmehr „zur Schule der selbständigen und selbsttätigen Erarbeitung der Bildungsgüter."[69] Die ursprüngliche Bedeutung des handwerklichen Arbeitens wurde als ein Teil pädagogischen Arbeitens in das als Prinzip des selbständigen Handelns übernommen. Die Behauptung Wilhelms, Kerschensteiner wäre ein einseitiger „Apologet des Praktischen" gewesen[70], muss mit Röhrs zurückgewiesen werden, der keine ausschließliche Fixierung der Arbeitsschulidee Kerschensteiners[71] auf die praktische Tätigkeit feststellen konnte.[72]

Für Kerschensteiner lagen die essentiellen Merkmale der Arbeit im pädagogischen Sinne in der geistigen Planung, der Vollendungstendenz und der Möglichkeit der Selbstprüfung:[73] „Jeder Zögling muß imstande sein und sich innerlich dazu genötigt fühlen, seine Arbeit, mag sie theoretischer oder praktischer Natur sein, bei jedem Schritt ihrer Durchführung auf ihre Übereinstimmung mit den Forderungen zu überprüfen."

Kurt Hahn leitete unter Bezugnahme auf die Arbeitsschulidee Kerschensteiners die Bedeutung der handwerklichen Tätigkeit für seine Erziehungskonzeption ab:[74] „Wir legen Wert darauf, daß alle unsere Jungen in einem Handwerk geschult werden. Wir begrüßen den Einfluß guter Meister; wir verabscheuen halbfertige Arbeit, ihre Anforderungen sind unerbittlich und können nur bei angespannter Konzentration erfüllt werden."

---

68 Vgl. zu Sprangers kulturphilosophischen Theorien: Sacher, W.: Eduard Spranger 1902- 1933, Hamburg 1988 oder Eisermann, W. u.a. (Hrsg.): Maßstäbe. Perspektiven des Denkens von Eduard Spranger, Düsseldorf 1983

69 Röhrs, Reformpädagogik, a.a.O., S. 191

70 Wilhelm, T.: Die Pädagogik Kerschensteiners. Vermächtnis und Verhängnis, Stuttgart 1957, S. 63

71 Zu den geistigen Vorläufern von Kerschensteiners Arbeitsschulgedanken siehe Röhrs, H.: Die Pädagogik Aloys Fischers, Heidelberg 1967, S. 216 ff

72 Röhrs, Reformpädagogik, a.a.O., S. 192

73 Kerschensteiner, G.: Begriff der Arbeitsschule, Leipzig 1922, S. 55

74 Hahn, K.: Die nationale und internationale Aufgabe der Erziehung. Vortrag, gehalten am 22.4.1958 vor den Mitgliedern des Industrie-Clubs Düsseldorf, Düsseldorf 1958, S. 12.

Hahns Kritik, dass die Staatsschulen seiner Zeit ihre Erziehungsaufgaben lediglich in der einseitigen Vermittlung von Wissen begriffen, wobei die Charakterentwicklung der Schüler vernachlässigt wurde[75], stützte sich auf die Auffassung Kerschensteiners, der in seinem Werk „Begriff der Arbeitschule" ausführte:[76] „Die Erfahrungen des vergangenen Jahrhunderts (...) haben uns gelehrt, daß das Schwergewicht aller Schulen weit weniger auf Anhäufung des Wissens als auf die Entwicklung von geistigen, moralischen und manuellen Fähigkeiten zu legen ist, daß sie mechanische, aber von Einsicht in ihre Zweckmäßigkeiten getragene Fertigkeiten auszubilden haben, (...)."

Des Weiteren orientierte sich Hahn an der Überzeugung Kerschensteiners, dass der eigentliche Sinn der Erziehung darin lag, „brauchbare Staatsbürger"[77] zu erziehen.[78] Für Kerschensteiner hatte der Staat zwei Aufgaben zu erfüllen, einerseits eine „egoistische, die sich auf Fürsorge, Wohlfahrt und Schutz"[79] bezog, und andererseits eine „altruistische, die eine allmähliche Herbeiführung des Reiches der Humanität durch eine Entwicklung zu einem sittlichen Gemeinwesen" anstrebte.[80] Er sah die Arbeitsschule als Beitrag der Reform der Volksschulen und höheren Schulen, dessen Zweck darin lag, „einen brauchbaren Staatsbürger" zu formen.

Daraus entstanden zwei Forderungen an die Arbeitschule:

- Jeder Mensch sollte dazu befähigt werden, eine Funktion in der staatlichen Gemeinschaft auszuüben, d.h. einem Beruf nachzugehen.

---

75   Linn/Picht/Specht, Erziehung zur Verantwortung, a.a.O., S. 27
76   Gonon, Georg Kerschensteiner: Begriff der Arbeitsschule, a.a.O., S. 69
77   Ebd. S. 16
78   Hugo Gaudig kritisierte zu Recht, dass Kerschensteiner den Staat „ethisiere" und diesem die Erziehung unterordnete. Gaudig sah die Persönlichkeitserziehung des Menschen als oberstes Gut an und nahm in diesem Lebenszweck den Staatszweck auf. Vgl. Gaudig, H.: Der Begriff der Arbeitsschule, in: Wehle, G.(Hrsg.): Kerschensteiner, Bd.II, Paderborn 1966, S. 157- 160, hier: S. 159 f oder Kühle, B.: Entwicklung und philosophische Begründung der Arbeitsschultheorie bei Kerschensteiner und Gaudig, Leipzig 1932
79   Gonon, Georg Kerschensteiner: Begriff der Arbeitsschule, a.a.O., S. 140
80   Ebd.

- Dieser Beruf sollte als Amt betrachtet werden, nicht nur zum Zweck der Lebenshaltung, sondern zur sittlichen Selbstbehauptung und darüber hinaus zum Dienst an der Gemeinschaft.

Die Arbeitsschule sollte im Schüler die Neigung wecken, seinen Teil zur Entwicklung der sittlichen Gemeinschaft beizutragen:[81] „(...) im Zögling Neigung und Kraft zu entwickeln, daß er neben und durch die Berufsarbeit und nicht zuletzt durch die Arbeit an der Vervollkommnung seines speziellen Persönlichkeitswertes sein Teil beträgt, die Entwicklung des gegebenen Staates, dem er angehört, in der Richtung zum Ideal eines sittlichen Gemeinwesens zu fördern."

Hahns Gedanken gingen in dieselbe Richtung, die Ausbildung eines Menschen zu staatsbürgerlicher Verantwortung war eines seiner wesentlichen Erziehungsziele.[82]

3.2.2 Platon

Der griechische Philosoph Platon (428/427[83]–348/347 v. Chr.) stellte für Kurt Hahn einen „ewigen Lehrmeister" dar.[84] Schon während seiner Schul- und Studienzeit machte sich Kurt Hahn mit den pädagogischen Gedanken Platons vertraut. Vor allem durch die in der „Politeia" entwickelte Theorie erwarb Hahn Erkenntnisse, die seine eigenen Erziehungsvorstellungen nachhaltig beeinflusst haben.[85]

In der „Politeia" unterschied Platon drei Stände, nämlich den der „Philosophenkönige", der Wächter und den Erwerbsstand.[86] Er behandelte im Wesentlichen nur die Erziehung der Wächter, die die „Tüchtigsten" aus dem dritten Stande darstellten und aus deren Kreise wiederum durch noch strengere Auswahlkriterien die „Phi-

---

81 Ebd. S. 17

82 Vgl. Linn/Picht/Specht, Erziehung zur Verantwortung, a.a.O., S. 38

83 Es ist in der Forschung umstritten, wann und wo Platon geboren wurde. Einige antike Quellen (vor allem Diogenes Laertios) gaben das Jahr 430/429 an, aber wahrscheinlicher ist die Angabe 428/427. Die doppelte Jahreszahl kommt dadurch zustande, dass der Anfang des griechischen Jahres sich nicht mit dem heutigen Jahresanfang deckt.

84 Becker, H.: „Kurt Hahn, der Erzieher", in: Neue Sammlung, 15 Jg., Nr. 2 (1975), S. 109–113, hier: S. 109

85 Strömer, Zur Bedeutung körperlicher Erziehung an den Kurzschulen Kurt Hahns, a.a.O. S. 8

86 Störig, H. J.: Kleine Weltgeschichte der Philosophie, Frankfurt/M. 1993, S. 170 f

losophenkönige" hervorgingen. Neben diesen Auswahlkriterien sollte eine planmäßige Erziehung der körperlichen, geistigen und seelischen Kräfte nach dem griechischen Leitbild des Kalokagathos treten. Die Kalokagathie (griechisch: schön und gut) war das altgriechische Hochbild vom Menschen, das die körperliche und die seelische Wohlgeformtheit, die Tüchtigkeit und die geistige Vollkommenheit umfasste.[87]

Platon unternahm den Versuch, den einzelnen Menschen wieder in das Gesamte der Polis einzuordnen. Die Paideia[88], die Einheit der musisch-gymnastischen Erziehung, die nicht an die Voraussetzung besonderer Schuleinrichtungen geknüpft war, bedeutete für den athenischen Denker, Formung in der Gemeinschaft und um der Gemeinschaft willen, aber auch Hingabe an eine objektive Sache.

Laut Natorp lag ein zentraler Inhalt seiner Philosophie in der Idee des Guten, des obersten Wertes der Ideenlehre. Diese bildete die Krönung seiner Philosophie wie seiner pädagogischen Ideen.[89]

Derbolavs These, dass der Erziehungsvorstellung Platon eine bestimmte Anschauung vom Wesen der menschlichen Seele zugrunde lag, ist zuzustimmen.[90] Die menschliche Seele bestand laut Platon aus dem vernünftigen (logistikon), dem mutigen (thymoeides) und dem begehrenden (epithymetikon) Seelenteil. Diese drei Seelenteile sollten jeweils im Verhältnis zueinander stehen, so wie in der „Politeia" der erste Stand („Philosophenkönige"), dem zweiten („Wächter") und dem dritten (Erwerbsstand) übergeordnet war. Platon war der Überzeugung, dass den drei Seelenteilen und den drei Ständen drei Tugenden entsprachen:

- Selbstbestimmung (sophrosyne),
- Tapferkeit (andreia),
- Weisheit (sophia).

---

87 Ebd. S. 171
88 Vgl. dazu Jäger, W.: Paideia, 3. Bd., Berlin 1947 oder Ballauff, T.: Die Idee der Paideia, Meisenheim/Glan 1952
89 Natorp, P.: Platos Ideenlehre, Darmstadt 1961, S. 9
90 Derbolav, J.: Von den Bedingungen gerechter Herrschaft: Studien zu Platon und Aristoteles, Stuttgart 1980, S. 57; weitere Informationen findet man bei Krämer, H. P.: Arete bei Platon und Aristoteles, Heidelberg 1959, S. 35 f

Diese drei Tugenden waren ein Teil der höchsten und allen gemeinsamen Tugend, der Gerechtigkeit (dikaiosyne).[91]

Die Erziehungsgemeinschaft lag für Platon in dem näheren Verhältnis zwischen älteren Lehrenden und jüngeren Lernenden im gemeinsamen Streben nach dem Guten.[92] Lernen bedeutete für Platon gegenseitiges Verständnis über ein objektiv Gegebenes im gemeinsamen Hinblicken auf eine Sache, zugleich das Schauen des Wahren, Guten und Schönen.

Gemäß Nettleship blieben Wissenschaft und Philosophie in der platonischen Philosophie einer Führungselite vorbehalten.[93] Dagegen sollte die breite Masse der Bevölkerung an der musischen und gymnastischen Erziehung teilhaben. Die gymnastische Erziehung zielte auf die harmonische Ausbildung der körperlichen Anlagen und Förderung der Gesundheit zum Wohle der Gemeinschaft. Über die Erziehung der Jugend durch Gymnastik schrieb Platon:[94] „Also einer auserlesenen Übung, sprach ich, werden unsere kriegerischen Kämpfer bedurften, da sie ja wie Hunde notwendig wachsam sein müssen und möglichst scharf sehen und hören, und weil sie sich im Felde vielerlei Abwechslungen des Getränkes und der Speisen und so auch der Hitze und Kälte müssen gefallen lassen, nicht zärtlich sein dürfen von Gesundheit."

Der Begriff der Mimesis, des Hinschauens auf beeindruckende Vorbilder und des selbständigen Nachvollzugs, war für die musische Erziehung von großer Bedeutung. Platon fasste die musische Erziehung so weit, dass auch Mathematik und Naturwissenschaften mit-

---

91 Zu Platons Begriff der Gerechtigkeit vgl. Kelsen, H.: Die Illusion der Gerechtigkeit: eine kritische Untersuchung der Sozialphilosophie Platons, Wien 1985 oder die detaillierte Studie von Klingenberg, E.: Platons Nomoi georgikoi und das positive griechische Recht, Berlin 1976. Dagegen lässt die Studie von Stroisch, F.: Über die weltanschaulichen Grundlagen der Gerechtigkeitsidee, Kiel 1940 eine tiefgehende Analyse der Gerechtigkeitsidee Platons vermissen und muss als obsolet angesehen werden.

92 Derbolav, Von den Bedingungen gerechter Herrschaft: Studien zu Platon und Aristoteles, a.a.O., S. 37

93 Nettleship, R.: Lectures on the Republic of Plato, London 1958, S. 27; eine überzeugende Darstellung findet man auch bei Vanhoutte, M:: La philosophie politique de Platon dans les Lois, Louvain 1954

94 Platon zitiert in Eigler, G. (Hrsg.): Platon. Politeia, Bd. 4, Darmstadt 1990, S. 237

einbezogen wurden. Störig folgend verstand der griechische Denker die musische Erziehung als Vorstufe des philosophischen Denkens.[95]

Kurt Hahn nahm sich vor allem Platons ganzheitliche Sicht des Menschen (Körper, Geist und Seele, Individuum und Gesellschaft) zum Vorbild.[96]

Ein weiterer Bezug zur platonischen Pädagogik lag in der Übernahme von Nachahmung und Übung, die von Kurt Hahn als unentbehrlich für die Realisierung seiner Erziehungsziele angesehen wurde.[97]

Hahn teilte mit Platon den Glauben an die Macht der Erziehung. Sie waren beide der Überzeugung, dass in jedem Heranwachsenden positive und negative Kräfte vorhanden waren. Um die positiven Eigenschaften zu wecken und in stärkerem Maße auszubilden, bedurften junge Menschen einer intensiven und nachhaltigen Erziehung.

Laut Schwarz führte Hahn die individualistische und staatsorientierte Sichtweise der Erziehung Platons weiter fort, die in einer Wechselbeziehung standen:[98] „Hahn sieht in Anlehnung an Platon folglich die Mitte in einer Erziehung, die im Interesse des Staates einerseits das Individuum zur Entdeckung seiner (...) latenten Kräfte hinführt und andererseits im Interesse des Individuums dieses für einen Platz im Dienst an der Gemeinschaft qualifiziert."

Kurt Hahn konzipierte die Erziehungsgrundsätze des Landerziehungsheims Salem in Anlehnung an Platons „Politeia". In Salem waren Namen und Wesen der führenden Ämter der Selbstverwaltung durch Platon bestimmt, der vertrauenswürdigste Schüler galt als „Wächter" des Schulstaates.[99]

---

95 Störig, Kleine Weltgeschichte der Philosophie, a.a.O., S. 172
96 Gesellschaft für Ausbildungsforschung und Berufsentwicklung e.V. (Hrsg.): Erlebnis und Abenteuerpädagogik: Eine Literaturstudie, München 1987, S. 6
97 Ebd. S. 21
98 Schwarz, K.: Die Kurzschulen Kurt Hahns, a.a.O., S. 21
99 Ewald, Der Aufbau und Ausbau Salems (1919–1933), in Röhrs, Bildung als Wagnis und Bewährung, a.a.O, S. 108–126, hier: S. 109

Von Hentig vertrat die Auffassung, dass Hahn die platonischen Gedanken falsch interpretiert habe:[100] „Bei meiner Beschäftigung mit Hahns schmalen und seiner Freunde dickeren Schriften habe ich mich immer wieder gefragt, wie soviel Mißverständnis von Platon möglich ist." Er warf Kurt Hahn vor, nicht beachtet zu haben, dass Platons „Politeia" lediglich ein Modell für den Zweck der Erkenntnis von Gerechtigkeit darstellte und er Salem als „Kopie der Politeia" konzipiert hat.[101]

Diesem Einwand ist mit Ziegenspeck zu begegnen, der mit Recht darauf verwies, dass Hahn bewusst eine eigene Deutung der pädagogischen Vorstellungen Platons vornahm.[102] Hahn selbst wies in seiner Schrift „The practical child and the bookworm" aus dem Jahre 1934 darauf hin, dass er die Erziehungsideen Platons vereinfachend gedeutet hat und dabei nicht immer dem aktuellen wissenschaftlichen Erkenntnisstand gefolgt war.[103] Erst diese individuelle Interpretation Platons versuchte Hahn, in die Wirklichkeit zu transformieren.

3.2.3 Goethe

In dem Erziehungsroman „Wilhelm Meisters Wanderjahre" aus dem Jahre 1776 beschrieb Johann Wolfgang von Goethe seine Erziehungstheorien und seine Vorstellung von einer idealen Erziehungsstätte, der „pädagogischen Provinz"[104].

Die „pädagogische Provinz" war eine Erziehungsstätte unter Abschirmung von äußeren Einflüssen in Form einer Lebens- und Erziehungsgemeinschaft, in der alle menschlichen Tätigkeiten in den

---

100 von Hentig, H.: Kurt Hahn und die Pädagogik, in: Röhrs, Bildung als Wagnis und Bewährung, a.a.O., S. 41- 82, hier: S. 68
101 Ebd. S. 71
102 Weber/Ziegenspeck, Die deutschen Kurzschulen, a.a.O., S. 218
103 Hahn, K.: The practical child and the bookworm. Broadcast of November 1934. Reprinted from „The Listener" 28th November 1934, Aberdeen 1935, S. 3
104 Die „pädagogische Provinz" Goethes wurde als ideale Erziehungsgemeinschaft konzipiert und blieb unverwirklicht. Vgl. Jarnos Satz zu Wilhelm: „So muß ich Dir vertrauen, fuhr Montan fort, daß Du Dich an den Gränzen einer Provinz befindest, die ich mit Recht ein pädagogisches Utopien nennen würde." Zitiert aus Goethe, J. W.: Wilhelm Meisters Wanderjahre, Stuttgart/Tübingen 1821, 1.Teil, 6. Kapitel, S. 76

Dienst der Pädagogik gestellt wurden. Wesentlicher Bestandteil der Erziehung war die Kunst, oberste Leitidee die Ehrfurcht.[105]

Mit großer Sicherheit kann davon ausgegangen werden, dass Goethes Entwurf von der „pädagogischen Provinz" dem Erziehungsstaat Fellenbergs nachgebildet war. Der Schweizer Erzieher Philipp Emanuel von Fellenberg (1771-1844) empfing maßgebliche Einflüsse von Pestalozzi und gründete 1804 in Hofwyl zunächst eine Ammenerziehungsanstalt, die er nach und nach zu einer Schul- und Erziehungsgemeinschaft ausbaute. Fellenberg beabsichtigte eine Umgestaltung des gesamten Erziehungswesens seiner Zeit mit dem Ziel der Vereinigung von Unterricht und Handtätigkeit, insbesondere Landarbeit.[106]

Die Gründung einer „pädagogischen Provinz" im Sinne Goethes inspirierte Kurt Hahn zur Nachahmung[107]. Die Bildung und Bewährung junger Menschen in der Stille jenseits von der gesellschaftlich-zivilisatorischen Bedrücktheit anzustreben, war für Hahn von wegweisender Natur.

Für Röhrs war der Ansatz Hahns im Vergleich zu den Vorstellungen Goethes weltoffener und wirklichkeitsnäher durch die Forderung nach Mitverantwortung für die Erziehungsgemeinschaft und die Pflege der Nächstenliebe:[108] „(...) Die Bildung in der Stille

---

105   Flitner, W.: Goethes pädagogische Ideen, Leipzig 1948, S. 15
106   Schmid, P.: Philipp Emanuel von Fellenberg , Zürich 1932, S.32 ff
107   Hahn erwähnt in seinen Werken selbst nicht den Begriff der „Pädagogischen Provinz", obwohl Gemeinsamkeiten zwischen Hahns Ansichten und seinen Schulen und Goethes pädagogischer Utopie, die als Urmodell der pädagogischen Provinz anzusehen war, unübersehbar waren. (vgl. dazu Schwarz, Die Kurzschulen Kurt Hahns, a.a.O., S. 207). Vielmehr spricht er von „pädagogischen Werkstätten" (vgl. Hoffnungen und Sorgen eines Landerziehungsheims, in: Linn/Picht/Specht, Erziehung zur Verantwortung, a.a.O., S.89), „pädagogischen Siedlungen" (vgl. Ebd., S. 79) oder von „islands of healing" (vgl. Hahn, K.: A memorandum, New York 1948, S. 4). Ziegenspeck und Weber deuteten die bewusste Nichtberücksichtigung des Begriffs der pädagogischen Provinz in den Zeugnissen Hahns als Vermeidung des Vorwurfs der weltfremden Erziehung. Stattdessen wollte Hahn mit den von ihm benutzten Bezeichnungen die Quintessenz dieser Einrichtungen deutlich hervorheben. (vgl. Weber/Ziegenspeck, Die deutschen Kurzschulen, a.a.O., S. 24)
108   Röhrs, H.: Die pädagogische Provinz im Geiste Kurt Hahns, in: Ders, Bildung und Wagnis als Bewährung, a.a.O., S 83-97, hier: S. 84

schließt bewußt die Pflege und Probe allgemeinmenschlicher und staatsbürgerlicher Tugenden ein. Die Verpflichtung gegenüber dem Nächsten und der Gemeinschaft erscheint geradezu als die Voraussetzung der Selbstbildung."

Goethe besaß den Anspruch, die Welt als eine Einheit zu betrachten. In „Wilhelm Meisters Wanderjahre" betonte er, „ich und Welt zu einer harmonischen Versöhnung" zu bringen. Nachdem der „untätig-individualistische Egoismus" von Wilhelm schon in den „Lehrjahren" gestoppt worden ist, spielte in den „Wanderjahren" der einzelne Mensch, von dem ein „Gesamtwohl ausgeht", eine große Rolle. Karl Heinemann stellte fest:[109] „Der Einzelne muß Egoist sein, um nicht Egoist zu werden, zusammenhalten, damit er spenden könne. Dieser Egoismus ist nicht weichliches Ruhen auf sich selbst, sondern schwerer Dienst täglicher Bewahrung im altruistischen Sinne." Auch hier zeigen sich Parallelen zwischen Goethe und Kurt Hahn; diese Erziehungsmaxime kam der von Hahn geforderten Charakterbildung für den Dienst am Nächsten sehr nahe.

In Goethes „pädagogischen Provinz" wurden die praktischen Fähigkeiten als Grundlage der Bildung[110] angesehen, auf der sich die höhere Bildung erst aufbaut.[111] Die handwerkliche Ausbildung stellte lediglich die Grundlage für die darauf aufbauenden geistigen Beschäftigungsfelder dar; Goethe gliederte innerhalb der Bauernhöfe, Werkstätten und Bergwerke Zentren der Kunst und anderen geistigen Betätigungen ein.[112] Er erweiterte damit die Vorstellungen Pestalozzis und Rousseaus, die beide lebensfähige Menschen durch die Vermittlung handwerklicher Tätigkeiten formen wollten. Rousseau hatte die Absicht, die Menschen in Frankreich durch die handwerkliche Erziehung auf die mit der Revolution verbundenen Notlagen

---

109 Heinemann, K. (Hrsg.): Goethes Werke: Wilhelm Meisters Wanderjahre, Leipzig 1948, S. 8
110 Goethe stellte fest: „Allem Leben, allem Tun, aller Kunst muß das Handwerk vorausgehen (...). Zitiert aus: Flitner, Goethes pädagogische Ideen, a.a.O., S. 215
111 Schwarz, Die Kurzschulen Kurt Hahns, a.a.O, S. 24
112 Hier zeigten sich Parallelen zu Pestalozzis Idee in den Stanser Heimen „(...) das Lernen mit dem Arbeiten, die Unterrichts- mit der Industrieanstalt zu verbinden und beides ineinander zu schmelzen". (vgl. Pestalozzis Brief an einen Freund über seinen Aufenthalt in Stans, in: Barth, H. (Hrsg.): Pestalozzi, J. H.. Grundlehren über Mensch-Staat-Erziehung, Stuttgart 1956, S. 263

vorzubereiten, während Pestalozzi es den Angehörigen der untersten Schicht ermöglichen wollte, ihren Lebensunterhalt selbständig zu bestreiten. Goethes Zielsetzung lag darin, die handwerkliche Ausbildung nicht nur mit einer Notlage zu verbinden, das Handwerk sollte vielmehr „als sorgsam gewählte Lebensarbeit dem Talent und der Neigung völlig entsprechen."[113]

Hahn schenkte der praktischen Ausbildung eine ebenso große Bedeutsamkeit:[114]„(...) suchen wir jedem Kind eine handwerkliche Ausbildung zu verschaffen. Vielen wird dadurch ein inneres Bedürfnis befriedigt, andere aber gehen widerstrebend daran, ihrer Unbeholfenheit Herr zu werden. Aber wenn ihnen das gelingt, ist die Befriedigung umso größer. Besondere Genugtuung gewährt die Bewältigung von Bauaufgaben, deren Ergebnisse einen bleibenden Wert haben." Er fühlte sich zeitlebens mit dem Erziehungsideal Goethes, die „streng nützliche Arbeit mit dem Dienst der Musen"[115] zu vereinigen, verpflichtet. Das Ziel der Kurzschule bezeichnete Hahn „to bridge the gulf between the world of thought and action"[116].

Sowohl für Hahn als auch für Goethe stellte Platon einen wichtigen Orientierungspunkt in der Entwicklung ihrer eigenen Denkvorstellungen dar. Während Hahn Platon als „ewigen Lehrmeister"[117] pries, schrieb Goethe über den griechischen Denker:[118] „Plato verhält sich zur Welt wie ein seliger Geist, dem es beliebt, einige Zeit auf ihr zu herbergen (...) Er dringt in die Tiefen, mehr, um sie mit seinem Wesen auszufüllen, als um sie zu erforschen. Er bewegt sich nach der Höhe, mit Sehnsucht, seines Ursprunges wieder teilhaftig zu werden. Alles, was er äußert, bezieht sich auf ein ewig Ganzes, Gutes, Wahres, Schönes, dessen Förderung er in jedem Busen aufzuregen strebt."

Genauso wie Goethe wollte Hahn den Jugendlichen in den isolierten Erziehungsstätten Schutz vor der „schädlichen Umwelt" bie-

---

113 Flitner, Goethes pädagogische Ideen, a.a.O., S. 212
114 Linn/Picht/Specht, Erziehung zur Verantwortung, a.a.O., S. 84
115 Goethe zitiert in Flitner, Goethes pädagogische Ideen, a.a.O., S. 222
116 Hahn zitiert in Schwarz, Die Kurzschulen Kurt Hahns, a.a.O., S. 25
117 Becker, „Kurt Hahn, der Erzieher", in: Neue Sammlung, a.a.O., S. 109
118 Goethe zitiert in: Erdmann, J. E.: Grundriss der Geschichte der Philosophie, Berlin/Zürich 1930, S. 68

ten:[119] „Die Eltern und die Kinder müssen getrennt werden, natürlich nicht von Geburt an, aber in den entscheidenden Entwicklungsjahren. Plato verfiel auf die sonderbare Idee, die Eltern auf das Land schicken zu wollen. Platos Staat war Athen, das mit tausend Bauten und Bilderwerken eine lockere Sprache vom Geist der Vergangenheit redete, den er lebendig machen wollte. Darum müssen wir die Kinder auf das Land schicken und auf dem Lande ummauerte Kulturzentren schaffen, in denen die rechte Lebensführung die herrschende ist."

Bald jedoch erkannte Kurt Hahn, dass das Konzept der abgeschiedenen Kulturzentren auf dem Lande zu einer Weltfremdheit und geistigen Isolation führte. Er war sich der Tatsache bewusst, sich der Umwelt öffnen zu müssen:[120] „(...) daß Kinder nicht ohne Beziehung zu den Anforderungen ihrer Zeit und ihres Landes erzogen werden, damit sie nicht nach vollendeter Erziehung wie aus dem Elysium Entsprungene sich einer fremden Zeit und einem fremden Lande gegenüber sehen und nun zu einem tatenlosen Zuschauerleben verdammt sind. Ein Kind muß also sein Land sozial, politisch und technisch verstehen lernen, und zwar aus keinem anderen Grunde, als den erwachsenen Menschen zu einem tauglichen Subjekt eines jeden sittlichen Zweckes werden zu lassen."

Von Hentig warf Hahn vor, dass er in einer sich immer schneller wandelnden Zeit die Fähigkeiten der „Elastizität, Umstellbarkeit, Aushalten des Widerspruchs, der Disparität, der Diskontinuität"[121] nicht angemessen berücksichtigte. Stattdessen machte Hahn den Fehler, den Missständen „nicht mit der Gesellschaft, sondern nur gegen sie beizukommen."[122] Damit setzte sich Hahn zwei einander widersprechende erzieherischen Aufgaben: zu schützen und gleich-

---

119 Linn/Picht/Specht, Erziehung zur Verantwortung, a.a.O., S. 26
120 Ebd. S. 17. Einige Jahrzehnte später kam Pöggeler zu derselben Erkenntnis: „Der Schutz vor den Gefahren, wie sie im ‚offenen' Milieu gegeben sind, kann den jungen Menschen zur Lebensfremdheit verleiten und ihn daran hindern, sich selbständig und aktiv mit der Realität der Gesellschaft auseinanderzusetzen. Daher muß dafür gesorgt werden, daß einer (meist) zeitweiligen Isolierung die nötige Öffnung, der Bewahrung die Bewährung folgt" Vgl. Pöggeler, F.: Isolierung. Pädagogische Provinz, in: Rombach, H. (Hrsg.): Lexikon der Pädagogik, Freiburg 1970, S. 317
121 von Hentig; Kurt Hahn und die Pädagogik, in: Röhrs, Bildung als Wagnis und Bewährung, a.a.O., S. 41- 82, hier: S. 49
122 Ebd. S. 46

zeitig auf die Wirklichkeit vorzubereiten:[123] „Denn dieses ‚schützen'
heißt off limits für das Böse, Quarantäne, Paradise Regained." Diese
Kritik von Hentigs, eine Erziehung unter Abschirmung von äußeren
Einflüssen wäre von ihren Grundbedingungen her unweigerlich als
weltfremd anzusehen, ist zurückzuweisen. Von Hentigs Vorwurf ist
entgegenzuhalten, dass Hahn nicht unabhängig von der Gesellschaft erziehen wollte, sondern er von dem Anspruch ausging, ver-
antwortungsvoll denkende und handelnde Menschen in einer auf
demokratischer Grundlage aufgebauten staatlichen Gemeinschaft
zu erziehen. In den von Hahn gegründeten Landerziehungsheimen
und Kurzschulen bedeuteten Berg- und Seenotrettungsübungen,
Feuerwehreinsätze und Hilfsdienste für die unmittelbare Umgebung der Schule nicht aufgesetztes Beiwerk, sondern ein grundlegendes Element einer Erziehungskonzeption, die sich partizipativ
und keineswegs weltfremd verstand.[124] Hahn hielt eine Erziehung
unter Abschirmung von äußeren Faktoren für notwendig; um „die
Kinder und Jugendlichen nur in dem Maße mit der Problematik der
modernen Gesellschaft in Berührung kommen zu lassen, in dem sie
fähig sind, mit diesen Problemen fertig zu werden, ohne dabei
Schaden zu nehmen."[125] Die Isolierung der Schüler sollte auch nicht
uneingeschränkt oder auf Dauer stattfinden, wie die oben dargestellten Anstrebungen Hahns zur Öffnung beweisen. Hahns Begründung für die Notwendigkeit von äußeren Einwirkungen abge-
schirmter Erziehungsgemeinschaften folgte einerseits aus seiner
Anschauung der Gesellschaft, die den Kindern und Jugendlichen
eine „kranke Gesittung"[126] vermittelte. Andererseits stützte er sich
auf die von Platon vertretene Auffassung, dass das Kind die Fähigkeit besaß, „alles nachzuahmen, weil eine jede menschliche Eigenschaft latent in ihm ist"[127] und die Einflüsse der Umgebung für die
weitere Entwicklung des Kindes von entscheidender Bedeutung
waren.[128]

---

123 Ebd. S. 47
124 Vgl. dazu Heckmair, B./Michl, W.: Erleben und Lernen. Einstieg in die
     Erlebnispädagogik, Berlin 1994, S. 23
125 Wittig, H.: Zur Kritik H. v. Hentigs an Kurt Hahns Erziehung zur Verant-
     wortung. Ein Versuch, Lörrach 1970, S. 22
126 Linn/Picht/Specht, Erziehung zur Verantwortung, a.a.O., S. 84
127 Ebd. S. 23
128 Vgl. dazu auch Weber/Ziegenspeck, Die deutschen Kurzschulen, a.a.O.,
     S. 26

Insgesamt gesehen lässt sich feststellen, dass Goethes Modell der „pädagogischen Provinz" zu einem Baustein der Hahnschen Erziehungstheorie geworden ist. Allerdings passte Hahn dieses Modell den Vorstellungen und Gegebenheiten seiner Zeit an und vermied, dass seine Schulen zu Zentren der Isolation und Weltfremdheit wurden.

3.2.4 Die Public Schools

Die englischen Public Schools prägten ebenfalls maßgeblich das pädagogische Denken von Kurt Hahn. Der ehemalige Direktor von Gordonstoun, Henry Brereton, berichtete:[129] „Seit der frühen Jugend unseres Gründers (Kurt Hahn M.L.) erweckten viele Absolventen der berühmtesten und aristokratischsten englischen Public Schools zunehmend seine Sympathie. Ich bin mir ganz sicher, daß er, als ich ihn kennenlernte, Eton für die größte Schule der Welt hielt, wenn ich ihn dies auch nie wirklich sagen hörte. Aber wenn man ihn fragte, wie groß Gordonstoun nach seinen Wünschen werden sollte, pflegte er stets ,1150' zu antworten, die Schülerzahl, die Eton zu der Zeit aufwies."

Die Public Schools stellten exklusive höhere Internatsschulen mit alter Tradition dar.[130] In der Geschichte Englands waren sie vor allem die Träger der Erziehung der wohlhabenden und sowohl politisch als auch wirtschaftlich einflussreichen Gesellschaftsschicht. Die Erziehung der Public Schools baute auf strenger Zucht und der exakten Fortführung des Überlieferten und Althergebrachten auf. Finanziert aus dem Schulvermögen, durch Zuwendungen von Gönnern und ehemaligen Schülern sowie dem Schulgeld wurden dort junge Menschen im Alter von 11- 18 Jahren unterrichtet.

Zu den außerhalb Großbritanniens bekanntesten und angesehensten Public Schools zählten u.a Eton College, Rugby School und Winchester College. Charakteristisch für diese Schulform waren laut Brereton Korpsgeist, Kameradschaftlichkeit, Willensschulung und körperliche Erziehung.[131]

---

129   Brereton, H.: Gordonstoun und die englische pädagogische Tradition, in: Röhrs, Bildung als Wagnis und Bewährung, a.a.O., S. 198- 204, hier: S. 200
130   Ebd.
131   Ebd.

Kurt Hahn bewunderte bestimmte, für ihn typische Eigenschaften der englischen Public Schools:[132]

- Zuversicht in der Anstrengung,
- Anmut in der Niederlage,
- Fairness im Zorn,
- Klarheit des Urteils selbst in der Bitternis verwundenen Stolzes,
- Bescheidenheit im Erfolg,
- Bereitschaft, sich zu jeder Zeit einzusetzen.

Hahn hob insbesondere die Leistung der englischen Public Schools für die demokratische Gesinnung in Großbritannien hervor:[133] „Es gelingt ihnen, junge Menschen heranzubilden, die argumentieren können, ohne sich zu zanken, die zanken können, ohne sich zu verdächtigen, sich verdächtigen können, ohne sich zu verleumden."

Weiterhin schätzte Hahn die Bedeutung, die die Public Schools in ihren Erziehungsgrundsätzen der körperlichen Ertüchtigung und dem Dienst am Nächsten beimaßen. Daraus erwachte der Wunsch, die Grundlagen der Public Schools auf Deutschland zu übertragen:[134] „Im Jahre 1914 hatte ich Oxford verlassen mit dem einen Ziel, ein Internat zu gründen, das ich nach dem Vorbild der englischen Public Schools aufzubauen gedachte."

Im Landerziehungsheim Salem am Bodensee finden sich Wesenszüge der englischen Public Schools wieder. Der ehemalige Internatsleiter am Atlantic College South Wales, David B. Sutcliffe, stellte fest:[135] „Salem entstand als eine pädagogische Antwort auf die politische Situation, als Beitrag zur Behebung eines menschlichen und nationalen Notstandes. Für das deutsche öffentliche Leben sollten durch Erziehung Eigenschaften der verantwortungsvollen, sicheren, um das Wohl des Landes besorgten Führung geweckt werden, die die englischen Public Schools in der politischen Tradition ihres Landes auszeichneten. Das Salemer Abgangszeugnis erhielt Beurteilungen über diese Qualitäten (...)"

---

132 Ziegenspeck, Lernen für's Leben-Lernen mit Herz und Hand, a.a.O., S. 9
133 Ebd.
134 Linn/Picht/Specht, Erziehung zur Verantwortung, a.a.O., S. 64
135 Sutcliffe, D. B.: Ein Vergleich zwischen dem pädagogischen Ansatz in Salem und Gordonstoun, in: Röhrs, Bildung als Wagnis und Bewährung, a.a.O., S. 211–227, hier: S. 214

Sportarten, die in den Public Schools auf dem Lehrplan standen, fanden auch in Salem Verbreitung, wie z.B. Hockey. Marina Ewald berichtete:[136] „Hockey war nun mal das Wichtigste für die meisten Salemer, obwohl sie nur ein- bis zweimal wöchentlich spielen und dazwischen nicht üben durften. (...) Die Erfolge, die bald, sowohl in der Leichtathletik als auch im Hockey erzielt wurden, beruhten nicht auf technische Ausbildung, sondern auf der guten Allgemeinverfassung und der Einsatzfreudigkeit."

Im Gegensatz zu den elitären Public Schools verfolgte Hahn das Ziel, dass Jugendliche aus allen sozialen Schichten seine Schulen besuchen konnten.

Er orientierte sich dabei an den Worten des Prinzen Max von Baden:[137] „Macht die Schule möglichst unabhängig vom Reichtum dadurch, daß ihr das Schulgeld dem Einkommen der Eltern entsprechend stuft. Aber sucht Euch nicht nur Kinder aus, die akademische Begabung haben, nehmt auch Jungen und Mädchen, die nichts anderes wollen als gute Handwerker werden.".

3.2.5 Landerziehungsheime (Reddie, Lietz)

Cecil Reddie, der als Begründer der internationalen Landerziehungsheimbewegung gilt, gründete im Oktober 1889 aus Protest gegen die traditionelle britische Public School das erste Landerziehungsheim in Abbotsholme bei Rochester/England.[138] Die traditionelle Schule in England sah Reddie als Ort harter Arbeit und sturer Wissensvermittlung an; er vermisste in den Erziehungsplänen die Vermittlung der Freude am Lernen und die Formung des Charakters der Schüler:[139] „Anstatt die Grundbegriffe der (...) Orthographie zu pauken, sollte unseren Kindern beigebracht werden, zu leben und zu lieben, das Gute zu wollen (...). Statt Herzensbildung haben wir ihnen pure technische Kennerschaft aufgezwungen, und zwar auf Gebieten, die für das Leben unwesentlich sind. (...) Die Hauptaufgabe der Schule ist, dem Kind seine Umwelt und das Leben zu erklären und es dazu zu bringen, die Verbesserung von beidem zu

---

136 Ewald, Der Aufbau und Ausbau Salems (1919–1933), in: Röhrs, Bildung als Wagnis und Bewährung, a.a.O., S. 113
137 Linn/Picht/Specht, Erziehung zur Verantwortung, a.a.O., S. 65
138 Arnold-Brown, A. S.: Der Einfluss von Abbotsholme, in: Röhrs, Bildung als Wagnis und Bewährung, a.a.O., S.182–188, hier: S. 182
139 Reddie, C.: John Bull: His Origin and Charakter, London 1901, S. 16

unterstützen. Das kann man durch eine Kombination von Disziplin und Liebe (...) erreichen (...)."

Reddie studierte an den Universitäten Edinburgh und Göttingen Chemie und Mathematik, wenige Jahre nach der Gründung von Abbotsholme ging er nach Jena zu dem Herbartianer Wilhelm Rein, in dessen Übungsschule er auch Hermann Lietz als Oberlehrer kennen lernte. Gemäß Andreesen trug die Beschäftigung mit Reins Werken zur Entfaltung und Entwicklung seines eigenen erzieherischen Grundkonzeptes bei.[140] Reddie zeigte sich vor allem vom Herbartianismus, der in England unter dem Thema „The five steps"[141] großen Anklang fand, in hohem Maße angetan. Was den intellektuellen Bereich betraf, schätzte er den deutschen Schulunterricht sehr hoch ein. Reddie hatte die Absicht ihn „(...) mit unserer englischen Vorliebe für Freiheit und Selbstvertrauen (...) zu kombinieren."[142]

Reddie besaß den Anspruch, zuerst Schüler und erst dann Fächer zu unterrichten:[143] „Der Erziehungsplan von Abbotsholme richtet sich nach dem Postulat, daß die Seele – ebenso wie Geist und Körper – auf die Umgebung reagiert und so auf die sittliche Natur eine Reihe von gebändigten Kräften einwirken läßt, die denen parallel laufen, welche den Jungen geistig und körperlich erziehen sollen. Nun ist die zwingenste bekannte Kraft jene, die sich aus einer Haltung von mit Verantwortungsbewußtsein gepaarter Zuneigung ergibt."

In Abbotsholme stand der Unterricht in den neuen Sprachen, Geschichte und die Naturwissenschaften im Vordergrund, daneben führten die klassischen Sprachen ein Schattendasein.[144] Der Schulalltag sah morgens die Unterrichtsstunden und am Nachmittag die freieren Aktivitäten vor, zu denen neben Sport, Exkursionen, musischen Tätigkeiten auch praktische Arbeit auf dem Feld, in den

---

140 Andreesen, A.: Cecil Reddie, in: Leben und Arbeit 1932/33, S. 49–56, hier: S. 50 f
141 Vgl. Hayward, F. H.: The Critics of Herbartianism, and other Matter Contributory to the Study of the Herbartian Question, London 1903, S. 42 ff oder De Garmo, C.: Herbart and the Herbartians, London 1904, S. 80 ff
142 Arnold-Brown, Der Einfluss von Abbotsholme, in: Röhrs, Bildung als Wagnis und Bewährung, a.a.O., S. 183
143 Ebd.
144 Röhrs, Reformpädagogik, a.a.O., S. 102 f

Werkstätten oder im Garten zählten. Das geistige Zentrum des Schultages, das die verschiedenen Tätigkeitsbereiche in einer Einheit zusammenschließen sollte, war die „Chapel" von Abbotsholme, die einen „meditativen Haltepunkt, der von christlicher Geistigkeit durchdrungen ist"[145], darstellte.[146]

Kurt Hahn erfuhr im Jahre 1903 von Abbotsholme durch das Werk „Emlohstobba[147] – Roman oder Wirklichkeit" von Hermann Lietz. Dieses Buch machte auf ihn einen nachhaltigen Eindruck:[148] „Man gab mir das Buch ‚Emlohstobba', das mein Schicksal besiegelte."

Hahn lernte die Schule Abbotsholme erst in den 30er Jahren kennen, jedoch kam es zu keiner persönlichen Begegnung mit Cecil Reddie. Der Besuch von Abbotsholme School und die dort angewandten Erziehungsmethoden beeindruckten Hahn sehr:[149] „Ich hatte riesigen Respekt vor der Pionierarbeit von Cecil Reddie, fühle mich jedoch von seinem exzentrischen Wesen wenig angezogen, da es mit mir verwandt war."

Hahn war von der Idee Reddies[150], eine Gemeinschaft von Erziehern und Schülern aufzubauen, äußerst angetan:[151] „Ein Internat sollte nicht eine Familie im großen, sondern ein Staat im kleinen sein. Ich glaubte fest an die Partnerschaft von Schülern und Lehrern, nicht durch unechte Familienbande, sondern durch fesselnde Aufgaben und Zielsetzungen miteinander verbunden, die das bereitwillige

---

145 Ebd. S. 102
146 Reddie bemerkte dazu: „Wie ich schon oft gesagt habe, bin ich nicht der Meinung, daß das Ganze der religiösen Unterweisung sich auf den Gottesdienst in der Chapel beschränkt, noch weniger, daß es auf den Teil reduziert sein soll, in dem die Predigt gehalten wird. Meiner Meinung nach kann keine Religion und keine religiöse Unterweisung von einem noch so unbedeutenden Nutzen für irgendjemanden sein, wenn sie nicht das ganze Leben berührt. Diese täglichen Aufgaben im Haus, wie außerhalb sind ebenso Teil dieser Religion wie die Anwesenheit in der Chapel.". Vgl. Reddie, C.: Abbotsholme, London 1900, S. 7
147 Emlohstobba ist das Anagramm von Abbotsholme
148 Arnold-Brown, Der Einfluss von Abbotsholme, in: Röhrs, Bildung als Wagnis und Bewährung, a.a.O., S. 185
149 Ebd. S. 182
150 Reddie bezeichnete seine Schule als „kleinen idealen Staat" Vgl. Lietz, H.: Emlohstobba, Berlin 1897, S. 61
151 Arnold-Brown, Der Einfluss von Abbotsholme, in: Röhrs, Bildung als Wagnis und Bewährung, a.a.O., S. 183

Eintreten der Partner erfordern. In diesem Zusammenhang sollte ich erwähnen, daß das, was mich am Gemeinschaftsleben (...) von Abbotsholme am meisten beeindruckte, der Brückenschlag war, der auch der benachbarten Gegend zugute kam."

Reddie lag das Entstehen einer europäischen Kultur am Herzen:[152] „Der Tag wird kommen, da kein Lehrer in England für gebildet angesehen wird, der nicht Englisch, Französisch und Deutsch sprechen und schreiben kann, – ob er Latein oder Griechisch oder Hebräisch kann, danach wird nicht einmal mehr gefragt werden. Ein Lehrerkollegium, das somit in der Lage ist, die Kultur dreier Völker aufzunehmen, wird englischen Jungen in Bälde etwas von jenem Weltkulturgeist einflößen vermögen, dessen Fehlen uns gegenwärtig untauglich für die Verwaltung des weiten Machtsbereich macht, den uns eher der Zufall als ein ausgeklügelter Plan übertrug. (...) Britische Universitäten sind gegenwärtig wenig mehr als Colleges provinziellen Charakters – internationale Stätten kultureller Begegnung sollten sie sein." Hahn verinnerlichte diesen Gedanken und realisierte ihn in der Praxis bei der Gründung von Atlantic Colleges in allen Teilen der Welt. Im Jahre 1962 wurde im St. Donat's Castle an der Südwestküste von Wales das erste Atlantic College eröffnet, das als internationale Oberstufenschule Jugendliche aus den verschiedensten Ländern der Welt auf die Maturität vorbereiten sollte. Das Ziel der Atlantic Colleges lag in der Vermittlung einer internationalen Bildung und die Förderung des gegenseitigen Verständnisses eines ausgewählten Kreises Jugendlicher.

Reddie wandte sich vehement gegen eine Spezialisierung des Lernens; die Erziehung der jungen Menschen sollte möglichst alle Facetten des Wissensspektrums enthalten, damit der Geist der Schüler in alle Richtungen hin zur freien Entfaltung gelangen konnte. Hahn konnte ebenfalls der Spezialisierung des Lehrplanes wenig abgewinnen und teilte Reddies Anschauungen:[153] „(...) also muß der Pädagoge dafür sorgen, daß solche Eigenschaften wie physischer Mut, Schärfe des Denkens, Gesundheit und Lebensfreude ausgebildet werden, damit der von ihm erzogene Mensch nicht in der Freiheit seiner Wahl beschränkt wird."

---

152 Ebd. S. 186
153 Linn/Picht/Specht, Erziehung zur Verantwortung, a.a.O. , S. 16

Die Auffassung Hahns, dass Spiele[154] „entthront" werden müssten, ging eindeutig auf Reddie zurück:[155] „Körperliches Training ergibt sich nicht nur einseitig aus bloßem Spielen, sondern in einem gewissen vernünftigem Maß aus nutzbringender Handarbeit."

Die Gründung der Schule Abbotsholme blieb in Großbritannien bis auf das Interesse einiger weniger Fachleute aus dem Erziehungswesen unbemerkt.

In anderen Ländern wie Frankreich[156], Deutschland, Niederlande, Schweiz, Finnland und Schweden besaßen die Ideen Reddies eine größere Bedeutung.

In Deutschland war für die Verbreitung der Vorstellungen Reddies die Veröffentlichung des bereits oben erwähnten Buches „Emlohstobba" von Hermann Lietz entscheidend. Lietz war ein Jahr lang Gastlehrer in Abbotsholme, wo er die pädagogischen Vorstellungen von Cecil Reddie kennen lernte und verinnerlichte.

Die dort gesammelten Erfahrungen veranlassten ihn, im Jahre 1889 ohne staatliche Unterstützung ein Landerziehungsheim bei Ilsenburg im Harz zu gründen. Diese Gründung zog weitere nach sich, so entstanden Heime in Schondorf am Ammersee (1905), die Freie Schulgemeinde Wickersdorf (1906), die Odenwaldschule (1910), Gandersheim (1923), Juist (1925), Laacher See (1928) usw., die direkt oder indirekt auf Lietz zurückgingen. Lietz wurde demnach als „Vater der deutschen Landerziehungsheime" bezeichnet.[157]

---

154 Vgl. dazu die ausführliche Definition von Spiel bei Wegener-Spöhring, G.: Aggressivität im kindlichen Spiel. Grundlegung in den Theorien des Spiels und Erforschung ihrer Erscheinungsformen, Weinheim 1995, S. 15 ff

155 Zitiert aus Arnold-Brown, Der Einfluss von Abbotsholme, in: Röhrs, Bildung als Wagnis und Bewährung, a.a.O., S. 186

156 Einen guten Überblick über die Verbreitung der Ideen Reddies in Frankreich geben die Zeugnisse des französischen Pädagogen Edmond Demolins, die nach seinem Besuch in Abbotsholme veröffentlicht wurden: Demolins, E.: Anglo-Saxon Superiority, London 1898; Demolins, E.: L'Education nouvelle, Paris 1901 oder Bäcker, M.: Die Landerziehungsheime in Frankreich, Langensalza 1914

157 Kutzer, E. (Hrsg.): Hermann Lietz- Zeugnisse seiner Zeitgenossen, Stuttgart 1968, S. 17

Von der „New School Abbotsholme" übernahm Lietz vielseitige Anregungen zur äußeren Gestaltung.[158] Das geistige Fundament erhielt er von dem Herbartianer Wilhelm Rein an dessen Universitätsübungsschule in Jena. Rein formulierte das programmatische Ziel einer Erziehungsschule, deren Ziel darin bestand „(…) eine allgemeine Menschenbildung, die im Dienste der religiös-sittlichen Interessen steht, zu vermitteln; die Veredelung einer Gesamtbildung anzubahnen, die nicht an gewisse Stände geknüpft ist."[159] Laut Blättner bekam Lietz durch die Beschäftigung mit der Schrift Fichtes „Reden an die deutsche Nation" in der Jenaer Übungsschule wichtige Gedankenanstöße für die Gründung der Landerziehungsheime.[160]

---

158 Dies wurde aus einem Brief ersichtlich, den Hermann Lietz seinem Lehrer Rein nach einigen Wochen Aufenthalt in Abbotsholme schrieb: „Ich lerne hier eine nach der Seite der praktischen, körperlichen, sittlichen Erziehung hin ganz ausgezeichnete Schule kennen, die nach diesen Richtungen hin unsere deutschen Schulen, insbesondere die Alumnate weit übertrifft, und von der wir darum viel lernen können und müssen. (...) Freilich in der Lehrplantheorie, der Unterrichtsmethode, der Stoffauswahl usw., kurz nach der Seite des wissenschaftlichen Unterrichts hin wird man in England, wie mir scheint, ebensoviel von uns in Deutschland zu lernen haben, wie wir in der praktisch- körperlichen Erziehung für das Schulleben von ihnen." Zitiert aus Rein, W.: Zur Geschichte der Landerziehungsheime, in: Vierteljahrszeitschrift für philosophische Pädagogik 7 (1926), S. 108- 113, hier: S. 112

159 Rein, W.: Art. Erziehungsschule, in: Ders. (Hrsg.): Encyklopädisches Handbuch der Pädagogik, Band 2, Langensalza 1904, S. 599- 607, hier: S. 600

160 Wie Fichte war auch Lietz der Ansicht, dass nur eine neue „Nationalschule" Deutschland aus der „geistigen Not" führen könnte. Der konservativen Kulturkritik seiner Zeit folgend zeigte sich diese „Not" nicht in den Klassengegensätzen, sondern im „Mammonismus, Alkoholismus, Nikotinismus und Sexualismus". Fichte folgend dachte auch Lietz, die Linderung der „Not" nicht in den bestehenden Institutionen finden zu können. Als Gegenmodell hatte er die Absicht, „neue" Schulen abseits der von ihm kritisierten großen Städte zu errichten, um Jugendlichen die Gelegenheit zu geben, in einer „primären" Lebens- und Erfahrungswelt aufzuwachsen. Blättner stellte zu den Gründungen von Landerziehungsheimen durch Hermann Lietz fest: „In dieser bahnbrechenden Schulschöpfung kamen die Ideen Fichtes zu spätem Leben.". Vgl. Blättner, F.: Geschichte der Pädagogik, Heidelberg 1968, S. 179. Weitere wichtige Anregungen erhielt Lietz durch die Fröbelschule in Keilhau, das Internat von Volkmar Stog in

Lietz kritisierte in seinen schriftlichen Zeugnissen vor allem das traditionelle Schulwesen in Deutschland:[161] „Man hat bei der Aufstellung der Lehrpläne eben fast nur die Menge der Kenntnisse berücksichtigt, die der Schüler wissen müßte. Um das wahre Erziehungsziel, um die Einheit des Ganzen, um die Verbindung der Fächer, den psychologischen Fortschritt von der Anschauung zur Vorstellung, zum Denken bekümmert man sich dabei nur zu wenig."

Er stellte der traditionellen „Unterrichtsschule"[162] eine neue „Erziehungsschule" entgegen:[163] „(...) Das Ziel der Unterrichtsschule alten Systems war und ist die Aneignung von Kenntnissen und Fertigkeiten, von Wissen, von Gelehrsamkeit. (...) Ganz anders, ja gerade entgegengesetzt, in Zielen wie in Mitteln, verfährt die Schule, welche die alte Unterrichtsschule ablösen wird oder hier und da schon abgelöst hat: die Erziehungsschule. Nicht Kenntnisse, Wissen, Gelehrsamkeit, sondern Charakterbildung, nicht alleinige Ausbildung des Verstandes und Gedächtnisses, sondern Entwicklungen aller Seiten aller Kräfte, Sinne, Organe, Glieder und guten Triebe der kindlichen Natur zu einer möglichst harmonischen Persönlichkeit; nicht Lesen, Schreiben, Griechisch, sondern Leben lehren: das ist das ideale Ziel, welches die Erziehungsschule bei allem, was sie mit dem Zögling vornimmt, nie außer acht läßt."

Lietz wollte ein Bildungsideal schaffen, wo die Charakterentwicklung der Schüler einen ebenbürtigen Platz neben der Wissensver-

---

Jena sowie durch die Trüpersche Anstalt. Vgl. Lietz, Emlohstobba, a.a.O., S. 73

161 Rutt, T.(Hrsg.): Hermann Lietz. Schulreform durch Neugründung. Ausgewählte pädagogische Schriften, Paderborn 1970, S. 12

162 Bei der Beschäftigung mit den Schriften von Hermann Lietz wird deutlich, dass seine eigenen negativen Erlebnisse während der Schulzeit ein entscheidender Auslöser dafür waren, die traditionelle Schulform seiner Zeit abzulehnen. Lietz behielt vor allem die Prügelstrafe und das Extemporalienschreiben in negativer Erinnerung: „Wurden doch diese Arbeiten in allen Hauptfächern allwöchentlich geschrieben und übermäßige Zeit damit vergeudet. Alles hing von ihnen ab. Aus diesen Gründen bin ich später ein schroffer Gegner der Extemporalienschreiberei geworden und habe sie ebenso eifrig bekämpft wie die erbärmliche Prügelstrafe." Vgl. Meissner, E. (Hrsg.): Von Leben und Arbeit eines deutschen Erziehers (Lebenserinnerungen), Veckenstedt am Harz 1922, S. 35

163 Rutt, Hermann Lietz, a.a.O., S. 20 f

mittlung einnahm:[164] „Wenn somit Ziel jeder Erziehungsschule (...) Vorbereitung aufs Leben durch Ausbildung eines charakterstarken Willens ist, so nimmt als Mittel zu solchem Ziel die Ausbildung der Körperkraft und Gewandtheit, sowie der Tüchtigkeit im Gebrauch der Gliedmaßen zu praktischer Handarbeit und die Ausbildung der Sinne eine ebenso hohe Stellung ein, als die Ausbildung des Intellekts."

In der Erziehungsschule sollten laut Lietz körperliche Übungen, Handfertigkeiten, Turnen und spielerische Übungen durchgeführt werden:[165] „Die alte Unterrichtsschule hatte naturgemäß zunächst gar keine körperliche Betätigung der Jugend. Dann führte sie langsam und meist widerwillig Turnen ein. (...) In der reichen Skala der körperlichen Bethätigungen der Erziehungsschule nimmt Turnen etwa nur die Stelle ein, wie früher Erdkunde, inmitten der übrigen Unterrichtsfächer. Schwimmen, Rudern, Zweiradfahren, jede Art von Spiel und körperlicher Arbeit, kommen hinzu und werden methodisch betrieben. Denn nur so kann aus ihnen Nutzen für die Charakterbildung entspringen. Das Spiel z.B. muß geordnet, organisiert sein. In ihm hat jeder seinen Posten und auf diesem etwas ganz bestimmtes zu thun. Dabei wird freiwillig Unterordnung, wird Zusammenarbeit gelernt, wird Geistesgegenwart, Mut, Stärke, Geschicklichkeit entwickelt."

Lietz verfolgte die Absicht, durch die Betonung handwerklicher Tätigkeiten soziale Unterschiede zu nivellieren:[166] „(...) die Handarbeit unserer vornehmsten Knaben (wird, M.L) eine Brücke abgeben können, über die klaffenden gesellschaftlichen Klassenunterschiede". Weiterhin lieferten ökonomische Zwänge die Begründung für die praktische Arbeit in den Landerziehungsheimen von Hermann Lietz. Die Arbeiten im Garten, in der Landwirtschaft und beim Bau stellten einen Beitrag der Schüler zur Aufrechterhaltung des Heimlebens dar.[167] Lietz gestaltete die von ihm gegründeten Landerziehungsheime zu Stätten lebendiger Persönlichkeitsbildung aus. In den Heimen wurden die Schüler zu selbständigen Menschen vor allem in den Tätigkeitsfeldern Handwerk, Landarbeit, Wissenschaft

---

164 Ebd. S. 22
165 Ebd. S. 27
166 Lietz, Emlohstobba, a.a.O., S. 22
167 Vgl. Meissner, E.: Asketische Erziehung. Hermann Lietz und seine Pädagogik. Ein Versuch kritischer Überprüfung, Weinheim 1965, S. 49

und Kunst erzogen.[168] Es existierte zumeist ein kameradschaftliches Verhältnis zwischen Erziehern und Schülern, es bildeten sich sogar familienartige Gruppen oder Erziehungsgemeinschaften.[169]

Kurt Hahn erhielt von Hermann Lietz wertvolle pädagogische Anregungen für seine eigene Theoriebildung. Beide wandten sich gegen die reine Wissensvermittlung in den Schulen und stellten die Charakterbildung der jungen Menschen in den Mittelpunkt.

Hahn orientierte sich bei seiner Wertschätzung der handwerklich-praktischen Arbeit an den Vorstellungen Lietz'. Die materielle Entlastung in Salem durch praktische Arbeit der Schüler im Anfangsstadium der Schule steht außer Frage:[170] „Es gab in dem Salem der ersten Jahre kaum helfende Angestellte. Die Schülerschaft hatte daher nicht allein in der Landwirtschaft, sondern auch im Hause zahlreiche praktische Arbeiten zu erledigen." Jedoch lag für Hahn im Gegensatz zu Lietz die Begründung der praktischen Arbeit zuallererst in der erzieherischen Wirkung:[171] „Ich denke (...) nicht nur an die Nützlichkeit handwerklicher Fertigkeiten, ich denke an die Menschenkraft, die dem echten Handwerker eigen ist, die siegreiche Geduld, die ihn zum Erfolg führt; Selbstachtung, die von dem Gelingen ausströmt. Ich denke an die täglichen Antriebe zur nüchternen Selbstkritik. Integrität ist die Herrschaft über Selbstbeschwindelung. Das Handwerk nährt die Integrität."

Lietz' Vorstellung der Verbindung von geistigen und körperlichen Arbeiten im Heimalltag besaß für Hahn Vorbildcharakter; indem er den für alle seine pädagogischen Einrichtungen gültigen Erzie-

---

168 Vgl. dazu die von Lietz genannten Erziehungsziele: „(...) Erziehung der anvertrauten Kinder zu harmonischen, selbständigen Charakteren, zu deutschen Jünglingen, die an Leib und Seele gesund und stark, die körperlich, praktisch, wissenschaftlich und künstlerisch tüchtig sind, die klar und scharf denken, warm empfinden, mutig und stark sein wollen.". Lietz zitiert in Flitner, W./Kudritzki, G.(Hrsg.): Die deutsche Reformpädagogik. Bd. I: Die Pioniere der pädagogischen Bewegung, Düsseldorf/München 1961, S. 73

169 Vgl. dazu Koerrenz, R.: Hermann Lietz. Ein Wegbereiter der modernen Erlebnispädagogik?, a.a.O., S. 12 f

170 Ewald, Der Aufbau und Ausbau Salems (1919- 1933), in: Röhrs, Bildung als Wagnis und Bewährung, a.a.O., S. 117

171 Hahn zitiert in Richter, L.: Bürgersinn (deutsche Fassung von „Active citizenship"), in: Die Sammlung, 2. Jg., Heft 9, Göttingen 1947, S. 497- 501, hier: S. 498

hungsauftrag formulierte:[172] „Sorgt dafür, daß die Welt des Handelns und die Welt des Denkens nicht länger zwei getrennte feindliche Lager sind."

Ebenso schätzte Hahn die Zielvorgabe der Landerziehungsheime, eine gleichberechtigte Lebensgemeinschaft zwischen Schülern und Lehrern im Heimalltag zu verankern. Die Forderung von Lietz, die Schüler zum Dienst an der Gemeinschaft zu erziehen, nahm Hahn in seine Erziehungstheorie auf:[173] „Jeder echte Landheimer, der aus diesen Schulen hervorgeht, bringt eine natürliche Abwehrstellung mit gegen Menschen, die private Rücksichten oder Parteiinteressen den großen staatlichen Belangen voranstellen, findet es verächtlich, wenn man dem politischen Gegner die Ehre abschneidet und möchte lieber Hand anlegen, als nur unfruchtbar kritisieren."

Weiterhin nahm sich Hahn die staatsbürgerliche Erziehung in den Landerziehungsheimen zum Vorbild:[174] „Vor allem hat Lietz bewiesen, dass man in einem bisher nie dagewesenem Umfang Kinder zu Trägern der Verantwortung machen kann. Viele Landerziehungsheime weisen ihren führenden Schülern Aufgaben zu, bei denen jeder schlampige Organisator und ungenaue Planer versagen muss. Vom Standpunkt der Nation ist es das Wichtigste, das die Landerziehungsheime leisten, die staatsbürgerliche Erziehung."

Die von Lietz erhaltenen Anstöße flossen in Hahns Gründungskonzept des Landerziehungsheims Salem mit ein. Bei der Planung des Unterrichts wurde die von Lietz geforderte Arbeit auf dem Lande mitberücksichtigt wie auch das Projekt nach dem Vorbild der Lietzschen Jahresarbeiten.[175]

Somit ist festzuhalten, dass Hahn sowohl durch Cecil Reddie als auch durch Hermann Lietz wichtige Denkanstöße zur Ausformung seiner Erziehungsvorstellungen erhielt.

---

172 Hahn zitiert in Knoll, M:: Die Sieben Salemer Gesetze- ein vergessenes Dokument, in: Pädagogische Rundschau (1986), S. 285–290, hier: S. 287
173 Linn/Picht/Specht, Erziehung zur Verantwortung, S. 35
174 Ebd.
175 Köppen, Die Schule Schloss Salem, a.a.O., S. 82 f

3.2.6 Geheeb

Wertvolle Anregungen für die Ausgestaltung seines Erziehungs-
konzeptes erhielt Kurt Hahn von dem deutschen Pädagogen Paul
Geheeb (1870-1961).

Geheeb wurde zwar niemals in Hahns Schriften und Zeugnissen als
geistiges Vorbild erwähnt, es lassen sich aber trotzdem in Hahns
pädagogischem Denken Einstellungen ermitteln, die Paul Geheebs
geistigen Grundlagen entsprachen.

Paul Geheeb[176] unterrichtete einige Zeit in dem von Cecil Reddie
gegründeten Abbotsholme, wo er sich vielseitige Anregungen für
sein eigenes pädagogisches Denken holte. Eine weitere prägende
Etappe seines Lebens war die langjährige Lehrertätigkeit bei Hermann Lietz in Haubinda. Zusammen mit Gustav Wyneken rief Geheeb im Jahre 1906 die Freie Schulgemeinde Wickersdorf ins Leben.

Im Jahre 1910 gründete Geheeb die Odenwaldschule in Oberham-
bach bei Heppenheim an der Bergstraße, die sich für die damalige
Zeit zu einer viel beachteten Freien Schule entwickelte.

In seiner Eröffnungsrede vertrat Geheeb folgenden Standpunkt:[177] „Nicht bequemer wollen wir es euch machen – nein schwerer, insofern wir euch höhere Ziele stecken und größere Ansprüche
an eure Einsicht, an eure Initiative, an eure Energie, an euer ver-
nünftiges Wollen stellen. Leichter freilich machen wir es dadurch,
dass wir die in euch wohnende Schaffenskraft nicht beengen und
unterdrücken, sondern zur freien Entfaltung und kräftiger Erstar-
kung zu bringen suchen, in der Absicht, euch auf euch selbst zu stellen und uns nach und nach entbehrlich zu machen."

Geheebs pädagogische Gedanken erhielten vielseitige Anregungen
durch die Beschäftigung mit Platon, Aristoteles, Herder, Schiller,
Goethe, von Humboldt, Fichte, Pestalozzi, Tolstoj und Gandhi. Sei-

---

176 Geheeb orientierte sich in seinen Erziehungsvorstellungen an den Worten
     Pindars: „Werde, der Du bist." Während seiner Studienjahre in Berlin kam
     Geheeb mit progressiven Kräften seiner Zeit in Kontakt „(…) der Frauen-
     bewegung, dem Sozialismus, dem liberal- demokratischen Gedanken und
     der Fürsorgearbeit in den Berliner Armutsvierteln", was ihn Zeit seines
     Lebens entscheidend prägte. Vgl. Schäfer, W.: Paul Geheeb. Mensch und
     Erzieher. Eine Biographie, Stuttgart 1960, S. 22
177 Schäfer, W.: Die Odenwaldschule 1910–1960, in: Ders.: Paul Geheeb, Aus
     den deutschen Landerziehungsheimen, Heft 4, Stuttgart 1967, S. 6

ne Zielsetzung bestand laut Schäfer darin, die Odenwaldschule zu einer Stätte der Menschwerdung und Menschenbildung zu machen.[178]

Geheeb übte heftige Kritik an der traditionellen Lernschule und sah als notwendige Alternative die nachhaltige Entwicklung der Individualität der Schüler:[179] „In ethischer Hinsicht führt die Forderung der individuellen Autonomie zu dem Bestreben, schon in dem Kinde möglichst früh ein starkes Verantwortungsgefühl zu entwickeln, Verantwortung für sich selbst sowie für die Gemeinschaft, in der es lebt; man erzieht zur moralischen Selbständigkeit dadurch, dass man auf die Gewissenhaftigkeit der Kinder vertraut, ihren Gemeinschaften eine weitgehende Selbstverwaltung zugesteht und dahin wirkt, dass die Disziplin sich aus den Kindern selbst entwickele, anstatt durch Vorgesetzte und Autorität von außen erzwungen zu werden."

Diese Aussagen kamen Hahns Kritikpunkten an den staatlichen Schulen seiner Zeit sehr nahe, die sich bei der Erziehung lediglich auf die Vermittlung von Wissen beschränkten und die Gesamterziehung der jungen Menschen vernachlässigten.[180]

Die Zöglinge der Odenwaldschule kamen aus unterschiedlichen Ländern und unterschiedlichen sozialen Schichten. Weit intensiver als die anderen Landerziehungsheime pflegte die Odenwaldschule kurz nach ihrer Gründung und dann zwischen den Jahren 1918 und 1933 wichtige internationale Beziehungen. In den 1920er Jahren kam es zu häufigen Besuchen von Anhängern der Reformpädagogik aus den verschiedensten Ländern der Erde (Japan, Indien, der ehemaligen Sowjetunion, USA). Weiterhin spielte die Odenwaldschule schon früh eine wichtige Rolle in der deutschen Sektion des „Weltbundes für die Erneuerung der Erziehung".

Hier zeigten sich weitere Gemeinsamkeiten der pädagogischen Grundüberzeugungen Hahns und Geheebs. Hahns Methoden der Charakterbildung sollten ebenfalls Kindern aus allen sozialen Schichten zugute kommen, der Gedanke der internationalen Verständigung spiegelte sich auch im pädagogischen Denken Kurt

---

178 Schäfer, Paul Geheeb, Mensch und Erzieher, a.a.O., S. 15
179 Mitarbeiter der Odenwaldschule (Hrsg.): Erziehung zur Humanität. Paul Geheeb zum 90. Geburtstag, Heidelberg 1960, S. 135
180 Linn/Picht/Specht, Erziehung zur Verantwortung, a.a.O., S. 29

Hahns wieder. Das internationale Verständigungsdenken Hahns zeigte sich vor allem bei seiner Mitarbeit an der Gründung von Atlantic Colleges, die offen waren für Schüler zwischen 16 und 19 Jahren aus allen Staaten der Erde.

Die Wertschätzung der staatsbürgerlichen Erziehung in der Odenwaldschule diente Hahn als Vorbild für seine eigenen Anschauungen:[181] „Jeder Jüngling, jedes Mädchen lernt im Landerziehungsheim, als verantwortungsvolles Glied einer kleinen Gemeinschaft zu leben, um als Staatsbürger später mit voller Hingabe dem Wohle der Nation zu dienen."

Einen weiteren Anstoß erhielt Kurt Hahn von Geheebs Konzeption der Übertragung von Verantwortung:[182] „Die zentrale Idee unserer Gemeinschaft ist eben die der Verantwortung, der Verantwortung jedes einzelnen für sich und für die Gesamtheit; und die ganze bei uns herrschende Atmosphäre und alle Einrichtungen zielen darauf ab, die Kinder schon möglichst früh mit einem starken Verantwortungsgefühl zu erfüllen, zugleich das Vertrauen der noch hilflosen und führungsbedürftigen Kinder zu den reiferen Kameraden und zu menschlich hochentwickelten Persönlichkeiten zu pflegen und so zu bewirken, daß eine wahre Aristokratie, äußerlich unkenntlich und auf den verschiedenen Lebensgebieten wechselnd, den stärksten Einfluß auf die Lebensgestaltung der Gesamtheit wie jedes einzelnen ausübe."

Weiterhin lenkte Geheeb die Aufmerksamkeit Hahns auf die sorgfältige Ausbildung und Ausübung von handwerklichen Tätigkeiten:[183]„Keineswegs aber gilt etwa theoretische Arbeit als vornehmer denn praktische; vielmehr stehen alle Kultur- und Arbeitsgebiete als gleichwertig nebeneinander."

Ähnlich wie für Hahn spielte Platons pädagogisches Konzept für Geheeb eine wichtige Rolle:[184]„(...) die Gestalt Platons als des unerschöpflichen und unversiegbaren Urquells des Abendlandes."

Geheeb teilte mit Hahn die Betonung der Lebensgemeinschaft zwischen Lehrern und Schülern:[185]„Durch das alltägliche Miteinander-

---

181 Mitarbeiter der Odenwaldschule, Erziehung zur Humanität, a.a.O., S. 138
182 Ebd. S. 142
183 Ebd. S. 165
184 Ebd.
185 Ebd. S. 159

leben findet die Auseinandersetzung und Verständigung des Kindes mit den Menschen seiner Umgebung statt; entsteht das Bedürfnis nach einer besonderen intellektuellen Auseinandersetzung oder nach theoretischer Klärung und Verständigung oder nach einer gemeinsamen Willenskundgebung der Gesamtheit."

Die oben erwähnten Beispiele zeigen, dass sich viele Ansichten Geheebs in der Theorie von Kurt Hahn widerspiegeln. Daraus lässt sich ableiten, dass Geheeb, obwohl er in sämtlichen Zeugnissen Hahns nicht namentlich als geistiges Vorbild erwähnt wurde, die Erziehungsvorstellungen Kurt Hahns mitgeprägt hat.

3.2.7 James

Kurt Hahn beschäftigte sich in einem Teil seiner Werke immer wieder mit dem im Jahre 1910 erschienenen Essay „The moral equivalent of war" von dem US- amerikanischen Philosophen und Psychologen William James (1842–1910).[186]

James galt als richtungsweisender Vertreter des amerikanischen Pragmatismus seiner Zeit. Für James war Pragmatismus[187] vor allem eine Methode, die philosophischen Prinzipien, Grundsätze und Aussagen in ihrem Wert und in ihrer Bedeutung an den und für die

---

186 Die erste Auseinandersetzung in schriftlicher Form mit dem Essay „The moral equivalent of war" führte Hahn in dem aus dem Jahre 1947 stammenden Vortrag „Erziehung durch und für die See". Vgl. Linn/Picht/Specht, Erziehung zur Verantwortung, a.a.O., S. 57- 62, hier: S. 61

187 Der Pragmatismus stellte eine auf C.S. Peirce zurückgehende methodische Konsequenz aus der Peirceschen Semiotik dar. Er drückte sich zuerst als ein erkenntnistheoretisches Modell für das Verhältnis des Denkens zu Erfahrung und Wirklichkeit in den Sätzen aus: „Überlege, welche Wirkungen, die begreiflicherweise praktische Bezüge haben könnten, wir als diejenigen begreifen, die das Objekt unseres Begreifens haben muß. Dann ist unser Begreifen dieser Wirkungen das Ganze unseres Begreifens des Objektes" (zitiert aus: Arroyabe, E.: Peirce, Königsstein/Taunus 1982, S. 67). Darin sah Peirce ein Instrument zur Erforschung und Erfassung der Wahrheit durch eine empirisch kontrollierte Methode der Begriffsbildung. Damit verbunden war eine Art Konsensustheorie der Wahrheit, die den Prozess von Zweifel und Überzeugung zu je neuer Hypothesenbildung unbegrenzt vorantreiben musste. Vgl. dazu Fellmann, F.: Symbolistischer Pragmatismus, Freiburg i. Br. 1991 und Frings, M. S. (Hrsg.): Max Scheler: Erkenntnis und Arbeit, Frankfurt/M. 1977

Handlungen des Menschen nach dem Kriterium ihrer Praktikabilität zu prüfen.

Bei seiner Beschäftigung mit James' Gedanken ging es Hahn laut Schwarz vor allem um dessen Forderung, einen Feldzug gegen den Krieg zu beginnen und das „moralische Äquivalent für den Krieg" herauszufinden.[188] Kurt Hahn sah dieses moralische Äquivalent im Rettungsdienst gegeben:[189] „Der amerikanische Philosoph William James sagte einmal, der Krieg zeige die menschliche Seele in ihrer höchsten Dynamik. Er irrt sich: die Leidenschaft des Rettens entbindet die höhere Dynamik. Um die Jahrhundertwende hat James Erzieher und Staatsmänner angerufen, sie möchten das moralische Äquivalent für den Krieg finden. Es ist entdeckt worden."

James sah es sowohl für das Individuum als auch für den Staat als gefährlich an, wenn die gefühlsmäßige Stärke von Jugendlichen in einem dauernden Zustand des Wartens verharren musste und sich keine Möglichkeit der Realisierung durch eine Tathandlung bot.[190]

Der Analyse von Schwarz folgend lehnten sowohl James als auch Hahn den Menschentyp des Träumers ab, der in konkreten Tathandlungen keine Entschlüsse fassen konnte und zur Zögerlichkeit neigte. Nur durch die regelmäßige Durchführung guter Tathandlungen, die sich mit der Zeit zu Gewohnheiten verfestigten, bestand die Möglichkeit, die Jugendlichen dazu zu erziehen, dass sie das schnelle Handeln dem reinen Reden von den Dingen vorzogen.[191]

In Friedenszeiten sollten daher Gelegenheiten geschaffen werden, wo diese Emotionen ausgelebt werden konnten.[192] Gemäß James

---

188 Schwarz, Die Kurzschulen Kurt Hahns, a.a.O., S. 30 ff
189 Linn/Picht/Specht, Erziehung zur Verantwortung, a.a.O., S. 77
190 Hahn fasste diesen Zustand in folgendem Satz zusammen: „The peace of a broken wing is in itself a danger to peace.". Zitiert aus: Hahn, A memorandum, a.a.O., S. 9
191 Schwarz, Die Kurzschulen Kurt Hahns, a.a.O. , S. 32 f
192 In seinem Essay „Machines and the emotions" spezifizierte der britische Mathematiker und Philosoph Bertrand Russell (1872–1970) die Vorschläge von William James in eigener Form. Russell war der Ansicht, die Ursache von Kriegen in einem instinkthaften, unbewusst vorhandenem Begehren im Menschen gefunden zu haben. In der modernen technisierten Gesellschaft wurde dieses Empfinden noch dadurch verstärkt, dass die Pausenlosigkeit des menschlichen Daseins mit der Maschine die Initiative und die Emotionen zerstörte und den Ausbruchsdrang aus der „regularity,

sollten Jugendliche – anstatt in einen Krieg zu ziehen – für ein paar Jahre im Dienst der Weltgemeinschaft „ein neues Verständnis für die Beziehungen der Menschen zu der von ihm bewohnten und bestellten Erde gewinnen"[193], was auf der geistigen Ebene einseitig entwickelten und konsumorientierten Jugendlichen fehlte.

James stellte sich für die Jugendlichen Arbeiten in Kohlen- und Erzbergwerken, in Gießereien und Hochöfen, beim Straßen- und Tunnelbau usw. vor. In einem solchen Einsatz sah James die Möglichkeit für einen dauerhaften Frieden gegeben. Anstatt der „old morals of military honor" sollte auf diesem Wege die neue Vorstellung von „morals of civic honor"[194] entstehen.

Kurt Hahn bediente sich in seinen Erziehungsvorstellungen – vor allem in der Kurzschule – mancher Aspekte des Entwurfs von William James.

Beide postulierten, dass in Friedenszeiten Einsatzbereiche geschaffen werden mussten, die Jugendlichen die Erfahrung der Verantwortung, des Engagements und des sozialen Handelns veranschaulichten. Dies sollte Gefahren sowohl bei der individuellen Entwicklung der Jugendlichen wie auch in der Gesamtstruktur der Gesellschaft vermeiden helfen.

Von der Opfer- und Einsatzbereitschaft von Jugendlichen für eine sinnvolle Sache überzeugt, rief Hahn den Rettungsdienst als Erziehungsgrundlage in seinen Schulen ins Leben.

Die erzieherischen Bestrebungen von Hahn und James unterschieden sich jedoch in einem wichtigen Punkt voneinander.[195] James' Vorschläge zielten auf eine Beseitigung der bellizistischen Impulse

---

monotony and tameless of modern life" steigerte. Um den Kriegsdrang im Menschen erfolgreich abzuwehren, mussten Gelegenheiten zur Entladung dieser Kräfte geschaffen werden. Russell stellte deshalb die Forderung auf, dass jeder arbeitende Mensch einen Monat im Jahr die Möglichkeit erhalten sollte „to engage in some dangerous and exciting pursuit." Ihm schwebte eine frei wählbare, das Merkmal der persönlichen Initiative tragende Unternehmung vor, z.B. das Besteigen einer Felswand in den Alpen. Vgl. Russell, B.. Maschines and the emotions, in: Ders.: Sceptical essays, London 1935, S. 80- 88

193   James, W.: The moral equivalent of war, in: Ders.: Memorial and studies, London 1911, S. 286–292, hier: S. 290 f

194   Ebd. S. 292

195   Vgl. dazu auch Schwarz, Die Kurzschulen Kurt Hahns, a.a.O., S. 35 f

im Menschen. Dagegen versuchte Hahn die von ihm beobachteten „Verfallserscheinungen" in der Gesellschaft in einem vorgeplanten Erziehungsprogramm zu beheben. Der Rettungsdienst war damit für Hahn kein isoliertes Betätigungsfeld, sondern Teil der Gesamtstruktur der Erziehung in seinen Schulen.

3.3 Hahns pädagogische Anthropologie

Hahns Referat „Gedanken über Erziehung", das er im Jahre 1908 in Oxford gehalten hatte, enthielt die wichtigsten Elemente seiner pädagogischen Anthropologie.[196] Die dort vertretene Auffassung Hahns vom Menschen hatte laut Weber und Ziegenspeck seinen Ausgangspunkt in der Auseinandersetzung mit der Philosophie Platons, besonders mit der in der „Politeia" entwickelten pädagogischen Theorie.[197] Unter Bezugnahme auf Kant[198] lag für Hahn das Ziel der Erziehung darin, Kinder und Jugendliche zu sittlichen Menschen zu formen; darunter verstand er, Menschen zu erziehen, die aus Achtung vor dem Sittengesetz handelten.[199] Hahns Glauben an „die Macht der Erziehung"[200] stützte sich auf die Voraussetzung:[201] „In jedem Menschen ist die Achtung vor dem Gesetz: Schone die Würde des Menschen."

Mit einem weiteren Verweis auf die Kantsche Philosophie stellte er fest, dass die „Stimme der Vernunft" für jeden Menschen „vernehmlich" war. Das Hindernis des sittlichen Handelns lag darin begründet, dass die „Wucht der Neigungen" dermaßen stark ausgeprägt war, so dass der Mensch nicht mehr vernünftig handelte.[202] Den platonischen Überzeugungen folgend unterschied Hahn zwei Punkte, die dem sittlichen Handeln des Menschen im Weg standen:

---

196 Linn/Picht/Specht, Erziehung zur Verantwortung, a.a.O., S. 9–27
197 Weber/Ziegenspeck, Die deutschen Kurzschulen, a.a.O., S. 50 f
198 Vgl. dazu das Sittlichkeitsdenken von Kant in: Blanke, I.: Erziehung und Sittlichkeit. Ideengeschichtliche Studien zu den Anfängen heutiger Pädagogik, Heil- und Sozialpädagogik in der späten deutschen Aufklärung, Heinsberg 1984, S. 197 ff
199 Linn/Picht/Specht, Erziehung zur Verantwortung, a.a.O., S. 9
200 Ebd. S. 23
201 Ebd. S. 9
202 Ebd. S. 10

- Der Mensch könnte aufgrund seiner Neigungen nicht mehr auf die Stimme der Vernunft hören, d.h. „er sündigt und weiß sich dabei in klarem Widerspruch mit seinem Pflichtbewußtsein."[203]
- Der Mensch könnte durch seine Neigungen dermaßen betört werden, dass er im Augenblick der „Versuchung" ihnen nicht widerstehen kann. Der Mensch bildete sich ein, dass die Stimme der Vernunft ihm nicht das verbot, was er wollte, sondern es ihm geradezu befahl. Durch diese Selbsttäuschung legte sich der Mensch eine Lebenseinstellung zurecht, die es ihm ermöglichte, sich bei allen unsittlichen Handlungen im Vorfeld und in der Nachbetrachtung einzureden, dass seine Pflicht darin bestünde, Handlungen durchzuführen, wozu er kein Recht besaß.

Diese Neigungen[204], die das sittliche Handeln eines Menschen unterbinden könnten, sollten geschwächt werden, worin die Aufgabe der Erziehung bestand. Hieraus wird ersichtlich, dass Hahn den Menschen nicht als harmonische Persönlichkeit betrachtete, vielmehr befand er sich in einem Spannungsgefüge zwischen der „Stimme der Vernunft" bzw. „der Stimme des Gewissens"[205] und seinen Neigungen. Neben dieser Spannung existierte eine sekundäre Spannung innerhalb der Neigungen: einerseits der „Eigennutz" und andererseits die „energische Teilnahme".

Hahn definierte den „Eigennutz" als die Neigung, die Würde anderer Menschen zu verletzen. Er ging davon aus, dass sie bei vielen Menschen vorhanden war und deren Denken und Handeln entscheidend beeinflusste. Ein probates Mittel, den „Eigennutz" zu überwinden, war die Ausbildung der „energischen Teilnahme", die „man unbegrenzt verkümmern, aber nur begrenzt verstärken kann."[206]

Hahn verstand darunter nicht nur die leidende Teilnahme, die Ergriffenheit von Freud und Leid anderer Menschen, sondern auch „den Zorn, der zu Taten drängt, der Zorn, der den Menschen packt

---

203 Ebd.
204 Hahn entlehnte den Begriff der Neigung aus der Schrift Immanuel Kants „Grundlegung zur Metaphysik der Sitten". Vgl. Esser, W.: Vom besseren Staat im schlechteren. Bemerkungen zu Kulturpessimismus und Kulturoptimismus bei Kurt Hahn, in: Ziegenspeck, Kurt Hahn. Erinnerungen-Gedanken-Aufforderungen, a.a.O. S. 91- 116, hier: S. 93
205 Linn/Picht/Specht, Erziehung zur Verantwortung, a.a.O., S. 10
206 Ebd. S.16

bei dem Unrecht, das ihm und anderen geschieht."[207] Er ordnete die
„energische Teilnahme" als einen „Bundesgenossen" dem „guten
Willen" zur Abwehr von „feindlichen Mächten" zu. [208]

Schwarz' These folgend stand hinter dieser Überlegung Platons Bild
von den sich in der „Politeia" entwickelnden drei Seelenteilen, die
sich in Spannung miteinander befanden.[209]

Platon entwickelte einen Vergleich der menschlichen Seele mit einem Wagengespann:[210] „(…) einem Wagenlenker (Vernunft) mit einem besseren Pferd (Willen) und einem wilderen Pferd (sinnliche
Begierde). Wollen und Sinnlichkeit sollen im Menschen durchaus
ihren Platz haben, aber er ist erst dadurch wirklich Mensch, daß die
Vernunft über beide herrscht oder doch herrschen soll (wie der Wagenlenker über die Pferde)." Jedem Seelenteil entsprach eine besondere Tugend: der Sinnlichkeit die Mäßigung, dem Willen die Tapferkeit, der Vernunft der Weisheit; über diesen thronte als höchste
Tugend die Gerechtigkeit."[211]

Hahn benannte neben dem Kampf zwischen dem „Eigennutz" und
der „energischen Teilnahme" eine weitere Spannung in der „Schön-
heit der Seele" zwischen der „Sanftheit" und der „Beherztheit".[212]
Keine der beiden Eigenschaften sollte Überhand gewinnen:[213] „Die
Überernährung der Sanftheit führt zur Weichlichkeit gegen sich und
andere, die Überernährung der Beherztheit zur Wildheit gegen sich
und andere." Das Ziel lag für Hahn in der Vereinigung der beiden
Kräfte, so dass eine „wagemutige begeisterte Teilnahme für das
Recht der Menschen" entstand.[214] Hier zeigte sich wiederum eine
Übereinstimmung mit der platonischen Vorstellung von der richti-
gen Zusammenstimmung der sich im Widerstreit befindlichen drei
Seelenteile. Die Grundvoraussetzung zu dieser Harmonie der Seele
lag gemäß Schwarz in ihrer „Wohlgestimmtheit" infolge einer richtigen Erziehung durch Gymnastik und Musik.[215] Platon wandte sich

---

207 Ebd., S. 13
208 Ebd.
209 Vgl. dazu auch Schwarz, Die Kurzschulen Kurt Hahns, a.a.O., S. 18 ff
210 Reble, A.: Geschichte der Pädagogik, Stuttgart 1964, S. 29
211 Vgl. dazu auch die Ausführungen im Kapitel „Platon"
212 Linn/Picht/Specht, Erziehung zur Verantwortung, a.a.O., S. 18
213 Ebd.
214 Ebd.
215 Schwarz, Die Kurzschulen Kurt Hahns, a.a.O., S. 19 f

gegen eine einseitig betriebene Gymnastik, die zur „Rauhigkeit" führte und eine Spezialisierung der Erziehung durch Musik, die „Weichlichkeit" zur Folge hatte. Erst durch die Synthese von Musik und Gymnastik wurden Tapferkeit und Besonnenheit erzeugt. Die richtige Abstimmung der Besonnenheit und Tapferkeit verlangte Platon von seinen Wächtern. In Übereinstimmung mit Platon war für Hahn das Erziehungsziel der Einrichtung eines ausgeglichenen Kräfteverhältnisses der Neigungen dann erreicht, wenn die Kinder „sanft und kühn, schnellfüßig, stark und klug" waren.[216]

Hahn war der Ansicht, dass nur durch kontinuierliche Nachahmung und Übung die „energische Teilnahme" den „Eigennutz" im Menschen verdrängen und sich als beständige Neigung etablieren konnte. Er vertrat die Auffassung, dass die Achtung vor dem Sittengesetz gewährleistet sein sollte, damit man von sittlichem Handeln sprechen konnte. Dies musste nicht immer bewusst sein, sondern es konnte sich hierbei durch häufiges Üben bedingt um eine „unbewußte Kontrolle des Pflichtgefühls" handeln.[217] Hahns Zielvorstellung war die folgende:[218] „(...) je mehr Handlungen ein Mensch in Übereinstimmung mit seiner Achtung vor dem Sittengesetz, aber nicht bestimmt durch seine Achtung vor dem Sittengesetz, sondern durch die Neigung, die Würde seiner Mitmenschen zu schonen, vollbringt, um so fähiger ist der Mensch, jede sittliche Handlung ohne unüberwindlichen Neigungswiderstand zu vollbringen."

Hahn negierte die These, dass die Aufgabe von Pädagogen darin bestand, sittliche Menschen zu erziehen; stattdessen vertrat er die Ansicht, dass sie „die Seele des Kindes schön, lebendig und fähig"[219] formen sollten, um dem Kind selbst die Gelegenheit zu geben, sich zu einem sittlichen Menschen zu entwickeln. Wenn dem „Eigennutz" durch die systematische Stärkung der „energischen Teilnahme" Widerstand entgegengebracht wurde, „so erwächst in dem werdenden Menschen ein Kampf der Neigungen und dieser Kampf der Neigungen bedeutet die günstigste Konstellation für die Achtung vor dem Sittengesetz, um es als souveräner Bestimmer das

---

216 Linn/Picht/Specht, Erziehung zur Verantwortung, a.a.O., S. 19
217 Ebd. S. 13
218 Ebd. S. 15
219 Ebd. S. 17

menschlichen Handelns ans Licht treten zu lassen."[220] Eine weitere Voraussetzung zur Förderung des sittlichen Handelns sah Hahn in Anlehnung an Platon in der Vermeidung der Nachsicht. Der Mensch sollte dazu in der Lage sein, „die Reue in ihrer ganzen Bitternis" zu spüren, „weil aus dem Sieg wie aus der Niederlage neue Kräfte wachsen können."[221] Die innerliche Akzeptanz der Reue konnte durch die Nachsicht verhindert werden, sie erlaubte es dem Menschen nicht, das Gefühl der Reue auszuleben:[222] „Für den Beobachter ist der Seelenzustand des Reuigen ein ergreifender und festlicher zugleich. Jählings von dem Druck der Betörung befreit, erwacht der Mensch zur Klarheit, spürt die wahren Werte seines Lebens und schüttelt sich von den Verdunklern in seiner eigenen Seele frei."

Hahn war überzeugt von der These, dass die Seele des Menschen der Formbarkeit unterlag und sich abhängig von der Erziehung entweder zum Guten oder zum Schlechten ausbilden konnte. Jeder Mensch besaß die Fähigkeit, alles nachzuahmen, da jede menschliche Eigenschaft latent in ihm stecke. Abhängig von der Disposition des Individuums besaßen die einzelnen Eigenschaften eine differenzierte Entwicklungskraft. Der Erzieher musste deshalb auf die richtige Auswahl der „Nahrung" der Seele der jungen Menschen achten, um die Verkümmerung wichtiger Eigenschaften zu verhindern. Weiterhin sollte der Erzieher in Abhängigkeit von der Disposition der Jugendlichen die Intensität und Dauer der „Nahrungszufuhr" im Auge behalten. Hahn unterschied zwei Arten der „Nahrungszufuhr":[223]

- Die Ernährung der Motivembryonen, so dass sie lebendig werden.
- Die Ernährung der lebendigen Motive, so dass sie am Leben bleiben.

Die „Ernährung der lebendigen Motive" erfolgte durch dauerhafte Betätigung; im Falle der Nichtbetätigung starben die Motive ab. Die „Ernährung der Motivembryonen" geschah durch den Antrieb zur Nachahmung. Dabei verstand Hahn unter Nachahmen nicht das

---

220 Ebd.
221 Ebd. S. 20
222 Ebd.
223 Ebd.

bewusste Nachahmen von klar vorgegebenen Tendenzen, sondern „das unbewußte Sichhineinleben in eine fremde Lebensrichtung, wie sie die seelische Berührung einleitet."[224] Als zentrale Voraussetzung für dieses Sichhineinleben sah er die Eigenschaft der Sympathie, die eine grundlegende seelische Berührung herstellte. Hahn nannte als Beispiele „die Helden der umgebenden Wirklichkeit" der Kinder und Jugendlichen: Vater, Lehrer und Freunde.[225]

3.4 Pubertät und Adoleszenz

Kurt Hahn kritisierte die Verkümmerung der „Kinderkraft" in der Pubertät im Erziehungssystem seiner Zeit. Der Verfall der Kraft kindlicher Eigenschaften in den Entwicklungsjahren wurde als „Naturgesetz" hingenommen, sein Leben lang bemühte sich Hahn darum, das in pädagogischen Fachkreisen anerkannte „Dogma" von der „Deformität der Pubertätsjahre" als „Irrlehre" zu entzaubern.[226]

Hahn besaß die Überzeugung, dass die „Kinderkraft" in der Pubertät und der Zeit danach erhalten werden konnte. Die Voraussetzung dafür bestand darin, dass der menschliche Charakter, der der Hahnschen Vorstellung nach formbar war, in die „richtigen" erzieherischen Bahnen gelenkt wurde.

Ähnliche Gedanken fanden sich bereits in den Erziehungstheorien der Pädagogen Friedrich Fröbel und Georg Kerschensteiner sowie des Kulturphilosophen Leopold Ziegler.

In seinem Werk „Menschenerziehung" aus dem Jahre 1826 wies Fröbel darauf hin, dass der „Bildungs- und Gestaltungstrieb" in der „Knabenstufe" durch praktische Handlungen unterstützt werden müsse.[227] In dem Falle der unzureichenden Förderung des „Bildungs- und Gestaltungstriebes" wüssten die Schüler „mit der erregten Kraft nichts anzufangen, ja sie selbst wird ihnen lästig und drückend, sie werden verdrossen, träge." Fröbel griff wie Hahn die „häusliche wie die Schulerziehung" seiner Epoche an, die die Schüler zur „Körperträgheit und Werkfaulheit" ermunterte.[228] Er stellte

224 Ebd. S. 23 f
225 Ebd. S. 24
226 Ebd. S. 73
227 Hoffmann, E.: Friedrich Fröbel. Ausgewählte Schriften, Band II, Die Menschenerziehung, Düsseldorf/München 1951, S. 61
228 Ebd. S. 30

die Forderung auf, dass man den ersten spielerischen Betätigungsdrang des Kindes frühzeitig zur Erziehung „für künftige Aufmerksamkeit und Fleiß und Werktätigkeit" hinüberführen müsse. Fröbel schätzte den bildenden Wert der Arbeit so hoch ein, dass er ausdrücklich für die Einführung von „Arbeitsstunden" neben den bisher allein bestehenden „Unterrichtsstunden" plädierte. Damit wandte er sich gegen die auf Passivität eingestellte Schulerziehung und betonte die „Tätigkeit des eigentlichen Arbeitens".[229] Die Notwendigkeit zur Arbeit begründete Fröbel nicht nur vom wirtschaftlichen Standpunkt her, sondern sah sie als freie Selbstgestaltung des Menschen und somit als Mittel zur Wesensverwirklichung.[230]

Für Georg Kerschensteiner waren die Jahre der Kindheit und Pubertät von lebendiger Aktivität gekennzeichnet:[231] „Das Wesen des Menschen um diese Zeit ist Arbeiten, Schaffen, Wirken, Probieren, Erfahren, Erleben, um ohne Unterlaß im Medium der Wirklichkeit zu lernen." Die Schule hatte die Aufgabe, diese aktiven Charakterzüge nicht verkümmern zu lassen, sondern für die Förderung des selbständigen Beobachtens, Prüfens und Arbeitens zu sorgen.

Leopold Ziegler forderte, „die ganz besondere Genialität" des Kindes, die in einer „unerreichten Kraft der Verlebendigung und Beseelung alles Wirklichen" bestand, in keinem Lebensalter jemals verkümmern oder gar verschwinden zu lassen: diese „nämliche Kraft" vielmehr nach Möglichkeit über das eigentliche Kindesalter hinaus zu erhalten und noch zu steigern.[232]

Auch Hahn beklagte, dass in der damaligen Gesellschaft die „Schätze der Kindheit", der „unbesiegbare Lebensmut, das Mitgefühl, die

---

229 Ebd. S.32 f
230 Heiland, H.: Literatur und Trends in der Fröbelforschung: ein kritischer Literaturbericht über Quellen und Sekundärliteratur von den Anfängen bis zur Gegenwart mit vollständiger Bibliographie zur Fröbelliteratur, München 1972, S. 24
231 Kerschensteiner, G.: Die Schule der Zukunft-eine Arbeitsschule, in: Wehle, G. (Hrsg.): Kerschensteiner, Band II, Paderborn 1966, S. 26–45, hier: S. 27 f. Eine detaillierte Überblicksdarstellung liefert auch Willemzig, G.: Lernen und Selbständigkeit, Entdeckendes und exemplarisches Lernen in der Arbeitsschulkonzeption Kerschensteiners, Hamburg 1984
232 Ziegler, L.: Magna Charta einer Schule, Darmstadt 1928, S. 3

lebhafte Neugierde, die Bewegungsfreude" während der Pubertät verloren gegangen waren.[233]

Der These von Schwarz ist zuzustimmen, dass der Ansatz zur Verhinderung der Pubertätskrise für Hahn in der Erkenntnis von der Bedeutung der Thymosschicht im Menschen (Platon) philosophisch begründet lag.[234]

Der Thymos war beim Kind in ausgeprägtem Maße vorhanden, wurde jedoch bei „fehlender Nahrungszufuhr"[235] immer schwächer. Die Thymosschicht sollte dadurch genährt werden, dass „an der Schwelle der Pubertät" Eigenschaften wie „die Lust am Bauen, die Sehnsucht nach Bewährung im Ernstfall, auch in der Gefahr, der Forschungstrieb, die Seligkeit des musischen Schaffens, die Sorgfalt und Geduld erfordert" in den jungen Menschen geweckt wurden.[236] Diese Eigenschaften wurden von Kurt Hahn als „giftlose Leidenschaften" bezeichnet; er war der Ansicht, dass sie die Jugendlichen in der Pubertätskrise „wie Schutzengel" behüteten.[237]

Hahn sah das Wecken der „giftlosen Leidenschaften" als grundlegend für die Charakterbildung der Kinder an:[238] „Wir können (...) den Drang zur schöpferischen Zeugung befriedigen und dadurch der Gefahr vorbeugen, daß der erwachte Geschlechtstrieb die gesamte seelische Energie des werdenden Menschen beansprucht und heimliche Wege der Befriedigung sucht."

Um die ständige Existenz der „giftlosen Leidenschaften" zu gewährleisten, forderte Hahn ihre feste Verankerung im Stundenplan der Schule.

Hahn betrachtete die Pubertät als Suche nach Identität, Zeit der Formung der kindlichen Persönlichkeit, Streben nach Erlebnistiefe und Übergangsphase verbunden mit Gefühlen der Unsicherheit. Er besaß die Hoffnung, durch eine angemessene Erziehung zur Überwindung dieser „Krisenjahre" beizutragen.

---

233 Linn/Picht/Specht, Erziehung zur Verantwortung, a.a.O., S. 73
234 Vgl. Schwarz, Die Kurzschulen Kurt Hahns, a.a.O., S. 40
235 Linn/Picht/Specht, Erziehung zur Verantwortung, a.a.O., S. 23
236 Ebd.
237 Ebd.
238 Ebd.

Hahn betrachtete es als Versäumnis, dass die Staatsschulen seiner Zeit die Gelegenheit einer umfassenden Charakterbildung in der Zeit vor und nach der Pubertät ungenutzt ließen. Angelehnt an die Behauptung von William James[239], nach der die seelische Plastizität bei Jugendlichen mit zunehmenden Alter durch das Vordringen persönlicher und berufsbedingter Gewohnheiten abnahm, sollte die erzieherische Formung der Kinder gerade in der Zeit der Pubertät erfolgen.

Hahns Kampf gegen die „Irrlehre von der Deformität der Pubertätsjahre" muss als Kritik an den entwicklungspsychologischen Vorstellungen Hildegard Hetzers[240] verstanden werden, deren Ansicht nach die Entwicklung des Kindes und Jugendlichen in Entwicklungsreihen, die auf das jeweilige Lebensalter bezogen waren, eingeteilt werden konnte und festgelegten Entwicklungsgesetzen folgte.[241]

Von Hentig setzte sich kritisch mit den Thesen Hahns auseinander:[242] „Nicht die ‚Neurologen, Psychologen, Pädagogen' denunzieren die Pubertät, sondern Kurt Hahn; er ist es, der hier etwas umgehen will, der hier einen ‚vermeidbaren' Bruch findet; der die Kindheit hinüberretten will in ein Alter, das wir Jugend und dann Erwachsensein nennen. Die Psychologen finden die Wandlung normal und notwendig." Er hielt es für angebracht, misstrauisch zu reagieren, „(...) wo immer über die Pubertät der pädagogische Notstand ausgerufen wird. Die Pubertät ist kein Unfall in der menschlichen Entwicklung, sondern ein von der Natur sorgsam vorbereiteter, notwendig unschematischer heilsam-krisenhafter Vorgang. Alles, was an besonderen Maßnahmen aufgewendet wird, an ‚Schutzengeln' und ‚giftlosen Leidenschaften' ist Ausdruck eines schlechten Kulturgewissens."

Skidelsky kritisierte ebenfalls die Vorstellungen Hahns:[243] „Ob die Sexualentwicklung der Heranwachsenden für andere Möglichkeiten

---

239 James, W.: The principles of psychology, Vol I, New York 1950, S. 127
240 Vgl. Hetzer, H.: Angewandte Entwicklungspsychologie des Kinder- und Jugendalters, Heidelberg/Wiesbaden 1990
241 Weber/Ziegenspeck, Die deutschen Kurzschulen, a.a.O., S. 215
242 von Hentig, Kurt Hahn und die Pädagogik, in: Röhrs, Bildung als Wagnis und Bewährung, a.a.o., S. 47 f
243 Skidelsky, Schulen von gestern und morgen, a.a.O., S. 193

im Heranwachsenden so schädlich ist, wie Hahn das glaubte, darf bezweifelt werden."

Den Äußerungen von Hentigs und Skidelskys ist grundsätzlich zuzustimmen, da Hahn von einer Überbetonung des Allgemeinmenschlichen ausging und das Geschlechtsspezifische fast nicht beachtete. Dennoch muss festgestellt werden, dass die Interpretationen der Ideen Hahns von von Hentig nicht vollständig den Kern der Sache trafen, sondern überspitzt ausgelegt wurden. Es ging Hahn um die Bewahrung bestimmter Eigenschaften des Kindes, jedoch nicht darum, den „Kinderzustand" zu „konservieren"[244]. Mit Schwarz ist festzuhalten:[245] „Hahn kämpft (...) gegen eine Kapitulation der Pädagogik vor der erzieherischen Beeinflußbarkeit der Reifezeit, deren Störungen zu leicht als ‚Naturgesetze' hingenommen werden. Es kommt ihm unter Berücksichtigung der Elastizität und der Entwicklungsfähigkeit des jugendlichen Menschen auf eine möglichst lange erzieherische Einwirkung und gerade nicht, wie Hentig meint, auf ‚Bewahrung' und auf ‚Sich-treu-Bleiben' an."

Aus heutiger Sicht betrachtet legte Hahn eine nicht mehr zeitgemäße sexualfeindliche Einstellung an den Tag. Wittigs Ansatz, der in Hahns Absicht, durch die Erlebnistherapie zu vermeiden, „dass die Sexualität zu früh und ausschließlich Macht über den Jugendlichen gewinnt – eine Bestrebung" sah, die „(...) bei der heutigen Spannung zwischen körperlicher Akzeleration einerseits und später sozialer Reife andererseits sehr zeitgemäß zu sein scheint",[246] ist daher abzulehnen.

Ein Blick in die entwicklungspsychologische Literatur zeigt, dass Hahn mit seiner Kritik an der von vielen Wissenschaftlern seiner Zeit vertretenen These von der „Deformität der Pubertätsjahre" Recht behielt.

Friedrich[247] geht davon aus, dass sich mit dem Eintritt in die Pubertät grundsätzlich die Fähigkeiten der Wahrnehmung der Jugendli-

244 Ebd. S. 75
245 Schwarz, Die Kurzschulen Kurt Hahns, a.a.O., S. 37
246 Wittig, H.: Zur Kritik H. v. Hentigs an Kurt Hahns Erziehung zur Verantwortung. Ein Versuch, Lörrach 1970, S. 20
247 Friedrich, M.H.: Pubertät und Adolezenz, in: Spiel, W.(Hrsg.): Die Psychologie des 20. Jahrhunderts, Band XI, Konsequenzen für die Pädagogik (1),

chen verbessern. Besonders die Ausbildung der visuellen und akustischen Wahrnehmungsleistungen erreicht laut Friedrich ihren höchsten Standard während der Pubertät. Die Fähigkeit des kategorialen Denkens und zur Bildung abstrakter Begriffe steigt ebenfalls deutlich an. Rubinstein[248] spricht von einer Erhöhung der Sehschärfenleistung im optischen Wahrnehmungsbereich und der Differenzierungsleistungen für Farben und Helligkeit innerhalb der Pubertät. Außerdem steigert sich das Diskriminationsvermögen für Größe, Distanz und Form, wobei diese verbesserten Leistungen einen engen Zusammenhang mit den intellektuellen Faktoren des flüssigen und divergenten Denkens aufweisen.

Gleichzeitig mit der Wahrnehmungsleistung erhöht sich auch die Vorstellungskraft des jungen Menschen in der Pubertät. Es lässt sich eine Steigerung der Reproduktionsleistung abstrakter Gedankeninhalte beobachten; die Phantasievorstellungen werden ausgeprägter und immer öfter eingesetzt.

Durch die gesteigerten intellektuellen Fähigkeiten kann sich der Pubertierende mit seinen ihm neuen Empfindungen auseinandersetzen. Weiterhin wird er in die Lage versetzt, Gedanken über die Gegenwart und die Zukunft zu entwickeln.

Durch die Fähigkeit, abstrakt zu denken, vermag der Jugendliche, Hypothesen aufzustellen, zu überprüfen und formale Zusammenhänge aufzubauen. Die Gedächtnisleistung steigt bis zum Beginn des achtzehnten Lebensalters stetig an, im frühen Erwachsenenalter wird sie nochmals gesteigert. Friedrich stellt fest:[249] „Die (…) Leistungsbeeinträchtigungen, vor allem in den Schulleistungen Adoleszenter, resultieren ausschließlich aus der labilen Grundstruktur der Jugendlichen, die durch den Rollenkonflikt, die Identitätssuche und den jeweils aktuellen Status in der Gemeinschaft des einzelnen bedingt sind."

Entwicklungsmöglichkeiten und erzieherische Modelle, Zürich 1980, S. 172–198, hier S. 177 ff
248 Rubinstein, S.L.: Grundlagen der allgemeinen Psychologie, 10. Auflage, Berlin 1973
249 Friedrich, Pubertät und Adoleszenz, in: Spiel, Die Psychologie des 20. Jahrhunderts, a.a.O., S. 178

Bei der Begriffsbildung innerhalb der Pubertät spricht Piaget[250] vom Wechsel der Stadien konkreter Denkoperationen zu weiterführenden Stadien formaler Denkoperationen. Unter formale Denkoperationen versteht er die Fähigkeit zur Bildung von Hypothesen mit dem Versuch unterschiedlicher Lösungsmöglichkeiten und deren rationaler Überprüfung. Dem Jugendlichen gelingt es zum ersten Mal, logische Operationen als abstrakte Denkprozesse zu erkennen, kritisch über Denkoperationen zu reflektieren und formal abstrakte Regeln zu erstellen. Durch die Fähigkeit, sich fiktive Situationen auszudenken, wird er in die Lage versetzt, vorausschauend zu denken und zu planen.

Hahn ist vorzuwerfen, dass er in keinem seiner Werke differenzierter auf die Charakteristika und die zeitliche Einordnung von Pubertät und Adoleszenz eingeht. Die Mehrzahl der Autoren entwicklungspsychologischer Literatur bezieht sich auf ein phasenspezifisches Dreiteilungsmodell, das die Pubertät, mittlere und späte Adoleszenz umfasst.

Die Pubertät wird vom präpuberalen Wachstumsschub eingeleitet.[251] Die sozialen Bindungen werden von gleichaltrigen Gemeinschaften und gleichgeschlechtlichen Freundschaften geprägt, wobei die Kernfamilie weiterhin im Mittelpunkt psychischer und emotionaler Bindungen steht. Etwa zehn bis achtzehn Monate nach Einsetzen des Wachstumsschubes lassen sich erste Anzeichen psychischer Unruhezustände erkennen.

Die mittlere Adoleszenz wird vom entfachten Freiheitsdrang des Jugendlichen geformt. Das Infragestellen und das Aufbegehren gegen elterliche Vorschriften zeigen den Wunsch nach Emanzipation von der Familie. Im Brechen von Normen und gesellschaftlichen Tabus manifestiert sich die Suche nach persönlichen Grenzerfahrungen. Außerdem ist ein gesteigertes Interesse am anderen Geschlecht festzustellen, wodurch bisher stabile gleichgeschlechtliche Freundschaften in Frage gestellt werden oder zerbrechen. Ständige

---

250 Vgl. dazu den Beitrag von Neimark, E.D.: Die Entwicklung des Denkens beim Heranwachsenden. Theoretische und empirische Aspekte der formalen Operationen, in: Steiner, G. (Hrsg.): Die Psychologie des 20. Jahrhunderts, Band VII, Piaget und die Folgen. Entwicklungspsychologie. Denkpsychologie. Genetische Psychologie, Zürich 1978, S. 155–171, hier S. 155 ff
251 Friedrich, Pubertät und Adoleszenz, in: Spiel, Die Psychologie des 20. Jahrhunderts, a.a.O., S. 172

Stimmungsschwankungen, Entscheidungsunsicherheiten und emotionale Disharmonie sind weitere Kennzeichen dieser Phase.

Die späte Adoleszenz zeichnet sich durch eine Konsolidierung der gesamten Persönlichkeit aus. Die Suche nach der eigenen Rolle im Leben findet ihren Abschluss durch den entscheidenden Schritt der Berufs- und Partnerwahl. Das Denken wird von Zukunftsüberlegungen bestimmt, das Streben nach Unabhängigkeit in der Phase der mittleren Adoleszenz tritt in den Hintergrund. Das Ziel der anfangs noch unstrukturierten Suche nach Identifikation und Identität wird nun von einer Phase der Übernahme von Verantwortung und selbstverantwortlichen Entscheidungen abgelöst. Friedrich betont die Zunahme der intellektuellen Fähigkeiten in der Phase der Adoleszenz, die einen kritischeren und objektiveren Zugang zu den moralischen Wertvorstellungen der jeweiligen sozialen Umgebung ermöglicht.[252]

3.5 Die Erlebnistherapie

3.5.1 Verfallserscheinungen

Kurt Hahn wandte sich mit seiner Vorstellung von Erziehung gegen „Verfallserscheinungen" in der Gesellschaft seiner Zeit. Er sah die Jugend von einem Verfall der menschlichen Anteilnahme, der Sorgsamkeit, der persönlichen Initiative und der körperlichen Tauglichkeit bedroht. Gegen diese in der Gesellschaft weit verbreiteten „sozialen Seuchen" wollte Hahn angehen und dafür sorgen, dass „in den Lebensplan der Schüler und jugendlichen Arbeiter Heilkräfte hineinströmen."[253]

Hahn gelangte zu der Feststellung, dass die damalige Gesellschaft mit den sich rasant weiterentwickelnden sozialen und technischen Veränderungen überfordert war. Die Jugend fand in der immer stärker von Technik bestimmten Welt keinerlei Möglichkeiten vor, ihren Tatendrang, Mutproben, Bewährungssituationen und Unternehmungsgeist auszuleben. Außerdem erhob Hahn den Vorwurf, dass die Staatsschulen in keiner Weise zur „Heilung" der Jugendli-

---

252 Ebd. S. 194
253 Linn/Picht/Specht, Erziehung zur Verantwortung, a.a.O., S. 70

chen beitrugen, sondern die „Seuchen" durch ihren Grundsatz der reinen Wissensvermittlung sogar noch verschlimmerten.[254]

In seinen Augen gab diese Entwicklung Anlass zu großer Sorge um den Seelenzustand der Jugendlichen:[255] „Es ist gefährlich, dem Tatendrang der heranwachsenden Jugend keinen legitimen Spielraum zu geben. Bei vielen welkt er dahin, die Verkümmerung bringt in ihrem Gefolge oft Reizbarkeit und Missmut-weitverbreitete Pubertätsgebrechen, denen wir Erzieher ratlos gegenüberstehen; aber in allen Ländern nimmt die Zahl jener Halbwüchsigen erschreckend zu, deren Sehnsucht nach Erprobung ihrer Menschenkraft ungeduldig zur Erfüllung drängt und dabei die Bande der Zucht und Gesittung sprengt."

Hahn lieferte für seine Anschauung von der Notwendigkeit von Abenteuersituationen und Risikoerfahrungen in der Erziehung keine wissenschaftlich fundierte Begründung.[256] Einige Grundzüge der Hahnschen Überzeugung, dass das Abenteuer und die Risikobereitschaft in der Erziehung eine bedeutende Funktion besitzt, finden sich in den Werken von Wolfgang Schleske[257] wieder, der sich mit den psychologischen Aspekten des Abenteuers auseinandergesetzt hat. Abgeleitet aus der Motivationspsychologie sieht Schleske im Risikoverhalten eine intrinsisch motivierte Tätigkeit, deren wichtigstes Kennzeichen das Phänomen der „Zweckfreiheit" ist. Laut Schleske enthält die „Zweckfreiheit" keine Ziel- oder Produktorientierung. Er deutet das Risiko- und Abenteuerverhalten als Training zum Erhalt der Funktionsfähigkeit des zentralen Nervensystems:[258] „Wenn es keine unmittelbaren Beanspruchungen gäbe, könne und müsse das zentrale Nervensystem von sich aus tätig sein, um voll arbeitsfähig zu bleiben."

Das Risikoverhalten beim Menschen wird vor allem durch Reize wie Unbestimmtheit, Überraschung und Neugierde angeregt, die „über das Aktivierungszentrum neurophysische Reaktionen, Aktivierungsvorgänge und Spannungszustände bzw. Orientierungsre-

---

254 Ebd. S. 72
255 Ebd. S. 86
256 Vgl. auch Strömer, Zur Bedeutsamkeit körperlicher Erziehung in den Kurzschulen Kurt Hahns, a.a.O., S. 41 ff
257 Schleske, W.: Abenteuer-Wagnis-Risiko im Sport, Schorndorf 1977
258 Ebd. S. 67

aktionen" auslösen, die „bis zu einer bestimmten Intensität als angenehm und anregend empfunden werden."[259]

Schleske ist der Überzeugung, dass ein Mensch das Vorhandensein von Reizen zum Leben benötigt. Die Abwesenheit von Reizen kann entweder eine Deaktivierung (verstärktes Schlafbedürfnis) oder eine zusätzliche Aktivierung des Organismus (Aggressivität) zur Folge haben. Abhängig von der individuellen Entwicklung eines Menschen ist die Neugierde für die ständige Suche nach Reizen verantwortlich. Schleske deutet das Abenteuerverhalten als bestimmte Form der Neugierde:[260] „Das Abenteuerverhalten erweist sich als eine Form des explorativen Verhaltens. Die Exploration richtet sich dabei auf solche Qualitäten wie Mut, Ausdauer, Leistungsfähigkeit, Handlungs- und Reaktionsbereitschaft. Eine ich-bezogene Erforschung eigener Handlungskompetenz und charakterlicher Qualitäten führt offenbar zu einer optimalen Anregung und Aktivierung des lebenden und handelnden Individuums."

Da in den hochtechnisierten, konsumorientierten Staaten Westeuropas kein Mangel an Reizen festzustellen ist, kann ein Reizmangel nicht die alleinige Ursache für das Bedürfnis des Menschen nach Abenteuern sein. Die entscheidende Bedingung für das Erleben eines Abenteuers ist laut Schleske das Kriterium der Steuerung der Ereignisse durch das selbständig handelnde Individuum. In diesem Punkt überschneiden sich die Gedankengänge von Hahn und Schleske. Hahn stellte fest:[261] Man kann als Zuschauer teilnehmen – durch Fernsehen und Kino- an den erstaunlichsten Leistungen der Menschenkraft, man durchlebt die Spannung der Gefahr, man kostet die Erregung des Gelingens, ja begleitet sie mit den Ausdrucksbewegungen des eigenen Körpers, als sei man selbst Teil der Handlung. Die Sensation aber ist unverdient, trügerisch und flüchtig, und dennoch immer heißbegehrt. Kein Wunder, dass auch die Jugend von der sogenannten ‚Spectatoris' befallen wird, zum Schaden des natürlichen Tatendrangs; aber ich kenne wenige junge Menschen, denen nicht eine gut geplante und zähe durchgeführte Expedition Genugtuung, zum mindesten im Rückblick, vermittelt, wenn sie einem klaren Forschungsziel zustrebte."

---

259 Ebd. S. 68
260 Ebd. S. 77
261 Linn/Picht/Specht, Erziehung zur Verantwortung, a.a.O., S. 84 f

Da der Mensch in der heutigen Welt nur noch wenige Gelegenheiten besitzt, Steuerungsfunktionen auszuüben[262], versucht er, dieses Bedürfnis durch Abenteuer und Risikoerfahrungen zu kompensieren. Die Art und Weise des Abenteuers wird von jedem Menschen individuell bestimmt. Gemäß Schleske erlebt der Mensch das von ihm selbst gewählte Abenteuer folgendermaßen:[263] „Der rasche Wechsel von Wahrnehmung, Entscheidung zum Handeln und Aktion, die Erfahrung von euphorischer Entrücktheit und spontan sich entfaltender Handlungsfähigkeit und das damit verbundene Bewusstsein eines persönlichen Könnens verdichten sich zu einem Erlebnis des ‚Abenteuers‘, das auch positive Rückwirkungen auf die handelnde Person hat. In der Regel kommt es zu einem erfolgreichen Abschluß, zu einer Bewältigung der Situation; ein ‚Erfolgserlebnis‘ stellt sich ein, Entspannung und Erleichterung sind die Folge.“

Inwieweit der Grad von Abenteuer und Risikoverhalten ausgeprägt ist, hängt von der individuellen Entwicklung und der Umwelt des jeweiligen Menschen ab:[264] „‚Erfahrungen‘ hinsichtlich eines angenehmen Anregungs- und Spannungszustandes werden affektiv positiv besetzt und wirken kurzfristig verhaltensverstärkend – als Engagement und Interessiertheit. Mittelfristig tragen sie zur Ausbildung von Interessen und Gewohnheiten bei, und langfristig führen sie (...) zur Ausbildung von positiven Grundhaltungen gegenüber bestimmten Anregungsvariablen (‚Abenteuerverhalten‘, ‚Neugierverhalten‘, ‚Risikoverhalten‘).“

Die Aufzählung der „Verfallserscheinungen“ in der Gesellschaft ist in zahlreichen Werken Hahns enthalten.[265] Jedoch betrieb er in keinem seiner Zeugnisse eine tief greifende Analyse der Ursachen, vielmehr ging es ihm lediglich um eine Zustandsbeschreibung der gegenwärtigen Phänomene und der daraus folgenden Wirkung auf das Individuum.

---

262 Schleske verweist hier auf das Phänomen der Arbeitsteilung.
263 Schleske, Abenteuer-Wagnis-Risiko im Sport, a.a.O., S. 36
264 Ebd. S. 149
265 Vgl. Hahns Schriften Erziehung zur Verantwortung (1954), Hoffnungen und Sorgen eines Landerziehungsheims (1957), Die nationale und internationale Aufgabe der Erziehung (1958) usw..

3.5.1.1 Der Verfall der menschlichen Anteilnahme

Hahn machte für den Mangel der menschlichen Anteilnahme die Hektik und Ruhelosigkeit der damaligen Gesellschaft verantwortlich. Die „grausame Pausenlosigkeit unseres Daseins" vernichtete in fortschreitendem Maße die Kraft des intensiven menschlichen Erlebnisses.[266] Ermöglicht durch die Technik[267] verminderte laut Hahn die Sucht nach neuen oberflächlichen Sensationen die Fähigkeit zu intensiven Gefühlen und wahrem Mitgefühl. Die Geschwindigkeit des Lebens in der Gesellschaft war dafür verantwortlich, dass Selbstbesinnung und Mitgefühl verloren gegangen waren:[268] „Wer kann noch allein sein, um sich zu sammeln, und dabei kann die Menschenliebe nur in der Selbstbesinnung tiefe Wurzeln schlagen."

Der einzelne Mensch schien der persönlichen Verantwortung durch die Existenz offizieller Hilfsorganisationen entbunden zu sein, wozu von Hentig bemerkte:[269] „Organisationen, Verwaltung, Verkehrsregeln haben die persönliche Verantwortung, das Erbarmen ersetzt." Hahn stand mit seiner Kritik an der zunehmenden Hektik des Lebens und der damit verbundenen fehlenden Anteilnahme am Lebensschicksal anderer Menschen nicht alleine da. Der damalige Erzbischof von Canterbury, William Temple, bemerkte ebenfalls in der englischen Gesellschaft eine zunehmende Kälte in den Beziehungen zwischen den Menschen, was er als „Seelentod" bezeichnete.[270]

3.5.1.2 Der Verfall der Sorgsamkeit

Kurt Hahn sah in dem von ihm beobachteten Verfall der Sorgsamkeit „eine Seuche der Schlamperei."[271] Die Ursache dafür lag seiner Ansicht nach in der zunehmenden Technisierung und Mechanisierung, was dazu führte, dass die „geruhsam arbeitenden Berufe", vor

---

266 Linn/Picht/Specht, Erziehung zur Verantwortung a.a.O. S. 72
267 Hahn stellte in diesem Zusammenhang fest: „(...) the motorcar provides unearned speed, the cinema unearned thrills".Vgl Hahn, K.: The love of entreprise. The love of aloneness. The love of skill. (The Liverpool Adress). The first lecture in the new portion of Liverpool Cathedral, December 22nd, London 1940, S. 9
268 Linn/Picht/Specht, Erziehung zur Verantwortung, a.a.O., S. 72
269 von Hentig, Kurt Hahn und die Pädagogik, in: Röhrs, Bildung als Wagnis und Bewährung, a.a.O., S. 45
270 Linn/Picht/Specht, Erziehung zur Verantwortung, a.a.O., S. 72
271 Ebd. S. 70

allem das Handwerk, nicht mehr die bedeutende Stellung innerhalb der Gesellschaft besaßen, die sie früher innehatten:[272] „(...) das Handwerk erzog zur Beobachtung des Details; die Fabrikfabrikation enthebt uns nicht nur dieser Beobachtung, sondern auch der Achtung vor und des pfleglichen Umgangs mit den Dingen:"

Der Verfall der Sorgsamkeit äußerte sich in einem Nachlassen der Konzentration, in einer weit verbreiteten Unordentlichkeit und in der fehlenden Bereitschaft zu kompliziertem und mühevollem Arbeiten. Hahn bemerkte in diesem Zusammenhang:[273]„Die heutige Jugend will nicht mehr wandern und beobachten in diesem technischen Zeitalter. Sorgsamkeit und Geduld vertragen sich nicht mit der Hast des modernen Lebens. Das gilt nicht nur für den handwerklichen Bezirk."

In seiner Schrift „Erziehung zur Verantwortung" aus dem Jahre 1954 kritisierte Hahn ebenfalls den fehlenden Wunsch der heranwachsenden Generation nach tief greifender Auseinandersetzung mit der deutschen Vergangenheit, besonders der Zeit des Nationalsozialismus.[274]

3.5.1.3 Der Verfall der persönlichen Initiative

Hahn sprach beim Verfall der persönlichen Initiative von einer Zuschauerkrankheit, der Seuche der „Spektatoris".[275] Das Sammeln von Eindrücken war dem im technischen Zeitalter lebendem Menschen nur noch mit Hilfe der neuen Kommunikationsmittel Verkehr, Bild und Funk möglich. Im Fernsehen konnten Kinder und Jugendliche an Abenteuern und spektakulären Erlebnissen teilhaben, ohne dabei als Person beteiligt zu sein. Man konnte den Erfolg eines „Helden" miterleben, ohne die damit einhergehenden Anstrengungen zur Erreichung des Ziels hautnah mitzubekommen. Die Beschränkung auf die erfolgreiche Seite der Handlung enthielt die Gefahr, dass die damit untrennbar verbundenen Seiten der Mühen oder auch des Misserfolgs ausgeklammert wurden.[276]

---

272 von Hentig, Kurt Hahn und die Pädagogik, in: Röhrs, Bildung als Wagnis und Bewährung, a.a.O., S. 45

273 Linn/Picht/Specht, Erziehung zur Verantwortung, a.a.O., S. 71

274 Ebd.

275 Ebd.

276 Vgl. dazu auch Weber/Ziegenspeck, Die deutschen Kurzschulen, a.a.O., S. 237

Die Teilnahmslosigkeit und Passivität, die Hahn immer wieder beklagte, führte dazu, dass eigenverantwortliches Handeln und die Bereitschaft zur Initiative besonders innerhalb der Jugend weitestgehend nicht mehr vorhanden war. Der Mensch wurde zum passiven Zuschauer degradiert, dadurch starb die Fähigkeit des aktiven Erlebens ab.

3.5.1.4 Der Verfall der körperlichen Tauglichkeit

Die Vernachlässigung der körperlichen Tauglichkeit ließ laut Hahn die Grundlagen der Überwindungskräfte verkümmern:[277] „Einen willigen, leistungsfähigen Körper zu haben, ist heute nicht mehr Mode in England, und damit ist eine der Grundlagen der Überwindungskraft gefährdet, wie man sie zu langwierigen und mühsamen Unternehmungen braucht."

Einen Grund des Verfalls der körperlichen Tauglichkeit sah Hahn in den Methoden der modernen Fortbewegung und in der „Entartung des Sports".

Hahn verdeutlichte dies an einem Beispiel aus der antiken griechischen Geschichte. Die Athener, die gegen die Perser in der Schlacht von Marathon im Jahre 490 v. Chr. kämpften, beschrieb Hahn als „Nation von trainierten Athleten". Dagegen bezeichnete er die athenischen Kämpfer, die im Peloponnesischen Krieg gegen Sparta ins Feld zogen, als „Nation von kompetenten Zuschauern".[278]

Für diesen Niedergang machte er die „ungebührliche Heldenverehrung", die außergewöhnlichen Sportlern entgegengebracht wurde, verantwortlich. Die Heldenverehrung hinderte durchschnittlich begabte Jugendliche an ihrer eigenen Entfaltung im Streben nach Höchstleistungen. Hahn sah dieses Phänomen auch in der damaligen Zeit, vor allem in England und den Vereinigten Staaten von Amerika. Zur Überwindung dieses Verfalls nahmen verschiedene Formen des körperlichen Trainings in der Erziehungskonzeption Hahns eine bedeutende Stellung ein.

Trotz der überall verbreiteten „Verfallserscheinungen" resignierte Hahn nicht:[279]„Ich glaube mit Plato an die Macht der Erziehung: Ich bilde mir nicht ein, daß Landerziehungsheime und Kurzschulen so-

---

277 Linn/Picht/Specht, Erziehung zur Verantwortung, a.a.O., S. 71
278 Ebd.
279 Ebd. S. 70

ziale Seuchen heilen können. Aber sie haben deren Heilbarkeit erwiesen. Das Weideland der Jugend ist krank überall in der Welt. Aber noch fließen Quellen seelischer Gesundung."

Hahn leitete aus den „Verfallserscheinungen" die These[280] ab, dass Erziehen heute Schützen und Heilen bedeutete. Den Jugendlichen wollte Hahn „schützende Gewohnheiten" vermitteln, um sie gegen die „Seuchen" der Gesellschaft zu immunisieren. Dies sollte durch die von Hahn konzipierte Erziehung in den Landerziehungsheimen und den Kurzschulen erreicht werden. Weiterhin sollten den staatlichen Schulen „erprobte Heilmittel" der Landerziehungsheime zugute kommen, um eine „vollständige Gesundung" der Jugend zu gewährleisten.

3.5.2 Die vier Komponenten der Erlebnistherapie

Hahn beobachtete einen vor allem bei Jugendlichen eintretenden Verfall der Charakterbildung in der technisierten und schnelllebigen Gesellschaft seiner Zeit.

Eine Schwäche des Hahnschen Begriffs der Charakterbildung liegt darin, dass er sich nicht an den wissenschaftlichen Erkenntnissen der Persönlichkeitspsychologie seiner Zeit orientiert. Es ist davon auszugehen, dass Hahn sowohl das psychoanalytische Paradigma[281] der Persönlichkeitspsychologie Sigmund Freuds (1856-1939) als auch die behavioristische Theorie, die zwischen den Jahren 1920 und 1970 die empirisch orientierte Psychologie in Nordamerika prägte, bekannt gewesen sein dürfte. Das Eigenschaftsparadigma, das von William Stern (1871-1938) und Gordon Allport (1897-1967) begründet wurde, kann ebenfalls dem vielseitig interessierten Hahn nicht verborgen geblieben sein.

Eine kurze Darstellung der drei Paradigmen der Persönlichkeitspsychologie soll illustrieren, dass Hahn bei der Entwicklung des Begriffes der Charakterbildung keine wesentlichen Aspekte dieser Ansätze berücksichtigt hat.

Das psychoanalytische Paradigma der Persönlichkeitspsychologie geht auf die Gedanken Freuds zurück. Im Menschenbild des psy-

---

280 Ebd S. 84
281 Ein Wissenschaftsparadigma ist ein weitgehendes Konglomerat aus theoretischen Leitsätzen, Fragestellungen und Methoden, das längere Perioden in der Wissenschaft überdauert.

choanalytischen Paradigmas werden irrationale gegenüber rationalen Prozessen sowie sexuelle und aggressive Motive auf Kosten anderer Motive überbetont.[282] Freud deutet den Charakter als individualtypische Ausformung der in weiten Teilen unbewusst ablaufenden Triebdynamik. Laut Freud macht jedes Kind drei Phasen der Entwicklung durch, die durch jeweils bevorzugte Körperzonen der Triebbefriedigung gekennzeichnet sind:

- die orale,
- die anale,
- die phallische Phase.

Im Falle der zu starken Entwöhnung oder zu starker Einschränkung durch die Eltern in der oralen, analen oder phallischen Phase kommt es zu einer Fixierung der frühkindlichen Triebimpulse, die für die weitere Triebregulation prägend sind. Im weiteren Verlauf der Entwicklung des Ichs werden laut Freud individualtypische Abwehrmechanismen gegenüber inneren und äußeren Gefahrenreizen ausgebildet. Die Fixierung und die Abwehrformen prägen zusammen den Charakter, der nach dem Ende der phallischen Phase weitgehend konstant bleibt.

Nach behavioristischer Auffassung sind Personen Opfer ihrer Umwelt. Somit wäre die individuelle Persönlichkeitsentwicklung vollständig erklärbar, voraussagbar und veränderbar. Das behavioristische Persönlichkeitskonzept geht davon aus, dass individuelle Besonderheiten im Verhalten und im Belohnungswert spezieller Reize das Resultat der individuellen Lerngeschichte darstellen. Im Falle der Kenntnis der Reize, denen ein Kind ausgesetzt ist, lässt sich die Art der Persönlichkeit vorhersagen. Asendorpf erklärt dies am Beispiel der Angst vor Hunden.[283] Da die Angst vor Hunden kein dem Menschen angeborener Reflex ist, hängt es von der individuellen Erfahrung mit Hunden ab, ob eine Person später Hunden gegenüber mit Angst oder nicht reagiert. Indem entsprechende Umweltbedingungen konstruiert werden, kann Hundeangst bei einem Menschen erzeugt oder beseitigt werden.

Das Eigenschaftsparadigma vertritt die Überzeugung, dass Eigenschaften stabile Reaktionen zwischen den Situationen und den Re-

282 Asendorpf, J.B.: Psychologie der Persönlichkeit: Grundlagen, 2. Auflage, Berlin u.a. 1999, S. 17
283 Ebd.

aktionen einer Person erzeugen. Es existieren zwei unterschiedliche Ansätze, die Beschreibung von Personen vorzunehmen.[284] Der individuumzentrierte Ansatz erschließt die individuellen Eigenschaften eines Menschen aus seinen Situations-Reaktions-Beziehungen. Jedoch beschreibt die Summe dieser persönlichen Eigenschaften nicht die Persönlichkeit des Menschen, sondern lediglich die individuelle Organisation seines Verhaltens.

Das Eigenschaftsparadigma geht davon aus, dass die Persönlichkeit auf individuellen Besonderheiten beruht, die aus dem Vergleich eines Menschen mit einer Referenzpopulation ersichtlich werden. Im differenziellen Ansatz werden Mitglieder einer bestimmten Population in einzelnen Merkmalen verglichen. Außerdem existiert die Möglichkeit, sie personenorientiert durch stabile Merkmalsprofile zu beschreiben.

Hahns Erlebnistherapie wollte die Kinder und Jugendlichen von den „sozialen Seuchen heilen" und ihnen „Quellen seelischer Gesundung" schenken:[285] „Es ist Vergewaltigung, Kinder in Meinungen hineinzuzwängen, aber es ist Verwahrlosung, ihnen nicht zu Erlebnissen zu verhelfen, durch die sie ihrer verborgenen Kräfte gewahr werden können. Das ist umso nötiger, je weniger die moderne Umwelt die heranwachsende Jugend zu heilsamen Betätigungen ermuntert."

Die Hahnsche Erlebnistherapie bestand aus vier Elementen: dem körperlichen Training (leichtathletische Pause), der Expedition, dem Projekt und dem Rettungsdienst. Die einzelnen Elemente durften dabei nicht unabhängig voneinander betrachtet und eingesetzt werden, ihre charakterbildende Wirkung ergab sich erst in ihrem Zusammenwirken.

3.5.2.1 Das körperliche Training (leichtathletische Pause)

Gemäß Kurt Hahn sollte das körperliche Training aus Leibesübungen bestehen, um besonders die Schnellkraft, die Sprungkraft, die Ausdauer und die Körperbeherrschung zu schulen.[286]

---

284 Ebd. S. 45
285 Linn/Picht/Specht, Erziehung zur Verantwortung, a.a.O., S. 81
286 Strömer, Zur Bedeutsamkeit körperlicher Erziehung in den Kurzschulen Kurt Hahns, a.a.O., S. 30 f

Der Begriff der „leichtathletischen Pause" stammte aus dem konzeptionellen Entwurf für das Landerziehungsheim Salem. Dort wurde die „leichtathletische Pause" eingeführt, um die sitzende Tätigkeit am Vormittag während der Unterrichtsstunden durch ein Bewegungstraining zu unterbrechen. Für Hahn bedeutete die „leichtathletische Pause" eine Kompensation der Bewegungsarmut der Schüler während den Unterrichtsstunden.

Hinter dieser Überlegung steckte gemäß Schwarz die ganzheitliche Anschauung des Menschen von Kurt Hahn. Hahn ging von einer Wechselwirkung der geistigen Anstrengung und der körperlichen Betätigung aus:[287] „(...) die Leibesübungen in Hahns Schulen (können, M.L.) über biologische Schutzmaßnahmen hinaus in besonderem Maße seelisch-geistige Werte im Menschen vom Leib her entwickeln."

Für Kurt Hahn war das körperliche Training wegen seiner Förderung zur vitalen Gesundheit[288] und seiner Stärkung des Willens ein wichtiges Erziehungsmittel.[289]

Hahn besaß eine Vorliebe für Leichtathletik, bei den Mannschaftssportarten bevorzugte er das Hockeyspiel. Ausgewählte Mannschaftssportarten förderten seiner Meinung nach die soziale Kompetenz der Schüler:[290] „Die Krönung bildeten die Mannschaftssportarten, die den bundesgenössischen Sinn üben und somit zur Sozialkompetenz erziehen."

---

287 Schwarz, Die Kurzschulen Kurt Hahns, a.a.O., S. 42
288 In diesem Zusammenhang wies Kurt Hahn auf folgendes hin: „Es steht heute fest, daß die ‚Unterbewegung' nicht minder gefährlich wie vor dem Kriege die Unterernährung war. Eine erschreckende Anzahl von Frauen und Männern sterben an Herzinfarkt zwischen 40 und 60 und der Mangel an körperlicher Bewegung trägt eine wesentliche Schuld daran." Hahn zitiert in Knoll, Kurt Hahn. Reform mit Augenmaß, a.a.O., S. 301 f
289 Schwarz, K.: Die Pädagogik Kurt Hahns und die Leibesübungen, in: Die Leibeserziehung, 12 Jg., Heft 9, Schorndorf 1963, S. 291–297, hier S. 291 f. Vgl. dazu auch Hasselhorn, Kurt Hahn und das Salemer Erziehungssystem, Eine Studie über Kurt Hahn und die Salemer Pädagogik von 1920-1933, a.a.O., S. 20 ff oder Ewald, M.: Der Aufbau und Ausbau Salems (1919-1933), in: Röhrs, Bildung als Wagnis und Bewährung, a.a.O., S. 113 f
290 Röhrs, Die pädagogische Provinz im Geiste Kurt Hahns, in: Ders.: Bildung als Wagnis und Bewährung, a.a.O., S. 88

In der viermal wöchentlich stattfindenden „leichtathletischen Pause" wurde erst durch die Durchführung von gewohnten und bereits beherrschten Übungen Erfolgserlebnisse vermittelt und damit Zuversicht und Selbstvertrauen aufgebaut.[291]

Gemäß der Hahnschen Vorstellung von Willensbildung sollten auch die ungewohnten, schwächeren Disziplinen trainiert werden:[292] „Wir fordern die mühselige Überwindung der Schwäche, genauso wie wir die beglückende Entwicklung der angeborenen Stärke ermutigen." Um diese Selbstüberwindung zu trainieren und dabei den Schülern eine Selbstentdeckung beim Umgang mit ihren eigenen Leistungsgrenzen und Schwächen zu ermöglichen, wurden für jeden einzelnen individuelle Leistungsziele ausgearbeitet, die es ohne Zwang zu realisieren galt.[293] Bei der Ausarbeitung des individuellen Trainingsplans wurde besonders darauf geachtet, dass das Ziel nicht zu hoch gesteckt wurde, so dass es mit stetigem Trainingsaufwand und Überwindung erreicht werden konnte. Damit ließ die Differenzierung eine Konzentration auf die individuelle Leistungssteigerung zu und sprengte den als einseitig empfundenen Bewertungsmaßstab in Gruppen, der vom leistungsstärksten Teilnehmer ausging.

Hahn wollte auf dem sportlichen Sektor unterdurchschnittlich begabten Schülern durch intensives Training die Möglichkeit zur Stärkung des Selbstvertrauens geben.[294] Von Hentig kritisierte diese Denkhaltung Hahns, da „sich mit seiner eigenen Schwäche zu befassen, selbst ein Ausdruck dieser Schwäche ist."[295] Dem ist zu entgegnen, dass sich mit seiner Schwäche auseinanderzusetzen, nur dann Ausdruck einer Schwäche selbst ist, wenn man diese Schwäche als Makel empfindet und sich durch unnötige Grübeleien über

---

291 Bress, H.: Outward Bound – Persönlichkeitsbildung durch Erlebnispädagogik. Die deutschen Kurzschulen als Alternative zu Passivität und Resignation, Berlin 1985, S. 224
292 Linn/Picht/Specht, Erziehung zur Verantwortung, a.a.O., S. 84
293 Vgl. dazu das Werk von Tiwald und Stripp, wo der Zusammenhang von Sport, Selbstbewusstsein und Persönlichkeit aufgezeigt wird. Tiwald, H./ Stripp, K.: Psychologische Grundlagen der Trainings- und Bewegungsforschung. Einführung in das psychologische Denken für Sportler, Trainer, Sportpädagogen und Sportpolitiker, Gießen/Lollar 1975
294 Linn/Picht/Specht, Erziehung zur Verantwortung, a.a.O., S. 74
295 von Hentig, Kurt Hahn und die Pädagogik, in: Röhrs, Bildung als Wagnis und Bewährung, a.a.O., S. 58

die Schwäche verliert. Wenn die Schüler Hahns die Schwäche durch fortdauerndes Training überwinden lernen, wird sie zu einem pädagogischen Instrument der Willensstärkung.

Die „leichtathletische Pause" in Salem wurde im Laufe der Zeit durch andere Disziplinen wie Kletterübungen, Bergsteigen, Segeln, Kanufahren, Skifahren, Reitübungen usw. ergänzt.

Es bleibt festzuhalten, dass das sportliche Training dem Verfall der körperlichen Tauglichkeit und der Unternehmungslust entgegenwirkte und die körperliche Leistungsfähigkeit für die anderen Komponenten der Erlebnistherapie förderte.[296]

3.5.2.2 Das Projekt

Hahn adaptierte die Projektmethode aus dem gleichlautenden amerikanischen Ansatz von Kilpatrick und Dewey.[297] Deren Projektmethode gründete sich auf der Theorie, dass Erziehung das Leben selbst, wie umgekehrt Leben gleich Erziehung war.[298] Weil Leben eine Planung erforderte, musste sich Erziehung und infolge dessen auch das sie umfassende Leben auf planendes Handeln gründen und dies lernen und üben lassen. Dies geschah am besten in Projekten mittels eines Lernens durch Handlung. Dewey und Kilpatrick bezeichneten das Lernen im Projekt als Methode der denkenden Erfahrung. Lernen bedeutete das Herstellungen von Erfahrungen, dabei besaß das Handeln laut Bauer eine doppelte Funktion:[299]

- Der Mensch erwarb Erfahrungen, um handeln zu können.
- Durch Handlungen wurden Erfahrungen erworben.

Das Projekt Hahns bestand aus einer selbst gewählten oder von außen vorgegebenen Aufgabe; es diente als geistiger und handwerklicher Ausgleich zu den körperlichen Aktivitäten. Die Jahresarbeiten in den Landerziehungsheimen von Hermann Lietz dienten als Vorbild für die Durchführung des Projektes in den Hahnschen Schulen.

Das Projekt enthielt drei spezielle Merkmale:[300]

---

296 Linn/Picht/Specht, Erziehung zur Verantwortung, a.a.O., S. 61
297 Kilpatrick, W. H./Dewey, J.: Der Projekt-Plan. Grundlegung und Praxis, Weimar 1935
298 Heckmair/Michl, Erleben und Lernen, a.a.O., S. 24
299 Bauer, H. C.: Erlebnis- und Abenteuerpädagogik. Eine Literaturstudie, München 1996, S. 18 ff
300 Bress, Outward Bound, a.a.O., S. 224

- Eine eindeutige Zielsetzung, die sich aus dem Interesse des Schülers ergab und selten vorgegeben wurde.
- Verschiedene Schwierigkeitsstufen, die Sorgsamkeit, Durchhaltevermögen, Geduld, handwerkliches Geschick, Intuition, Verantwortungsbereitschaft und geistige Auseinandersetzung verlangten.
- Die Selbständigkeit der Durchführung und der anschließenden Präsentation in der Gruppe.

Als Projektinhalte konnten künstlerische Arbeiten, Naturschutzaktivitäten, musische Vorführungen, Theaterdarstellungen, Konzerte, das Erstellen von Dokumentationen sowie Informationsveranstaltungen über ein bestimmtes Thema gewählt werden. Das folgende Beispiel diente Hahn als Musterexemplar eines Projektes:[301] „Ein an Tierphotographie interessierter Junge wurde von einem Salemer Lehrer dazu ermutigt, die folgende Aufgabe zu lösen: wilde Turmfalken zu photographieren von dem Tag an, an dem sie auskrochen, bis zu dem Tage, an dem sie flügge wurden. Es ist unschwer zu ermessen, welche Kräfte bei diesem Jungen bei der Bewältigung der Aufgabe ins Spiel kamen: Erfinderkraft bei dem raffinierten Einbau des Photoapperates, Voraussicht in der Überlistung der Vögel, scharfe Beobachtung und siegreiche Geduld, die ganze Zeit hindurch: man kann sich vorstellen, wie das Gelingen der mühseligen Unternehmung den jungen Menschen beseligt hat."

Hahn ging es bei dem Projekt um einen intensiven ausdauernden Umgang mit einer Aufgabe, die der Schüler sich zu Eigen machen und erfolgreich bis zum Ende durchführen sollte. Mit dem Projekt sollte der Schnelllebigkeit, der Oberflächlichkeit und dem Verfall der Sorgsamkeit entgegengewirkt werden.

In der Regel wurden keine außergewöhnlichen Beiträge oder Werke erwartet; die Projekte sollten vielmehr der Lebenserziehung der Schüler dienen.[302]

Bei der Durchführung des Projektes kam es Kurt Hahn vor allem darauf an, „die Leidenschaft des Schaffens und der Mühsal und Sorgfalt auf dem Weg zum Ziel" in den Schülern zu wecken."[303]

---

301 Linn/Picht/Specht, Erziehung zur Verantwortung, a.a.O., S. 75
302 Bauer, H.G.: Erlebnispädagogik im Atomzeitalter. Oder: Von Versuchen den Bildungsbegriff zu erweitern, in: Bauer, H.G./Nickolai, W. (Hrsg.): Erlebnispädagogik in der sozialen Arbeit, Lüneburg 1989, S. 7- 36, hier: S. 16

3.5.2.3 Die Expedition

Die Expedition diente als Ergänzung des körperlichen Trainings[304] und wandte sich gegen den Verfall der Initiative innerhalb der Jugend. Während den Expeditionen konnten die Schüler intensive Erfahrungen sammeln, die für das zukünftige Leben als immer wieder abrufbare Orientierung dienen sollten.

Die Behauptung von Hentigs, dass Hahn „(...) sich auf dem Gebiet des ‚Lernens' die Expeditionen der Jugendbewegung der (Lietz-Schulen) zu eigen gemacht"[305] hat, muss als undifferenziert abgelehnt werden. Der Hahnsche Projektansatz unterscheidet sich eindeutig in Form und Zielsetzung von den häufig mehrere Wochen dauernden „Schulreisen" der Lietzschen Gründungen und den rein auf die Gemeinschaft ausgerichteten Unternehmungen der Jugendbewegung.[306]

Unter einer Expedition konnten ein- oder mehrtägige Touren wie Bergbesteigungen, Seereisen, Kanufahrten oder Skiunternehmungen verstanden werden. Die Lernziele bei einer Expedition bestanden in der intensiven Planung, Sorgsamkeit, Umsicht, Entschlusskraft,

---

303 Linn/Picht/Specht, Erziehung zur Verantwortung, a.a.O., S. 85
304 Für Hahn ist der „reine Leichtathlet kein Freund von Wind und Wetter, ja, er ist den Strapazen abhold, wie sie bei der Überwindung natürlicher Hindernisse zu bestehen sind." Vgl. Ebd. S. 74
305 von Hentig, Kurt Hahn und die Pädagogik, in: Röhrs, Bildung als Wagnis und Bewährung, a.a.O., S. 54
306 Vgl. dazu auch Schwarz, Die Kurzschulen Kurt Hahns, a.a.O., S. 42 f. Hahn betrachtete die Jugendbewegung äußerst kritisch: „Dadurch, daß sie das Selbstgefühl der Jugend planmäßig steigert, zerstört sich die eigentümliche Kraft der Jugend: die Unbewußtheit. (...) Die Umwerber der Jugend, die durch Worte wie „'ugendkultur' den Jungen und Mädchen die ‚Schmeichelsalbe auf die Seelen legen', als ob sie nicht mehr zu werden brauchten, sondern schon sind, rauben der Jugend die Entwicklungsfreudigkeit und verkürzen dadurch gewaltsam die natürliche Periode des seelischen Wachstums. Wer die späteren Lebensschicksale der einst ‚Jugendbewegten' verfolgt, der denkt zuweilen unwillkürlich an die trügerische Reife des Fallobstes.". Vgl. Hahn, Erziehung zur Verantwortung, a.a.O., S. 32. Zur Gründung, Geschichte und Zielen der Jugendbewegung siehe Rosenbusch, S.: Die deutsche Jugendbewegung in ihren pädagogischen Formen und Wirkungen, Frankfurt/M. 1973 und Gerber, W.: Zur Entstehungsgeschichte der deutschen Wandervogelbewegung, Bielefeld 1953

Widerstandsfähigkeit, Flexibilität, Zähigkeit in der Durchführung, Widerstandsfähigkeit und Nervenkraft.[307]

Ein Beispiel für das Erlernen dieser Eigenschaften war eine siebentägige Wanderung innerhalb eines Sommerkurs in der Kurzschule Berchtesgaden, wo die Teilnehmer hohen physischen, psychischen und sozialen Belastungen ausgesetzt waren.[308] Dabei wurde ihnen vermittelt, nicht nur positive Gefühle beim Erreichen des Ziels zu erfahren, sondern auch die vordergründig als negativ empfundenen Elemente wie Erschöpfung, Angst oder Auseinandersetzungen innerhalb der Gruppe als untrennbar damit verbunden zu erleben. Die Betonung bei der Durchführung von Expeditionen lag gemäß den Äußerungen von Ziegenspeck in der Einübung der Ausdauerfähigkeit sowie in der Überwindung von Erschöpfungszuständen, Hunger und Durst und nicht in Erfahrung kurzfristiger Höchstleistungen oder Sensationen.[309]

In den Landerziehungsheimen wurden pro Jahr drei bis vier kleinere Expeditionen durchgeführt, die als Vorbereitung einer größeren in den Ferien dienten.

Häufig fanden auch Expeditionen in Verbindung mit Projekten statt, vor allem wenn sie biologische und geologische Erkundungen beinhalteten.

3.5.2.4 Der Rettungsdienst

Kurt Hahn betrachtete den Rettungsdienst unter den vier Komponenten der Erlebnistherapie als das „wichtigste Element der Heilung."[310]

Dabei wurde eine für die Allgemeinheit nützliche Einrichtung mit dem herausragenden Hahnschen Erziehungsziel, dem Dienst am Nächsten, praktisch verbunden. So konnte ein direkter und sinnvol-

---

307 Bress, Outward Bound, a.a.O. , S. 224

308 Schwarz, Die Kurzschulen Kurt Hahns, a.a.O., S. 155 f

309 Ziegenspeck, J. W. (Hrsg.): Outward Bound: Geschütztes Warenzeichen oder offener pädagogischer Begriff?, Stellungnahmen und Dokumente zu einem Streitfall, Lüneburg 1986, S.12

310 Linn/Picht/Specht, Erziehung zur Verantwortung, a.a.O., S. 86

ler Lernbezug hergestellt werden, der dem Schüler die Bedeutung seines Handelns unmittelbar erkennen ließ.[311]

Das Gleichnis vom Barmherzigen Samariter, dessen Schlusssatz lautete: „So gehe hin und tue desgleichen"[312], wurde im Rettungsdienst umgesetzt. Hahn ging es dabei nicht um die mitleidende Teilnahme, die als bloße Ergriffenheit von fremdem Leid begriffen wurde, sondern um die „energische Teilnahme", die praktische Tathandlung.[313] Er verband in diesem Zusammenhang seine Vorstellung von der „energischen Teilnahme" mit dem christlichen Gebot der Nächstenliebe.

In Abhängigkeit von der Lage der Schule wurden die Jugendlichen in verschiedenen Rettungsorganisationen wie Küstenwacht, Bergwacht bzw. in Erster Hilfe ausgebildet.

Die Kurzschule Baad im Kleinwalsertal, die im Hochgebirge liegt, wurde mit dem notwendigen Equipment für Rettungseinsätze im Sommer und Winter ausgestattet. Die Schüler lernten bei den Bergrettungsübungen das Abseilen von Verunglückten über unwegsame Hindernisse (Akja) und das Absuchen einer Lawine mit Sonden. Weiterhin wurde ihnen beigebracht, mit dem Sprechfunkgerät der Schule umzugehen, das bei Rettungsaktionen eine große Hilfe darstellte.[314] Hahn kam aufgrund seiner Beobachtungen zu der Erkenntnis, dass „nicht nur der Einsatz im Ernstfall, sondern auch die realistische Schulung für den Ernstfall eine befreiende und veredelnde Wirkung auf junge Menschen ausübt."[315]

---

311 Hahn bezog sich bei seinen Ausführungen über den Rettungsdienst vor seinen Schülern häufig auf Vorbilder aus Vergangenheit und Gegenwart, die ihre eigene Existenz in den Dienst des Nächsten stellten. Darunter befanden sich u.a. Albert Schweitzer, Frithjof Nansen, Elsa Brandström, Emily Hobhouse, Henri Dunant, Friedrich Bodelschwingh, die Brandungswache in Australien und die National Ski Patrol in den Vereinigten Staaten. Vgl. Hahn, A memorandum, a.a.O., S. 5- 6; Hahn, K.: The State of the Young in Germany, Inverness 1946, S. 6 ff oder Hahn, K.: Erziehung und die Krise der Demokratie, Hamburg 1963, S. 28- 30

312 Lukas 10, S. 37

313 Vgl. dazu die Feststellung Hahns, dass „heutzutage das Mitleid seine Kraft nur bewahren kann, wenn die Samaritertugenden geübt werden." Zitiert aus: Linn/Picht/Specht, Erziehung zur Verantwortung, a.a.O., S. 56

314 Schwarz, Die Kurzschulen Kurt Hahns, a.a.O., S. 100

315 Hahn, Erziehung und die Krise der Demokratie, a.a.O., S. 36

Durch die Einführung des Rettungsdienstes in Gordonstoun gewann Hahn drei allgemeingültige Ansichten über die Bedürfnisse der Jugendlichen:[316]

Die Leidenschaft des Rettens und nicht der Krieg entbindet die stärkste Dynamik der Seele des Menschen.

- Der Dienst am Nächsten befriedigt den Tatendrang des Jugendlichen und veredelt ihn zugleich; bei seiner Hilfeleistung entdeckt er „die gottgewollte Bestimmung des Menschen"[317].
- Wegen seiner lebhaften Sinne und seines wachsamen Gemüts besitzt der Jugendliche in vielen Fällen eine Überlegenheit gegenüber dem Erwachsenen.

Dem Bewährungsdrang des Jugendlichen wurde somit ein höherer sozialer Status verliehen und außerdem konnte Kurt Hahn seine Vorstellungen, im Rettungsdienst ein „moralisches Äquivalent des Krieges" gefunden zu haben, verwirklichen. Eine der Hahnschen Grundideen, der Friedensdienst, wurde dadurch realisiert.

Weiterhin dienten die Berg- und Seerettungsdienste als Gegenpol zum Verfall der Hilfsbereitschaft, der menschlichen Anteilnahme und dem sozialen Handeln.[318]

Es ist in der Forschung unumstritten, dass Hahn als der pädagogische Vorreiter in der Erkenntnis und praktischen Umsetzung des Rettungsdienstes als Erziehungsmittel bezeichnet werden kann. Die These Meissners [319], dass Hahns Vorstellungen von der erzieherischen Bedeutung des Rettungsdienstes mit den körperlichen Arbeiten in der Landwirtschaft der Landerziehungsheime von Hermann Lietz in der „Rückverbindung zum Elementaren"[320] in einem geistigen Zusammenhang standen, muss als zu weit hergeholte Konstruktion zurückgewiesen werden.

Die Überlegungen Hahns zum Rettungsdienst lassen sich folgendermaßen in die aktuelle Altruismusforschung einordnen. Als altru-

---

316 Linn/Picht/Specht, Erziehung zur Verantwortung, a.a.O., S. 86
317 Ebd.
318 Weber/Ziegenspeck, Die deutschen Kurzschulen, a.a.O., S. 74
319 Meissner, E.: Asketische Erziehung. Hermann Lietz und seine Pädagogik. Ein Versuch kritischer Überprüfung, Weinheim 1965, S. 50 f
320 Becker, G.: Lietz und Geheeb. Vortrag vom 12.4.1996 auf der 10. internationalen Wagenschein-Tagung an der Ecole d'Humanite Goldern, Goldern 1996, S. 15

istisch werden jene Verhaltensweisen bezeichnet, die hauptsächlich dadurch motiviert sind, dem Interaktionspartner einen Nutzen zu verschaffen.[321] Nach Batson existieren vier Motive für altruistisches Verhalten:[322]

1a) Erlangen einer Belohnung,
1b) Vermeiden einer Bestrafung,
2) Reduktion von Aktivierung,
3) der Wunsch, dem Opfer zu helfen.

Batson betont, dass lediglich das zuletzt genannte Motiv die Bezeichnung altruistisch verdient, da die anderen Motive in erster Linie auf das eigene Wohlbefinden abzielen. Bei dieser Art des Altruismus ist die altruistische Handlung Selbstzweck, während sie bei den anderen Altruismusformen nur Mittel zu einem anderen Zweck ist.[323]

Der Hahnsche Rettungsdienst entspricht exakt dem von Batson genannten Motiv der Hilfe des Opfers aus uneigennützigem Prinzip. Bei Anblick eines Menschen in Not erhält der einzelne den Auftrag, ein bedeutsam erscheinendes Anliegen in diesem Augenblick zurückzustellen und unmittelbar handelnd einzugreifen. Schwarz beschreibt die pädagogische Wirkung des Rettungsdienstes folgendermaßen:[324] „Der Lernprozeß besteht in den entscheidenden Erkenntnissen, dass der Anruf von einem in Not befindlichen Mitmenschen gerade nicht allein an alle anderen außer mir selbst oder an die kraft ihres Amtes dazu Berufenen ergeht, sondern direkt an mich persönlich gerichtet ist, dass Helfenkönnen über den sittlichen Imperativ des Helfenmüssens hinaus zu der ‚reinen Neigung' des Helfenwollens führt und dass dieses Helfenwollen seinen Lohn und seine Erfüllung in sich selber trägt, in der verifizierten Nächstenliebe."

---

321 Herkner, W.: Lehrbuch Sozialpsychologie, 2. Auflage, Bern u.a. 2001, S. 425

322 Batson, C.D.: Prosocial motivation: Is it ever truly altruistic?, in: Berkowitz, C.(Hrsg.): Advances in experimental social psychology, Bd. 20, San Diego 1987

323 Laut Batson beschäftigt sich die Altruismustheorie von Piliavin nicht mit Altruismus, sondern lediglich mit Hilfeleistung. Vgl. dazu Piliavin, J.A. u.a.: Emergency intervention, New York 1981

324 Schwarz, Die Kurzschulen Kurt Hahns, a.a.O., S. 193

3.5.3 Die charakterbildende Wirkung der Erlebnistherapie

Die charakterbildende Wirkung der Erlebnistherapie ist laut Schwarz in einer Dreistufung zu beobachten. Die einzelnen Teile bedingten und ergänzten sich gegenseitig und bildeten somit eine organische Einheit:[325]

1. Die vier Komponenten der Erlebnistherapie (körperliches Training, Expedition, Projekt und Rettungsdienst) wurden gezielt den vier „Verfallserscheinungen" (Verfall der körperlichen Tauglichkeit, der Initiative, der Sorgsamkeit und der menschlichen Anteilnahme) entgegengestellt. Sie blieben als Einzelelemente aber lediglich auf das teleologische Entgegentreten einer bestimmten zivilisatorischen Notlage beschränkt.

2. In der zweiten Stufe kam die eigentliche charakterbildende Wirkung der Erlebnistherapie zum Vorschein. Sie entwickelte sich in der gegenseitigen Verästelung und in der praktischen Durchführung des Zusammenspiels ihrer Elemente unter dem gemeinsamen Motiv des Erlebnisses in der Kurzschule.[326] Das Erlebnis bedeutete für Kurt Hahn kein zufälliges Ereignis, es war vielmehr das Endresultat eines sorgsam durchdachten Planes. Diese Erlebnisse sollten die Erinnerungen der Schüler[327] prägen und als Kraftquelle für entscheidende Augenblicke im weiteren Leben dienen.

Die Wirkung der prägenden Erlebnisse in den vier Elementen der Erlebnistherapie in Form „heilsamer Erinnerungsbilder" für das spätere Leben entnahm Hahn dem Gedankengut von William James. Hahn übernahm von James die Vorstellung, dass der Grad der Intensität eines Erlebnisses im weiteren Leben bei gleichen Erfahrungen für die Wiedererinnerung entscheidend war:[328]„Events lived through only one, and in youth, may comes in after years by reason of their exiting quality or emotional intensity to serve as types or instances."

Die im Gedächtnis eingebrannten Erfahrungen („vividness in an original experience") konnten laut James bei ähnlichen Erfahrungen dieselbe Wirkung beim Menschen auslösen wie die Ge-

---

325 Ebd. S.38 f
326 Ebd.
327 Linn/Picht/Specht, Erziehung zur Verantwortung, a.a.O., S. 75
328 James, W.: The principles of psychology, a.a.O., S. 576

wohnheit. Solche Erinnerungen aufgrund prägender Erlebnisse als Jugendlicher können jederzeit durch Assoziationen aktiviert werden und als innere Aufforderung den „bösen Leidenschaften" entgegentreten.

Im Gegensatz zu der Gewohnheit, die auf die ständige Übung aufbaute, war die Intensität des Erlebnisses und des handelnden Einsatzes für das spätere Verhalten von enormer Wichtigkeit. Der Grad der persönlichen Aktivität war entscheidend für die Stärke des Wiedererinnerns:[329] „Where you are passive you forget; where you are active you remember."

Im Gegensatz zur Gewohnheit, die auf ständiger Einübung basierte, war in diesem Fall nicht die Dauer, sondern die Stärke und der Einfluss des Erlebnisses für das spätere Verhalten ausschlaggebend.

3. Die Erlebnistherapie war für Hahn nur das Mittel der Erziehung, die den Schüler vor der Verkümmerung der „Kinderkraft" in den Pubertätsjahren und vor einseitiger Wissensvermittlung durch die Staatsschulen schützen sollte. Über diesem thronte die oberste Leitidee Hahns: die Erziehung des Menschen zur Verantwortung und zur Sittlichkeit in einem Staate auf demokratischer Grundlage. Dieses Ziel sollte jeder Schüler durch die Erlebnistherapie verinnerlichen.

In seiner Schrift „Hoffnungen und Sorgen eines Landerziehungsheims aus dem Jahre 1957 erweiterte Hahn die oben genannten Zielvorstellungen:[330] „Wenn Duldsamkeit und menschliches Verstehen (...) noch neue Wurzeln schlagen kann bei reifen Männern von ganz verschiedenen Nationalitäten, dank gemeinsamer Erlebnisse, wieviel hoffnungsvoller wäre die Aufgabe, werdende Menschen aus aller Welt in ihren empfänglichsten Jahren durch die Kameradschaft eines fordernden Gemeinschaftslebens miteinander zu verbrüdern."

---

329 Zitiert aus Schwarz, Die Kurzschulen Kurt Hahns, a.a.O., S. 44
330 Linn/Picht/Specht, Erziehung zur Verantwortung, a.a.O., S. 91

3.6 „Das kranke Weideland"

3.6.1 Kritik an der Gesellschaft

Hahn zeigte in seinem Erziehungskonzept eine kritische Einstellung gegenüber der Moderne und dem Geist seiner Zeit. Mit seiner kritischen Betrachtungsweise stand Hahn nicht alleine, vor allem in der Landerziehungsheimbewegung gab es zahlreiche Persönlichkeiten, die zwar nicht in allen Punkten mit Hahns kritischem Ansatz übereinstimmten, jedoch seine Zweifel über die negative Entwicklung der Gesellschaft teilten. Im Jahre 1930 hob Alfred Andreesen in einer retrospektiven Betrachtung hervor, dass die meisten Landerziehungsheime gegen die „Zivilisationsentartungen", den „seelenlosen Mechanismus" und das „verflachende Genußleben" der Großstädte opponierten.[331]

Hahn war der Ansicht, dass durch den wissenschaftlichen und technischen Fortschritt die „Menschenkraft" herabgemindert wurde:[332] „Etwas Unwägbares ist verloren gegangen. (...) Vergegenwärtigen wir uns den guten alten Hausarzt von früher, einen Mann wie Sir James Afflick, der „Augen" in seinen „Fingern" hatte, und betrachten wir dann den modernen medizinischen Wissenschaftler, der seine Diagnosen ausschließlich auf chemische, physiologische und Röntgen-Untersuchungen gründet."

Die Herabminderung der „Menschenkraft" führte in starkem Maße zu „seelischen Krankheiten", die laut Hahn „als normale Begleiterscheinungen unserer modernen Gesittung" hingenommen wurden.[333]

Hahn sah vier „Verfallserscheinungen" in der Gesellschaft (Verfall der menschlichen Anteilnahme, Verfall der Sorgsamkeit, Verfall der persönlichen Initiative, Verfall der körperlichen Tauglichkeit), auf die schon an anderer Stelle eingegangen wurde.

Unter der Hektik des modernen Lebens litt die Ausbildung der Erlebniskraft der jungen Menschen. Eine nicht zu bewältigende Reizfülle wirkte auf sie ein, die neu gewonnenen Erfahrungen konnten

---

331 Zitiert aus Scheibe, Die reformpädagogische Bewegung 1900–1932, a.a.O., S. 118

332 Linn/Picht/Specht, Erziehung zur Verantwortung, a.a.O., S. 59

333 Ebd. S. 70

nicht angemessen bearbeitet werden. Intensive Gefühle konnten nicht mehr ausgelebt werden:[334] „Man kommt nicht dazu, einen Gedanken zu Ende zu denken oder gar ein Gefühl zu Ende zu fühlen. Große Freuden und selbst der Kummer um den Verlust von geliebten Menschen werden nicht selten von der grausamen Pausenlosigkeit unseres Daseins verschlungen."

Die Ruhelosigkeit des Lebens führte dazu, dass die für jeden Menschen wichtige Fähigkeit der Selbstbesinnung verkümmerte.

Durch den medialen Fortschritt (Fernsehen, Kino) wurde der natürliche Tatendrang der Menschen eingeschränkt. Als Zuschauer konnte man zwar Erlebnisse teilen, die Spannung mitfühlen oder die Gefühle auf sich wirken lassen als wäre man selbst ein Teil der Handlung. Da dies jedoch kein authentisches Erleben darstellte, hielt Hahn es für „trügerisch" und „flüchtig".[335] Er zog dagegen ein *eigenes* Erlebnis dem zuschauenden vor. Indem der Mensch etwas selbst erlebte oder fühlte, wurden seine Fähigkeiten der Eigeninitiative, Verantwortungsbereitschaft und Sorgsamkeit gestärkt.

Hahn wandte sich auch gegen äußeren Daseinskomfort, Genussleben und Suchtmittel wie Alkohol oder Nikotin. Er stellte die Forderung auf, dass in Salem während eines Trimesters die Schüler keinen Alkohol oder Nikotin zu sich nehmen sollten.[336] Diese Ansicht begründete er mit der medizinischen Feststellung, dass besonders das Herz im Wachstumsalter sehr empfindlich auf Suchtmittel reagierte. Außerdem war er der Meinung, dass die Schüler die festgesetzten leichtathletischen Ziele wegen der Einnahme von Suchtmitteln nicht erreichen würden.

Hahn wollte im jungen Alter „einen Präzedenzfall sinngemäßer Entsagung" schaffen, weil „die Abhängigkeit von Schlaf-, Beruhigungs- und Reizmitteln ein gerüttelt Maß von Schuld an der verfrühten Abnutzung wertvoller Menschen trägt."[337]

---

334 Ebd. S. 72
335 Ebd.
336 Diese Einstellung übernahm er aus dem Landerziehungsheimen von Hermann Lietz. Siehe Becker, Lietz und Geheeb, a.a.O., S. 16. Hahn verlangte von seinen Schülern „Selbstdisziplin gegenüber Rausch- und Beruhigungsmitteln" ; vgl. Hahn, K.: The Young and the Outcomer of the War. The Essex Hall Lecture, London 1966, S. 20
337 Linn/Picht/Specht, Erziehung zur Verantwortung, a.a.O., S. 85

Von Hentigs Vorwurf, dass Hahn „das ‚Großstadtmilieu' und die Formen unserer Wirtschafts- und Sozialprozesse (‚Konsumentendenken und Profitstreben') für schlechthin negativ erklärt"[338] ist als einseitig und übertrieben zurückzuweisen.

Dagegen ist Händel zuzustimmen, dass Hahn kein Gegner der damaligen modernisierten Welt war, aber „als Humanist die mit dieser Entwicklung einhergehenden und von ihm frühzeitig diagnostizierten zivilisatorischen Verfallserscheinungen" fürchtete.[339]

Hahn wollte den Verfall der Persönlichkeitswerte in einer technisierten und ruhelosen Gesellschaft mit Hilfe seiner Erlebnistherapie überwinden. Dabei nahm er sich die Erkenntnis des englischen Historikers George Trevelyan zum Vorbild:[340] „Ohne die Lust nach Abenteuer in der Jugend muß jede Zivilisation, mag sie noch so fortgeschritten sein, muß jeder Staat, mag er noch so wohlgeordnet sein, dahinschwinden und welken."

Die von Hahn gegründeten Schulen befanden sich nicht zufällig, sondern ganz bewusst in ländlicher Umgebung. Weitab vom hektischen Leben der Großstädte orientierte sich die Hahnsche Gemeinschaftserziehung an einer verantwortungsvollen und sozialen Lebensführung.

Kritisch betrachtet ist festzustellen, dass Hahn bei seinem Kampf gegen die „Verfallserscheinungen" in der Gesellschaft niemals konkret auf die sozialen, politischen und wirtschaftlichen Missstände seiner Zeit einging und sich nicht mit deren Ursachen auseinandersetzte.[341] Eine theoretisch fundierte Analyse der Gesellschaftssituation in Deutschland fehlte in seinen zahlreichen Schriften. Ziegen-

---

338 von Hentig, Kurt Hahn und die Pädagogik, in: Röhrs, Bildung als Wagnis und Bewährung, a.a.O., S. 41- 82, hier: S. 46

339 Händel, U.: Die Kurzschulen- ein außergewöhnliches Bildungsprogramm, in: Röhrs, Die Schulen der Reformpädagogik heute, a.a.O, S. 371- 382, hier: S. 372

340 Linn/Picht/Specht, Erziehung zur Verantwortung, a.a.O., S. 59

341 Dazu passte die Aussage eines Direktors in Gordonstoun: „Sozialreformen beseitigen nicht das Übel, sie leiten es nur in andere Kanäle um. Das Übel kann nur an der Wurzel ausgerottet werden, in der Willenskraft des einzelnen." Zitiert aus Skidelsky, Schulen von gestern für morgen. „Fortschrittliche Erziehung" in englischen Privatschulen: Gordonstoun, Summerhill, Abbotsholme, a.a.O., S. 35

speck stellte zutreffend fest:[342] „Kurt Hahn fragte weniger nach der Bedeutung von gesellschaftlichen Faktoren und Mißständen, untersuchte nicht deren Ursachen; die ökonomischen Bedingungen, die politische Situation als Hintergrund menschlichen Daseins wurde von ihm vernachlässigt. Dementsprechend wurden auch keine Vorschläge für Möglichkeiten politischer Veränderung in diesem Beziehungsgeflecht unterbreitet." Auch Skidelsky vermisste eine fundierte Analyse der gesellschaftlichen Missstände in Hahns Schriften:[343] „Hahn unternahm nicht den Versuch, die Kräfte, die die moderne Gesellschaft beherrschen, zu begreifen und zu meistern; er wich ihnen nur aus. Seine Heilmittel treffen nicht den Kern der Probleme, die er anprangert, sie streifen sie nur am Rande."

In seiner Kritik an den gesellschaftlichen Zuständen vertrat Hahn die Überzeugung, dass durch die „Heilung des Einzelnen" und durch die Erziehung möglichst vieler Personen zu „guten" Menschen, eine „gute" Gesellschaft ohne „soziale Seuchen" errichten zu können, wobei das herrschende politische System nicht hinterfragt wurde. Dabei stützte er sich auf die Überzeugung Platons, der den Staat als einen Makroanthropos, als einen Menschen im Großen, betrachtete und daher aus der Beschaffenheit der menschlichen Seele den Aufbau des Staates ableitete. Aus dieser Überlegung folgte die These Platons, dass keine Institutionen, Verfassungen und Gesetze zum Aufbau eines gerechten Staates notwendig waren, sondern die Erziehung der Menschen, die diesen Staat verkörperten.[344]

Weiterhin wird deutlich, dass Hahn in seinem Erziehungsmodell die gesellschaftlichen Veränderungen vom Ende des Kaiserreiches bis zur Gründung der Bundesrepublik Deutschland und die damit einhergehenden neuen Anforderungen an die Jugendlichen kaum wahrnahm und ihm somit eine gewisse Flexibilität der Anpassung seiner pädagogischen Vorstellungen an die Erfordernisse der Gegenwart fehlte.[345]

---

342 Ziegenspeck, Kurt Hahn und die internationale Kurzschulerziehung, in: Ders., Outward Bound. Geschütztes Markenzeichen oder offener pädagogischer Begriff?, a.a.O., S. 10
343 Skidelsky, Schulen von gestern für morgen, a.a.O., S. 200
344 Vgl. auch dazu Weber/Ziegenspeck, Die deutschen Kurzschulen, a.a.O., S. 46
345 Vgl. dazu Ziegenspeck, Kurt Hahn und die internationale Kurzschulerziehung, in: Ders, Outward Bound, a.a.O., S. 10

3.6.2 Kritik an der Staatsschule

Hahn glaubte nicht daran, dass die staatlichen Schulen zur „Gesundung" des „kranken Weidelandes"[346] beitragen konnten:[347] „So fällt der Staatsschule die Aufgabe anheim, zu erziehen. Die pädagogische Zunft stellt seit langem diese Forderung: aber wir müssen uns von dem deutschen Irrglauben befreien, daß eine Forderung zu formulieren, sie auch erfüllen heißt."

Vielmehr klagte er die Staatsschulen an, dass die dortige Erziehung die „Seuchen" verschlimmern und nicht zu deren Überwindung beitragen würden. Die Tatsache, dass die Schulen seiner Zeit ihre Erziehungsaufgabe lediglich in der Vermittlung von Wissen sahen, war Hahns Hauptkritikpunkt.

In den für Hahn entscheidenden Jahren der Denkentwicklung war die Schülertragödie in hohem Maße Gegenstand literarischer Darstellung.

In seinem Werk „Buddenbrooks" aus dem Jahre 1901 schilderte Thomas Mann die Schulleiden des kleinen Hanno.[348] Arno Holz beschrieb in seiner Schrift „Traumulus" aus dem Jahre 1904 die realistische Darstellung einer Schulatmosphäre, an der ein Jugendlicher zerbrach.[349] In „Professor Unrat" aus dem Jahre 1905 schuf Heinrich Mann das groteske Bild eines Schultyrannen.[350]

In dem Drama „Die Wandlung" von Ernst Toller hieß es:[351] „Du Kind gehst in die Schule und Angst befällt dich auf deinem Weg. Das Schulzimmer sieht aus, als ob Regentag wäre und dabei scheint doch die Sonne. Der Lehrer sitzt auf dem Katheder wie der böse Geist aus einem Märchen, das du heimlich lasest. Er blickt dich zornig an und schilt dich, weil du deine Aufgabe nicht behalten konntest"

Hahn könnte sowohl von diesen wie auch von anderen einflussreichen Persönlichkeiten seiner Zeit in seinen Ansichten über die Staatsschule geprägt worden sein.

---

346 Linn/Picht/Specht, Erziehung zur Verantwortung, a.a.O., S. 72
347 Ebd. S. 29
348 Mann, T.: Buddenbrooks, Berlin 1930
349 Banuls, A.: Heinrich Mann: Werke, Düsseldorf 1976
350 Emrich, W. (Hrsg.): Arno Holz: „Werke", Bd. III, Neuwied/Berlin 1962
351 Zitiert aus Messer, A.: Pädagogik der Gegenwart, Berlin 1926, S. 67

Heinrich Schorrelmann kritisierte die innere Erstarrung der Schule:[352] „Die Schule ist durch und durch dogmatisch, und zwar nicht nur im Religionsunterricht. Sie ist es in jedem Fache. Immer dann, wenn ich eine Antwort gebe, ehe ich gefragt wurde, eine Lösung, ehe das Problem da war, wenn ich eine allgemeine Erkenntnis mitteile, ohne daß das Kind über die vielen nötigen Einzelheiten orientiert ist, die zum Verständnis notwendig sind, immer dann unterrichte ich dogmatisch. In den vielen Abstraktionen und Deduktionen, die wir den Kindern an den Kopf werfen, kommt der dogmatische Charakter der Schule am ehesten zum Ausdruck. Und dieses Dogmatische, das in allen Fächern herrscht, macht die Schule so ungenießbar für das Kind." Hermann Lietz spottete in einer Traumschilderung über die „Lehrer der Vergangenheit":[353] „(...) eine Schar meist bebrillter, ziemlich grämlich dreinschauender Leute (...)"

Friedrich Wilhelm Foerster befasste sich mit der Erziehungsaufgabe der Schule und stellte deren völliges Versagen fest. Er sprach von der „schleichenden Nervenzerrüttung" und der „tiefen Depression der Lebenslust" unter den Schülern. Weiterhin stellte er ein Vakuum an sittlicher Bildung, Willenstärke und Charakterfertigkeit fest.[354]

Die Klage über die „Seelenmorde in den Schulen"[355], die die schwedische Pädagogin und Schriftstellerin Ellen Key in ihrem im Jahre 1902 in deutscher Sprache erschienenen Buch „Das Jahrhundert des Kindes" erhob, spiegelte eine weit verbreitete Stimmung in Deutschland wider. Ellen Key griff die „Lernschule" ihrer Zeit an, die in „mechanischer Weise ohne Rücksicht auf das kindliche Aufnahmevermögen" einen „einseitigen Intellektualismus" pflegte und den Schülern „wirkliche Bildung" vorenthielt.[356]

---

352 Zitiert aus Dietrich, T. (Hrsg.): Die pädagogische Bewegung „Vom Kinde aus", Berlin 1963, S. 102

353 Zitiert aus Flitner/Kudritzki, Die deutsche Reformpädagogik, a.a.O., S. 70

354 Foerster, F. W.: Schule und Charakter, Recklinghausen 1953. S. 23

355 Key, E.: Das Jahrhundert des Kindes, Königstein 1978, S.95 ff. Folgende Darstellung behandeln detailliert die Wirkung von Ellen Key auf die deutsche Reformpädagogik: Andresen, S./Baader, M.: Wege aus dem Jahrhundert des Kindes. Tradition und Utopie bei Ellen Key, Neuwied 1998; Baader, M./Jacobi, J./Andresen, S.(Hrsg.): Ellen Keys reformpädagogische Vision. Das Jahrhundert des Kindes und seine Wirkung, Weinheim 2000.

356 Weber/Ziegenspeck, Die deutschen Kurzschulen, a.a.O., S. 11 f

Hahn räumte zwar ein, dass manche Lehrer an den Staatsschulen schon eine Charakterbildung ihrer Schüler für wichtig erachteten, aber dies bei weitem nicht ausreichte, um eine vollständige „Gesundung" zu erreichen. Indem die Staatsschule die Jugendlichen zu stark rezeptiven Verhalten ermunterte, verweigerte sie ihnen den Drang nach Bestätigung und Bewährung „the thirst for action, the thirst for mastery".[357]

Hahn warf den staatlichen Schulen vor, dass sie auf die Person des Schülers, seine Probleme und Fähigkeiten zu wenig eingingen:[358] „In einem bekannten Prozeß, der Jugendliche auf die Anklagebank führte, war es geradezu erschütternd, wie die als Zeugen ausgerufenen Klassenlehrer des Hauptangeklagten von seinen seelischen Katastrophen nichts weiter gemerkt hatten, als daß er in einzelnen Schulfächern nachgelassen hatte."

Die Staatsschulen kümmerten sich laut Hahn nur dann um die Freizeitgestaltung der Schüler, wenn eventuelle Nebenbeschäftigungen deren Leistung negativ beeinträchtigen. Da aber genau zu dieser Zeit die Jugendlichen ihren Charakter entwickelten, schloss Hahn daraus, dass die Staatsschule die Verantwortung für die charakterliche Erziehung der Jugendlichen ablehnt oder abschiebt.

Für eine Erziehung zur Verantwortung reichte der damalige Unterricht und das bloße theoretische Wissen nicht aus; um dieses Ziel zu erreichen erforderte es der Herausforderung der Jugendlichen durch Ernstsituationen und der Bewährung in ihnen:[359] „Der Unterricht kann die schönsten Motivkeime zum Leben bringen, aber sie verdorren, wenn das Schulleben nicht die lebendigen Motive durch ihre Bestätigung am Leben erhält."

---

357 Hahn, K.: Address as the Forty Eight Annual Dinner of Old Centralians, London, 17th November, 1958, in: The Central, London, Nr. 119, February 1959, S. 5. Schon Lietz argumentierte ähnlich: „Das gesunde, normale Kind will bauen, formen, eine Welt um sich schaffen, ein Robinson im kleinen sein. Zu diesen Tätigkeiten muß ihm Gelegenheit gegeben werden, damit seine Schaffenskraft nicht verkümmert, daß sie sich bestätigen und so der künftige Erfinder und Organisator heranwachsen kann.".Vgl. Lietz, Art. Landerziehungsheime, in: Rein, Encyklopädisches Handbuch der Pädagogik, a.a.O., S. 292

358 Linn/Picht/Specht, Erziehung zur Verantwortung, a.a.O., S. 30

359 Ebd. S. 27

Daraus erwuchs die Forderung, dass die Lehrer in eine Lebensgemeinschaft mit den Schülern zu treten hätten, d.h. die Lehrer wären den gesamten Tag für die Schüler verantwortlich. Er glaubte jedoch nicht, dass die Lehrer an den Staatsschulen dieser Aufgabe gerecht werden konnten; sie würden vielmehr an ihren traditionellen Lehrmethoden festhalten:[360] „Wer mit Kindern Hütten und Segelflugzeuge baut, wer mit ihnen auf Forschungsexpeditionen geht, wer mit ihnen wandert und gleichberechtigt mit ihnen in einer Schulmannschaft kämpft und spielt – der wird in wundersamer Weise erprobt und enthüllt, und er muß gänzlich auf den geliebten Schutz autoritativer Amtswürde verzichten."

Ein weiterer Grund, warum Lehrer diese Aufgabe nicht erfüllen konnten, lag an ihrer fehlenden Vorbildung. Ohne Kenntnis der Gegenwart und praktischer Arbeit erschienen sie ungeeignet für die Anforderungen der Charakterbildung. In diesem Sinne forderte Hahn, dass Gegenwartskenntnisse und das Vermitteln von praktischen Fähigkeiten ein Gegenstand der Philologenausbildung werden sollte.

Die Gewerkschaft der Philologen verhinderte laut Hahn notwendige Ansätze zu einer Schulreform, die dem Wunsche der Jugendlichen nach sinnvoller und charakterbildender Orientierung nachkäme. Eine „Lebensreform" der Lehrer sollte der Reform der Staatsschule vorangehen:[361] „Der Selbsterhaltungstrieb der Studienräte erfordert in der Tat, daß sie einen Stundenplan ablehnen, der andere Menschen voraussetzt, als sie es sind."

Um die Charakterbildung von Jugendlichen zu gewährleisten, galt es „Methoden auszubilden, die schließlich auch, arg gegen ihren Willen, die Staatsschule in unsere Gefolgschaft zwingen."[362] Darunter verstand Hahn die Umgestaltung des Lehrplanes, um den Jugendlichen die Möglichkeit zu geben, sich Charakterfähigkeiten wie Sorgfalt, Gemeinsinn, praktisches Arbeiten, Organisationsfähigkeit, usw. anzueignen. Die Fächer Segel- und Bergkunde kamen

---

360 Ebd. S. 33
361 Ebd. S. 34
362 Ebd S. 43

für Hahn als mögliche Ergänzungen des Stundenplans in Betracht.[363]

Die Abwesenheit von Phantasie und Abenteuerlust, die mangelnde Lebensnähe des Unterrichts und die einseitige Vermittlung von Wissen in den Staatsschulen veranlassten Hahn zu dem resignativen Ausspruch:[364] „Unser Erziehungssystem hat die Kinder gezähmt."

Dieselbe Meinung vertrat auch Leopold Ziegler, der in seinem Werk „Magna Charta einer Schule" ausführte:[365] „Die verschiedenen Typen der heutigen Staatsschule fassen mit ihren Zielsetzung die eigentliche Lebens- und Schicksalsfrage unserer Zeit noch nicht einmal ins Auge, geschweige, daß sie eine Lösung für sie suchen – ich meine die Frage der erschütternden Senkung des gemeinschaftlichen Niveaus, in Hinsicht auf Geist und Zucht, auf Talent und Charakter, die heute alle echten Erzieher, alle ernsthaften Seelsorger im Innersten bewegt."

Die Jugendlichen sollten an einer staatsbürgerlichen Erziehung teilhaben, die ihnen auf den öffentlichen Schulen verwehrt blieb. Die Möglichkeit, charakterbildende Betätigungen zu entwickeln, schuf Hahn durch das Modell der Kurzschule.[366] Die dort gesammelten Erfahrungen dienten dazu, die „Heilbarkeit" der „sozialen Seuchen" der Gesellschaft innerhalb der Jugend voranzutreiben.

---

363 Hahn folgte dabei seinem Grundsatz „The destiny of character is shaped outside the classroom". Vgl. Hahn, K.: The State of the Youth in Germany, Inverness 1946, S. 13

364 Linn/Picht/Specht, Erziehung zur Verantwortung, a.a.O., S. 29

365 Zitiert aus Ebd. S. 33

366 In den Kurzschulen wollte Hahn „schützende und heilende" Gewohnheiten vermitteln: „Jungen, hundert an der Zahl, aus allen Kreisen, versammeln sich zu einem Monatskurs zehnmal im Jahr, um tätigen Bürgersinn in einer sich selbst verwaltenden Gemeinschaft zu üben, vitale Gesundheit durch leichtathletisches Training zu kosten, sich selbst durch ihre unerwarteten Leistungen zu überraschen, um die Bruderschaft des Abenteuers zu erleben und die Reinigung, die damit verbunden ist, in den Bergen, auf den Flüssen, zur See, in der Luft. Darüber hinaus soll immer ein klares Ziel gesteckt sein, das sorgfältige und genaue Mühewaltung verlangt; die zulässigen Variationen sind unbegrenzt: praktisches Seehandwerk, Bergkunde, Naturbeobachtung, ein fest umrissener Abschnitt europäischer Geschichte, Übungen an Forstgeräten oder an Grubengeräten, Segelfliegen.". Vgl. Linn/Picht/Specht, Erziehung zur Verantwortung, a.a.O., S. 68

An den Ausführungen Hahns bemängelte von Hentig, dass er in seiner „Verachtung für den bloßen Lernbetrieb"[367] die Möglichkeit, in Wissenschaft und Technik den Schülern „heilsame Erfahrungen" zu vermitteln, nicht erkannt hat. Von Hentig wendete ein, dass zu den Möglichkeiten der Erfahrung die „verallgemeinernde kritische Einsicht als Korrektiv"[368] notwendig war. In seiner Erziehungskonzeption beachtete Hahn laut von Hentig nicht ausreichend die intellektuelle Komponente:[369] „Wieviel andere pädagogische Wirkungen der wissenschaftlichen Arbeit hätte er (...) noch ableiten können, wenn er einen Unterricht erlebt hätte, in dem es nicht um das versachlichte Wissen, sondern um das Wissen der Versachlichung, um die Erfahrung jenes allgemeinsten und strengsten geistigen Vorgangs geht, also z.B. den Unterricht von Martin Wagenschein oder den Gesamtunterricht der Odenwald Schule. Und wenn er noch einen guten polytechnischen Unterricht erlebt hätte und die amerikanischen Simulations- Spiele, dann wäre ihm womöglich auch die soziale und politische Seite des Unterrichts aufgegangen, in dem Spielraum und Ernstfall zugleich gegeben sind, Übertragbarkeit und der totale Anspruch des Augenblicks: Das ist eine ‚charakterbildende' Funktion, weil es auf die Aufgaben unseres Lebens bezogen ist."

Von Hentigs Vorwürfe an Hahn; die Geringschätzung des Unterrichts als Erziehungsmittel und die Entwertung der intellektuellen Komponente in der Erziehung zur Verantwortung, sind bei genauerer Prüfung nicht haltbar.

Der erste Einwand gegen von Hentigs Behauptungen liegt darin, dass Kurt Hahn großen Wert auf die Anwesenheit der beiden Pädagogen Minna Specht und Karl Reinhardt, die für ihre didaktischen und fachlichen Kenntnisse bekannt waren, in Salem legte. Weiterhin hob von Hentig selbst hervor, dass Hahn einen „faszinierenden Unterricht" in Salem durchführte.[370] Wenn Hahn in seiner Opposition der „Staatsschule" gegenüber die die bloße intellektuelle Bildung überschreitende Ziele betonte, hieß dies nicht, dass er Unterricht damit grundsätzlich ablehnte. Er relativierte lediglich die Bedeutung der intellektuellen Einsicht für die Charakterbildung, er

---

367 von Hentig, Kurt Hahn und die Pädagogik, in: Röhrs, Bildung als Wagnis und Bewährung; a.a.O., S. 53
368 Ebd. S. 50
369 Ebd.
370 Ebd. S. 77

schloss sie damit aber nicht aus. Außerdem bemerkte von Hentig selbst, dass Hahn in Salem seinen Unterricht nicht nur „abgehalten", sondern durch die Einführung der Projektmethode, von Expeditionen und des Arbeitsunterrichtes auf der Grundlage der Ideen Kerschensteiners auch gegenüber der „Staatschule" pädagogisch veränderte.[371]

3.6.3 Kritik an der Familie

Hahn nahm eine kritische Haltung zur Familie und ihrem Erziehungswert ein. Vorbildcharakter bei der Entwicklung dieser Ansicht besaßen Platon, Johann Gottlieb Fichte, Johann Wolfgang von Goethe, Hermann Lietz und Johann Heinrich Pestalozzi.

In seiner Schrift „Politeia" sah Platon die Familie als ungeeignete Erziehungsgemeinschaft für die Jünglinge an und forderte deren Abtrennung von der Weiber- und Kindergemeinschaft:[372] „Alle Bürger, die das zehnte Altersjahr überschritten haben, erwiderte ich, schicken sie (die Philosophen, M.L.) aufs Land hinaus. Ihre Kinder aber übernehmen sie und erziehen sie, fern von den heutigen Anschauungen, die auch ihre Eltern teilen, nach ihren eigenen Gebräuchen und Gesetzen."

Fichte hielt in seinem Werk „Reden an die deutsche Nation" die Familie für ungeeignet, die Erfüllung der Erziehungsaufgaben zu übernehmen:[373] „Ohne Zweifel werden doch die Zöglinge dieser neuen Erziehung, obwohl abgesondert von der schon erwachsenen Gemeinheit, dennoch untereinander selbst in Gemeinschaft, und so ein abgesondertes und für sich selbst bestehendes Gemeinwesen bilden, das seine genau bestimmte, in der Natur der Dinge gegründete, und von der Vernunft durchaus geforderte Verfassung habe."

Die Person Felix in Goethes Erziehungsroman „Wilhelm Meisters Wanderjahre" lernte von vornherein kein Elternhaus kennen, in dem er die traditionelle Erziehung verinnerlichen konnte.

Im Gegensatz dazu befürworteten Lietz und Pestalozzi die Mutter als Erzieherin des Kindes, wenn „die Verhältnisse der Familiener-

---

371 Ebd. S. 54
372 Hoenn, K. (Hrsg.): Platon. Der Staat, Zürich 1950, S. 395
373 Fichte, J. G.: Reden an die deutsche Nation, Hamburg 1955, S. 40

ziehung (...) günstig liegen."[374] Beide leiteten aber die Notwendigkeit zur Errichtung von Erziehungsheimen aus der physischen und psychischen Verwahrlosung einer großen Anzahl von Kindern ab. Pestalozzi setzte sich die Aufgabe, die Situation der untersten sozialen Schicht durch die Erziehung ihrer Kinder zu erleichtern. Lietz forderte die Erziehung von Kindern und Jugendlichen in einer nahezu gleichaltrigen Gemeinschaft, womit die Trennung von den Eltern unmittelbar verbunden war.

Hahn wurde ebenfalls durch die skeptische Einstellung Gustav Wynekens, der zusammen mit Paul Geheeb die „Freie Schulgemeinde Wickersdorf" im Jahre 1906 eröffnete, zur Familienerziehung beeinflusst.

In seinem Buch „Schule und Jugendkultur" stellte Wyneken fest:[375] „Nur große Urteilslosigkeit kann sich von Selbstzufriedenheit und Affenliebe so weit verblenden lassen, die Familienerziehung als Ideal zu preisen; und ich habe immer gefunden, daß Eltern die Unzulänglichkeit der Familie in dieser Beziehung um so stärker empfanden, je weiter überhaupt ihr Blick reichte und je ernster sie es mit der Erziehung nahmen. Die gewöhnliche Familie verdiente vielmehr Subjekt als Objekt der Erziehung zu sein; und die intelligente fühlt das auch und sträubt sich nicht dagegen."

Hahn bemerkte in Deutschland eine mannigfaltige Form an Lebensrichtungen.

Ein Großstadtkind ohne charakterfestes Elternhaus, das mit den verschiedenen Lebensrichtungen in Berührung kam, lebte sich seiner Ansicht nach immer wieder in sich einander widersprechende Lebensentwürfe ein. Dies führte dazu, dass keine Lebensrichtung Macht über ein Kind gewann, so dass es innerlich zerrissen blieb.

Die Kinder, die in charakterstarken Elternhäusern aufwuchsen, waren dagegen innerlich ausgeglichener und nahmen die Werte der „häuslichen Lebensrichtung" an.[376] Trotzdem vertrat Hahn die Ansicht, dass auch „gesunde Elternhäuser" in vielen Fällen nicht mehr die Fähigkeit besaßen, ihre Kinder von den „sozialen Seuchen" zu heilen.

---

374 Lietz, H.: Die ersten drei deutschen Landerziehungsheime zwanzig Jahre nach der Begründung, 2. Aufl., Veckenstedt/Harz 1919, S. 71
375 Wyneken, G.: Schule und Jugendkultur, Jena 1913, S. 15
376 Linn/Picht/Specht, Erziehung zur Verantwortung, a.a.O., S. 26 f

Aufgrund ihres harten beruflichen Alltags blieb selbst den besten Eltern kaum noch Zeit und Kraft, um ihr Kind zu einer charakterfesten Persönlichkeit zu erziehen. Hahn verdeutlichte die Unfähigkeit vieler Eltern, aus ihren Kindern charakterstarke Menschen zu formen, anhand eines Beispiels aus der Medizin:[377] „Wenn schwindsüchtige Leute heiraten, so liegt die Gefahr für ihre Kinder einmal darin, daß sie die Disposition für die Schwindsucht auf ihre Kinder vererben, vor allem jedoch darin, daß diese Dispositionsvererber zugleich die Keimvermittler sind, indem sie mit ihren Kindern zusammenleben." Damit wollte Hahn ausdrücken, dass viele Eltern die Disposition der „sozialen Seuchen" auf ihre Kinder übertrugen, mit denen sie sich in fortgesetzter „seelischer Berührung" befanden.

Hahn zog daraus den Schluss, dass man zunächst die Eltern erziehen müsste, damit diese ihren Kindern eine sittliche Erziehung zukommen lassen könnten. Er hielt jedoch die Tatsache, die Eltern erziehen zu wollen, für nicht realisierbar:[378] „Wer über 30 Jahre alt ist, dessen Seele wird hart wie Gips."

Aus dieser Vorüberlegung heraus kam Hahn zu der Einschätzung, dass die Kinder in den entscheidenden Lebensjahren von ihren Eltern getrennt werden sollten. Die schützende Funktion der Mutter reichte laut Hahn nur bis zum 11. Lebensjahr. In den danach folgenden Entwicklungsjahren erhielt der Jugendliche die prägende Charakterstruktur für sein späteres Leben und bedurfte in dieser Zeit der „sorgfältigen männlichen Führung"[379]

Hahn dachte dabei an eine Erziehungsstätte unter Abschirmung von äußeren Einflussfaktoren in Form einer Lebens- und Arbeitsgemeinschaft, wo die Schüler zu charakterstarken und sittlichen Persönlichkeiten erzogen werden sollten:[380] „Darum müssen wir unsere Kinder auf das Land schicken und auf dem Lande ummauerte Kulturzentren schaffen, in denen die rechte Lebensrichtung die herrschende ist." Die Vorbilder für diese „ummauerten Kulturzentren" sah Schwarz in Platons Akademie in Athen, in Pestalozzis Erziehungsstätten (Neuhof, Stans, Burgdorf usw.), in der idealen Erziehungsanstalt Goethes, die er in seinem Roman „Wilhelm Meis-

---

377 Ebd. S. 26
378 Ebd.
379 Ebd. S. 29
380 Ebd. S. 26

ters Wanderjahre" entworfen hatte, und in den Landerziehungsheimen von Hermann Lietz.[381]

Hinter der Trennung von Eltern und Kindern und der Gründung von der Umwelt abgeschiedener Kulturzentren stand das folgende Hahnsche Erziehungsziel:[382] „Unsere Kinder sollen nicht auf einer schlechten Weide wachsen, damit sie nicht alle Tage von schlechter Nahrung unmerklich sich nähren und eine große Krankheit in ihrer Seele tragen, ohne daß sie es wissen. Auf gesunden Gefilden sollen sie wohnen, von Schönem und Gutem sich nähren und unmerklich zur Liebe gelenkt werden, damit sie ganz jung schon das Gute liebhaben und das Schlechte hassen."

Bei seiner Forderung, Kinder in den entscheidenden Lebensjahren von ihren Eltern zu trennen und in der Abgeschiedenheit „ummauerter Kulturzentren" zu unterrichten, beachtete Hahn weder den Trennungsschmerz der Eltern und der Kinder noch den Verlust sozialer Bindungen der Kinder in ihrer vertrauten Umgebung (Freunde, Verwandte). Weiterhin fand die Tatsache, dass das Herauslösen aus der gewohnten Umgebung gerade in diesem prägenden Lebensabschnitt zu einer negativen Entwicklung der Kinder beitragen könnte, keine Berücksichtigung.

Schon bald bemerkte Hahn jedoch, dass sich die „ummauerten Kulturzentren" ihrer Umwelt öffnen mussten, da ansonsten die Gefahr der Weltfremdheit und der Isolation bestand.

3.6.4 Kritik an der organisierten Sportbewegung

Hahn ordnete die organisierte Sportbewegung als Hoffnungsträger im Kampf gegen das „kranke Weideland" in der Gesellschaft ein, da sie das Ziel verfolgte, der willkürlichen Beeinflussung der Jugend eine planmäßige entgegenzusetzen. Jedoch übte er Kritik an der Art und Weise, wie sportliche Aktivitäten in Deutschland betrieben wurden. Daraus folgerte Hahn, dass die sportliche Betätigung nur in geringem Maße heilsame Wirkungen zur Überwindung der „Seuchen" hervorbrachte.

---

381 Schwarz, Die Kurzschulen Kurt Hahns, a.a.O., S. 23
382 Linn/Picht/Specht, Kurt Hahn. Erziehung zur Verantwortung, a.a.O., S. 27

Der erste Kritikpunkt Hahns bestand in der fehlenden Gesundheitskontrolle bei der Ausübung sportlicher Aktivitäten.

Innerhalb der organisierten Sportbewegung wurden Jugendliche dazu genötigt, unzumutbare Dauerleistungen zu erbringen, die lebenslange Hirnstörungen verursachen könnten. Als Beispiel nannte Hahn Fußballspiele im heißesten Sommer, die vom medizinischen Standpunkt aus betrachtet nicht vertretbar waren.[383]

Weiterhin sah Hahn die Gefahr, dass dem Sport die notwendige Dosierung fehlte. Der Sport könnte nach Hahn seiner Aufgabe, zu einem Zentrum der Erholung zu werden, nur dann nachkommen, wenn er auf bestimmte festgelegte Zeiten minimiert wurde. Diese Auffassung vertrat Hahn auch in der Planung des Tagesablaufes für Salem:[384] „Organisierte Spiele dürfen nur zweimal in der Woche vor sich gehen, von 2.30 bis 4 Uhr." Hahn orientierte sich bei dieser Maxime an Platon, der befürchtete, dass die Menschen bei ständiger Beschäftigung mit sportlichen Aktivitäten „seelentaub" wurden.[385]

Außerdem bemängelte er, dass der Sport in Deutschland allein den körperlich Begabten zugänglich gemacht wurde. Dadurch wurden vergeistigte und sportlich durchschnittlich begabte Menschen daran gehindert, ihre Tatkraft durch sportliche Betätigungen zu trainieren.[386] Gerade vergeistigte Jugendliche besaßen laut Hahn eine Scheu vor sportlichen Höchstleistungen, die nur durch ein Konzept der Mischung zwischen Schonung und Härte überwunden werden konnte.

Ein Beispiel dafür nannte Schwarz:[387] „Cross-Country-Läufe durch unwegsames Gelände über Entfernungen bis zu 9000 Metern mit Überwindung beträchtlicher Höhenunterschiede fordern die Jugendlichen bis zur Grenze ihres Könnens heraus. Hier entdecken selbst kraftlose und zurückhaltende Jugendliche aus Großstädten plötzlich, daß sie das systematische körperliche Training einer einzigen Woche befähigt, den unsicher begonnenen Lauf bis zum Ende erfolgreich durchzustehen."

---

383 Ebd. S. 31
384 Ebd. S. 80
385 Ebd.
386 Ebd. S. 31
387 Schwarz, Die Kurzschulen Kurt Hahns, a.a.O., S. 166

Hahn missfiel die Ablehnung des „Führergedankens" innerhalb der deutschen Sportbewegung:[388] „Der gewählte Führer erhält nicht die diktatorische Vollmacht, die er braucht, er bleibt druckempfindlich gegen das Geschrei und das Murren der Mannschaft, die er aufstellen und leiten soll."

Hahn nahm sich in seiner Kritik an der organisierten Sportbewegung den englischen Sport zum Vorbild. In England war im sportlichen Wettkampf die Akzeptanz der höher zu bewertenden Leistung anderer sehr stark ausgeprägt:[389] „Die inneren Auseinandersetzungen im staatlichen und bürgerlichen Leben werden stets aufs neue durch bestimmte generöse Impulse des Gönnens entgiftet. ‚The better man has won', sagte mir ein Freund, der aus der internationalen Hockeymannschaft Englands im letzten Augenblick zugunsten eines anderen hinausgeworfen wurde."

Hahn sah in dieser Eigenschaft eine große Leistung des Sportes zur Erhaltung des englischen Staates. Im Unterschied dazu bemerkte Hahn in Deutschland in verstärktem Ausmaße Unfairness im sportlichen Wettkampf, was mit zu geringer Bestrafung geahndet wurde.

Dieser Entwicklung in Deutschland wollte Hahn durch den stärkeren Einfluss von Pädagogen auf die Leitung des Sports entgegenwirken. Er sprach sich dafür aus, die Sportlehrer an den Staatsschulen, die Hahns Bildungsideal, einen sittlich handelnden Menschen zu erziehen, entgegenstanden, nicht länger in ihrem Amte zu belassen. Im sportlichen Bereich sollten nach Hahn Fähigkeiten wie Tatkraft, Initiative, Hilfsbereitschaft und Kooperationsfähigkeit gefördert werden. Hahn hoffte, diese Fähigkeiten gerade durch Mannschaftssportarten wie Hockey zu wecken. Dagegen wurden Fußball und Handball als aggressivitätsfördernd aus dem Lehrplan der Hahnschen Schulen verbannt.

Für Hahn waren die in England gewonnenen Erfahrungen sehr wichtig, wo Menschen verschiedener Berufe in organisierten Sportvereinen Kooperationsfähigkeit, Gemeinsinn und Tatkraft verinnerlichten. Daraus erwuchs in Hahn der Wunsch, diese Verhältnisse auf Deutschland zu übertragen.

---

388 Linn/Picht/Specht, Erziehung zur Verantwortung, a.a.O., S. 31
389 Ebd. S. 37

3.6.5 Kritik an den Universitäten

Hahn beklagte, dass die staatsbürgerlichen Tugenden, die Jugendlichen in den englischen Public Schools vermittelt wurden, durch den Eintritt in die Universitäten des Landes verloren gingen:[390] „Es ist, als ob aus verheißungsvollen Quellen starke Ströme sich in Bewegung setzen, die irgendwie versickern, ehe sie in das Leben der Nation einmündeten."

Die Erziehung der Jugendlichen auf den Universitäten fand laut Hahn nur unzureichend statt. Nach dem Verlassen der Public Schools begann die Erziehung für einen Jugendlichen zum zweiten Male. Die Jugendlichen mussten sich in eine neue Gemeinschaft einfügen und sich dort ihren Platz suchen, was dazu führte, dass sie in ein geistiges und seelisches Vakuum fielen.

Einer seiner Hauptkritikpunkte bestand darin, dass die Universität sich nicht um die Erziehung der Jugend sorgte und stattdessen wie an den staatlichen Schulen die reine Wissensvermittlung im Vordergrund stand. Die mangelhaft ausgebildete Fähigkeit der Professoren, junge Menschen zu erziehen, und das Fehlen von Tutorgruppen sorgten für eine geistige Orientierungslosigkeit der Studenten. Ein Gemeinschaftsleben, wie es in den englischen Public Schools wie Eton, Oxford, Harrow usw. praktiziert wurde, existierte an den Universitäten nicht. Auf dem Stundenplan standen zwar sportliche Übungen, die jedoch in der Anschauung Hahns „lässig und seelenlos" betrieben wurden.[391]

Außerdem nahmen die Professoren bei der Festsetzung von Veranstaltungen keine Rücksicht auf die Tatsache, dass den Jugendlichen Zeit und Frische für körperliche Betätigungen bleiben sollte. Die körperlichen Übungen besaßen für Hahn eine enorme Wichtigkeit, in Salem war für jede Klasse die viermal in der Woche stattfindende leichtathletische Übung obligatorisch.[392]

Der Verzicht auf die Ausübung der erlernten staatsbürgerlichen Tugenden führte dazu, dass manche Jugendliche wieder in die geistige Isolation zurückkehrten und sich nicht mehr mit essentiellen Fragen des Staates und der Gemeinschaft auseinandersetzten. Andere Ju-

---

390 Ebd.
391 Ebd. S. 38
392 Ebd. S. 80

gendliche hingen nur noch der Vergangenheit nach und verloren den Blick für die Gegenwart; sie sammelten sich in Gruppen und führten abseits der übrigen Studenten ihr eigenes Leben. Wiederum andere traten aus Orientierungslosigkeit studentischen Verbindungen bei, obwohl sie deren Normen nicht teilten.

Hahn erwartete von den Verbindungen noch am ehesten eine Hinwendung zum Besseren. Allerdings stellte er eine Unvereinbarkeit des Programms der Verbindungen (Fechten, Sport, alkoholisches Vergnügen) mit den Anforderungen des Studiums fest. Er glaubte erst an einen Wandel der Anschauungen innerhalb der Verbindungen, wenn „(...) eine ebenbürtige Organisation in Wettbewerb mit ihnen tritt, und dank eines gesunden und anziehenden Programms ihnen die Menschen wegfängt, auf die sie angewiesen sind."[393]

In diesen Gedankengängen drückte sich der Wunsch Hahns aus, seine erzieherischen Grundsätze auf die Universitäten übertragen zu wollen.

3.7 Erziehung zur Verantwortung

Unter Erziehung zur Verantwortung verstand Hahn „die Erziehung zur staatsbürgerlichen Verantwortung"[394], d.h. die Erziehung des Menschen zum verantwortungsbewussten Denken und Handeln in einer staatlichen Gemeinschaft, die auf einer demokratischen Grundlage basierte.

In der Ausbildung eines Menschen zu staatsbürgerlicher Verantwortung sah er das grundlegende Ziel seiner Erziehung:[395] „Vom Standpunkt der Nation ist das Wichtigste, das die Landerziehungsheime leisten, die staatsbürgerliche Erziehung. Bismarcks großer und durch unsere tragische Geschichte nachgewiesener Irrtum bestand darin, daß er glaubte, man brauche das deutsche Volk nur in den Sattel zu setzen, damit es auch reiten könne. Es ist unsere Aufgabe, ihm das Reiten beizubringen."

Die staatsbürgerliche Verantwortung basierte auf dem „tätigen Bürgersinn"[396], den schon Prinz Max von Baden im Jahre 1919 forder-

---

393   Ebd. S. 38
394   Ebd. S. 95
395   Ebd. S. 35
396   Ebd. S. 83

te:[397] „Erzieht Bürger, die sich verantwortlich fühlen für das, was im Namen ihres Landes getan wird."

Dieses Verantwortungsgefühl stellte sich Hahn als „zorniges Knurren" vor, das „(...) aus der Tiefe eines Volkes aufsteigt, wann immer die Regierung Unrecht hat."[398]

Der eigenständig denkende Bürger sollte sich immer seiner Verantwortung für das Allgemeinwohl eines Landes bewusst sein und nicht ohne Einmischung Entscheidungen, die der Allgemeinheit des Landes widersprachen, hinnehmen. Hahn wollte den mündigen Bürger, „(...) den großen politischen Einzelnen, der das Schicksal durchaus im bürgerlichen Sinn in die Hände nehmen kann."[399]

Hahns Gedanke, junge Menschen zur Verantwortung für ein demokratisches Staatsgefüge zu erziehen, wird durch die wissenschaftlichen Erkenntnisse aus der Entwicklungspsychologie bestätigt.

Die Längsschnittbefunde von Peterson und Stewart[400] gehen von einer biographischen Kontinuität im Übergang vom frühen bis zum mittleren Erwachsenenalter im Bereich individueller gesellschaftlicher Verpflichtungen aus, die über die eigene Familie hinausgehen und zur Übernahme von sozialer Verantwortung führen können.[401] Im Falle des Gelingens kann einer Entwicklungsstagnation im Erwachsenenalter vorgebeugt und eine höhere Lebenszufriedenheit erreicht werden.[402]

Kemper[403] und Reis[404] vertreten die These, dass die sozialen Belastungen des frühen Erwachsenenalters (Familie, Beruf) durch die Einbringung persönlicher und sozialer Ressourcen in Person-Umwelt-Transaktionen überwunden werden können. Die persönlichen

---

397 Ebd. S. 65
398 Hahn zitiert in Schwarz, Die Kurzschulen Kurt Hahns, a.a.O., S. 45
399 Hahn zitiert in Ziegenspeck, Kurt Hahn, a.a.O., S. 104
400 Peterson, B.E./Stewart, A.J.: Generativity and social motives in young adults, in: Journal of Personality and Social Psychology, 65, S. 186–198
401 Vgl. dazu auch Oerter, R./Montada, L.(Hrsg.): Entwicklungspsychologie, 5. Auflage, Weinheim 2002, S. 349
402 Mc Adams, D.P./de St. Aubin, E./Logan, R.L.: Generativity among young, midlife and other adults, in: Psychology and Aging, 8, S. 221–230
403 Kemper, H.C.G.: The Amsterdam growth study. A longitudinal analysis of health, fitness and lifestyle, Champaign 1995
404 Reis, O.: Risiken und Ressourcen für die Persönlichkeitsentwicklung im Übergang zum Erwachsenenalter, Weinheim 1997

und sozialen Belastungen in diesem Lebensabschnitt entwickeln sich zu Herausforderungen, die für die persönliche Weiterentwicklung genutzt werden können.

Hahn hielt die staatsbürgerliche Verantwortung in Deutschland zu seiner Zeit für wenig ausgebildet:[405] „Die Fähigkeit zum bundesgenössischen Handeln ist noch immer schwach entwickelt. Wie selten finden sich im politischen Leben Kräfte zur Kraft zusammen, wie oft gefährden persönliche Bitternisse natürliche Bundesgenossenschaften." Er bemerkte in Deutschland eine Tendenz zu gleichgerichteten Lebensvorstellungen und einen „zunehmenden Schwund des Unabhängigkeitssinnes des Individuums."[406]

Die Ursache für dieses fehlende Verantwortungsgefühl lag für ihn in einer falschen Erziehung, die Staatsschule war lediglich an der Wissensvermittlung interessiert und führte keinen Unterricht durch, der charakterstarke Individuen formte.

Hahn erkannte schon früh die Wichtigkeit der über die reine Theorie hinausgehende Praxisvermittlung seiner Erziehungsvorstellungen:[407] „(...) die Jugend nicht nur über die Pflichten des Staatsbürgers zu belehren, sondern sie im staatsbürgerlichen Sinne zu üben." Aus diesem Grund wies die Struktur der Schulen Hahns die Form eines „kleinen Staates" auf. Die Funktionsfähigkeit dieses Staates[408] hing davon ab, inwieweit die Schüler den ihnen anvertrauten Verantwortungen gerecht wurden. In den Schulen Hahns herrschte „eine staatliche Ordnung mit geschriebenen und ungeschriebenen Gesetzen"[409], über deren Einhaltung die Schüler als Verantwortungsträger selbst zu wachen hatten.

Besonders in Salem zeigte Hahn, wie durch das Leben in einer Gemeinschaft im Laufe der Zeit ein Verantwortungsgefühl in der Seele

---

405 Linn/Picht/Specht, Erziehung zur Verantwortung, a.a.O., S. 72

406 Hahn, K.: Der Niedergang der Demokratie, in: Die Sammlung, 10 Jg., Heft 11, Göttingen 1955, S. 546. Vgl. in diesem Zusammenhang auch Richter, L.: Bürgersinn. Deutsche Fassung von „Active citizenship, in: Die Sammlung, 2. Jg., Heft 9, Göttingen 1947, S. 497- 501, hier: S. 499

407 Hahn, Erziehung und Krise der Demokratie, in: Freiherr vom Stein- Preis 1962, a.a.O., S. 39

408 Hahn bezieht sich dabei auf das ursprüngliche Modell des „Schulstaates" von Cecil Reddie in Abbotsholme.

409 Hahn, Erziehung zur Verantwortung, a.a.O., S. 78

der Schüler entstehen konnte.[410] Durch die Konzeption der Kurzschule – von den alltäglichen Pflichten bis zu den vier Elementen der Erlebnistherapie – wurden die Schüler dahingehend geformt, in allen Situationen über sich selbst hinaus an den Nächsten zu denken:[411] „Die seelische Voraussetzungen aller Bürgertugenden ist die Hingabe, das heißt die Fähigkeit des Menschen, seine gesammelte Kraft einer Aufgabe zu widmen, die über seine persönlichen Interessen hinausreicht."

Die in den Schulen herrschende Lebens- und Arbeitsgemeinschaft vermittelte den Schülern ein hohes Maß an Sorge für die Gemeinschaft, Hilfsbereitschaft und Verantwortungsgefühl. Vergleichbar mit einem demokratischen Staat lernten sie, dass die Existenz des „kleinen Staates" ohne eine Gemeinschaftsarbeit, die auf der Sorge um den Nächsten und der Verantwortung basierte, nicht gewährleistet war.[412]

Hahn orientierte sich in der Erziehung zur staatsbürgerlichen Verantwortung an den englischen Schulen Eton und Harrow, wo der Sinn für bundesgenössische Arbeit sehr stark ausgeprägt war.

In Salem wurde jedem Schüler ein eigener Bezirk zugestanden, wo er seine Fähigkeiten entdecken und entwickeln konnte; dies bedeutete jedoch nicht, dass das Gemeinschaftsleben der Schule darunter litt. Dort wurden den Neuankömmlingen sofort Pflichten zugewiesen, deren Bedeutung sich von Jahr zu Jahr steigerte, bis Verantwortung daraus erwuchs.

---

410 In Salem wies Hahn seine Schüler auf ihre Verpflichtung für den Dienst an der Gemeinschaft häufig mit den Worten Napoleons hin: „Die Welt geht nicht zugrunde an den Bösen, sondern an der Gleichgültigkeit der Guten." Hahn zitiert in Blendinger, H. (Hrsg.): Salem-Die neue und die alte Schule, Lindau 1948, S. 15
411 Linn/Picht/Specht, Erziehung zur Verantwortung, a.a.O., S. 72
412 Genauso argumentierte Spranger: „(...) Wenn in seinen Bürgern das Verantwortungsbewußtsein für das Ganze nicht zur politischen Grundtugend geworden ist, ist ein demokratischer Staat nicht lebensfähig." Spranger hielt die Übertragung von Verantwortung in der Halbtagesschule durch Kreide- und Tafeldienst für völlig unzureichend, der Ernstcharakter von Verantwortungen konnte hier nicht erlebt werden.Vgl Spranger, E.: Erziehung zur Verantwortung, in: Ders.: Menschenleben und Menschheitsfragen. Gesammelte Rundfunkreden, München 1963, S. 99

Hahns Begriff der Gemeinschaft vernachlässigt negative Aspekte eines engen Gruppenzusammenhaltes. Wenn die Gruppe anhand komplexer und divergierender Informationen Entscheidungen treffen muss, sollten die einzelnen Mitglieder den Mut aufbringen, kontrovers zu diskutieren.

Als „Gruppendenken" bezeichnet Janis[413] eine Situation, in der eine Gruppe, die über einen gut funktionierenden Zusammenhalt verfügt, ein komplexes Problem lediglich unter einem bestimmten Blickwinkel betrachtet. Wenn sich die Überzeugung festsetzt, dass es nichts Wichtigeres gibt als die Gruppengemeinschaft, könnte dies zu undifferenzierten und schließlich negativen Entscheidungen führen. Forgas stellte fest:[414] „Wann immer Gruppenkohäsion dem Ausdruck relevanter widersprüchlicher Meinungen entgegensteht, besteht die Gefahr unrealistischer Entscheidungen."

Um diesem Phänomen zu begegnen, sprechen sich Janis und Mann[415] für Techniken zur rationalen Analyse von Entscheidungsalternativen aus, wo positive und negative Aspekte gegeneinander abgewogen werden.

Ein weiterer negativer Gesichtspunkt einer kohäsiven Gruppe liegt in der Entindividualisierung. Die Mitgliedschaft in einer fest zusammengewachsenen Gruppe führt in vielen Fällen dazu, dass sich das Individuum in geringerem Maße für sein Handeln verantwortlich fühlt. Dies kann dazu führen, dass Personen bereit sind, Aktivitäten durchzuführen, die sie alleine nicht wagen würden. Die menschliche Handlung unterliegt dabei nicht mehr der Vernunft:[416] „Der einzelne verschmilzt jenseits aller Vernunft mit dem Emotionalismus der Menge und tatsächlich kann die Zugehörigkeit zu einer Gruppe dem einzelnen das Gefühl nie gekannten Selbstbewusstseins und persönliche Stärke geben."

Neben diesem Aspekt bedeutet die Mitgliedschaft in einer Gruppe weiterhin, dass man als Individuum weniger im Vordergrund steht. Das individuelle Identitätsgefühl wird zeitweilig durch eine Grup-

413 Janis, I.: Victims of Groupthink, Boston 1972
414 Forgas, J.P.: Soziale Interaktion und Kommunikation: eine Einführung in die Sozialpsychologie, 2. Auflage, Weinheim 1994, S. 272
415 Janis, I./Mann, L.: Decision Making. A Psychological Analysis of Conflict, Choise and Commitment, New York 1977
416 Forgas, Soziale Interaktion und Kommunikation, a.a.O., S. 273

penidentität ersetzt, so dass die Handlungen von Personen nicht mehr unter individueller Kontrolle stehen.

Je weniger Personen als Individuen identifizierbar sind, desto höher ist die Erfahrung der Entindividualisierung:[417] „Die Uniformen der Polizei, die Hüte der Ku Klux Klan-Leute, die Uniformjacken und Insignien von Rockergruppen oder Fußballanhängern leisten diesem Gefühl der Entindividualisierung und Gruppenidentität Vorschub."

Ein von Zimbardo[418] durchgeführtes Experiment bewies, dass aufgrund der Entindividualisierung die Wahrscheinlichkeit des aggressiven Verhaltens der Probanten anstieg.

Die Kurzschule bot im Rahmen der Erlebnistherapie Gelegenheiten, den Schülern den Ernstcharakter von Verantwortung zu vermitteln. Dies war besonders bei Rettungseinsätzen der Fall. In Notsituationen bekam der Einzelne den Auftrag, seine eigenen Angelegenheiten für den Augenblick zurückzustellen und sich unmittelbar für den Nächsten einzusetzen.

Die Praxis zur Erziehung zur Verantwortung verlief Hamm-Brüchers Analyse folgend in drei Dimensionen.[419]

1. Die personale Dimension:
   Bei der personalen Dimension waren Entfaltung der eigenen Kräfte und Fähigkeiten, Durchhaltevermögen, Pflichterfüllung und Rücksichtnahme wichtigste Kennzeichen.
2. Die Dimension der Verantwortung für das schulische und internationale Zusammenleben:
   In Salem wurde das Einüben von Solidarität, Organisationsgeschick und Gerechtigkeitsempfinden als unabdingbare Voraussetzung für das Leben in der Gemeinschaft angesehen. Die Gründung von Atlantic Colleges wurde von der Hoffnung begleitet, „(...) werdende Menschen aus aller Welt in ihren emp-

---

417 Ebd.
418 Zimbardo, P.G.: The human choice. Individuation, reason and order versus deindividuation, impulse and chaos, in: Arnold, W.J./Levine, D.(Hrsg.): Nebraska Symposium on Motivation 1969, Lincoln 1970
419 Hamm-Brücher, H.: Erziehung zur Verantwortung in der Demokratie, in: Ziegenspeck, Kurt Hahn, a.a.O., S.42 f

fänglichsten Jahren durch die Kameradschaft eines fordernden Gemeinschaftslebens miteinander zu verbrüdern."[420]

3. Die Dimension der Bewährung gegenüber in Bedrängnis oder Not geratenen Mitmenschen:
Die Jugendlichen in den Kurzschulen Kurt Hahns sollten sich bei Rettungs- und Hilfsdiensten sowie sozialen bzw. humanitären Einsätzen bewähren.

Das wichtigste Element der „Heilung" der Schüler von den „sozialen Seuchen" sah Hahn im Rettungsdienst:[421] „Die Leidenschaft des Rettens entbindet eine Dynamik der menschlichen Seele, nicht der Krieg, wie behauptet worden ist."

Der Einsatz des einzelnen für seine Mitmenschen wurde als Kraftquelle verstanden, woraus Solidarität für die Gruppe, die Schule und die Gesellschaft erwuchs. Beim Dienst am Nächsten stellte Hahn das Gleichnis vom barmherzigen Samariter in den Mittelpunkt. Die Schüler sollten lernen, persönliche Wünsche zurückzustellen und frei von jeglichem Eigennutz ihren Mitmenschen zu helfen.

Schwarz bezeichnete zu Recht Hahns Prinzip der Erziehung zur Verantwortung als Stufenprozess, der sich äußerlich von der Übernahme kleiner Pflichten bis zu echten Verantwortungen und innerlich von der Entwicklung eines „Gemeinsinns" im Menschen bis zur Weckung eines „tätigen Bürgersinns" vollzieht.[422] Hahns Erziehung zur Verantwortung war somit sowohl auf das Individuum als auch auf den Staat ausgerichtet.

Er war von der Tatsache überzeugt, dass man jeden Schüler zu einem Träger der Verantwortung formen konnte:[423] „Jeder echte Landheimer (...) bringt eine natürliche Abwehrstellung mit gegen Menschen, die private Rücksichten oder Parteiinteressen den großen sittlichen Belangen voranstellen, findet es verächtlich, wenn man dem politischen Gegner die Ehre abschneidet und möchte lieber Hand anlegen, als nur unfruchtbar kritisieren."

---

420 Linn/Picht/Specht, Erziehung zur Verantwortung, a.a.O., S. 91
421 Ebd. S. 86
422 Schwarz, Die Kurzschulen Kurt Hahns, a.a.O. S. 46
423 Linn/Picht/Specht, Erziehung zur Verantwortung, a.a.O., S. 35

4. Die Hahnschen Gründungen

4.1 Salem[424]

Mit der Gründung Salems wollten Prinz Max von Baden und Kurt Hahn zur politischen und gesellschaftlichen Erneuerung Deutschlands nach dem 1. Weltkrieg durch Erziehung zur Verantwortung beitragen. In seinem Werk „Hoffnungen und Sorgen eines Landerziehungsheims" aus dem Jahre 1957 führte Hahn aus:[425] „Die neugegründete Schule sollte Gutes in der Salemer Gegend wirken, zur Heilung der zerstörten Gesittung beitragen und schließlich auch zur Solidarität Europas."

Allerdings überschätzte er die Macht seiner Erziehungsmethoden, was durch den ehemaligen Schüler Salems, Golo Mann, deutlich zum Ausdruck kommt:[426] „Zu oft, zu deutlich ließ er uns wissen, was er von uns erhoffte, daß wir Deutschland die Generation von ‚Führern' stellen sollten, besser als jene im Kaiserreich gewesen waren; ferner auch, daß wir den moralischen Verfall, wie er ihn sah, aufhalten oder den üblen Gang der Dinge umzukehren bestimmt waren. Darin lag eine Anmaßung, eine Überschätzung dessen, was eine Schule, wäre sie auch ein System von dreien oder vieren, im glücklichsten Fall leisten konnte. (...) Während der dreißiger, frühen vierziger Jahre gab es nur einige hundert ‚Altsalemer' unter sechzig resp. achtzig Millionen Deutschen ein paar Körner im Sand."

Prinz Max von Baden stellte zur Durchführung des Projektes einen Teil seines Schlosses, der ehemaligen Zisterzienserabtei Salem am Bodensee, zur Verfügung. Außerdem stiftete er eine beachtliche Summe, um den Schulbetrieb durchzuführen und meldete gleichzeitig seinen Sohn als ersten Schüler an.

Am 21.4.1920 wurde Salem mit Kurt Hahn als Leiter und 8 internen und 20 externen Schülern feierlich eröffnet. Die externen Schüler

---

424 Eine vollständige Darstellung Salems wird aus Platzgründen nicht angestrebt. Sie beschränkt sich daher auf die Entwicklung Salems bis kurz nach dem Ende des 2. Weltkrieges.

425 Linn/Picht/Specht, Erziehung zur Verantwortung, a.a.O., S. 82

426 Mann, G.: Erinnerungen an Kurt Hahn, in: Ziegenspeck, Kurt Hahn: Erinnerungen- Gedanken-Aufforderungen. Beiträge zum 100. Geburtstag des Reformpädagogen, a.a.O., S. 31

kamen aus angesehenen Familien aus der Umgebung Salems, während die internen aus Familien mit kultureller Tradition stammten, deren Kriegsschicksale es unmöglich machte, ihre Kinder zu einer höheren Schule zu schicken[427]

Trotz der Zuwendungen von Prinz Max von Baden fehlte in der ersten Zeit nach der Gründung aus materieller Sicht gesehen das Notwendigste; den Unterrichtsräumen mangelte es an Einrichtung und es existierte lediglich eine Spirituslampe für die gesamte Schule.

Salem war ein staatlich anerkanntes Gymnasium und unterlag somit denselben Lehrplänen, Leistungsanforderungen und Abiturbestimmungen wie alle anderen Gymnasien in Baden-Württemberg. In Fragen der Klassengröße, Einteilung der Stunden und Lehrerauswahl nutzte Salem jedoch das vom Staat zugebilligte Selbstbestimmungsrecht.[428] Neben dem staatlichen wurde auch ein Salemer Reifezeugnis vergeben. Dieses Reifezeugnis enthielt Beurteilungen über die gelernten Fähigkeiten auf allen Gebieten des Salemer Schullebens.[429] Der nachfolgende Vordruck soll dies näher illustrieren:

Abschließender Bericht an die Eltern

Gemeinsinn:

Gerechtigkeitsgefühl:

Fähigkeit zur präzisen Tatbestandsaufnahme:

Fähigkeit, das als Recht Erkannte durchzusetzen:

gegen Unbequemlichkeiten: gegen Strapazen:

gegen Gefahren: gegen Hohn der Umwelt:

gegen Eingebungen des Augenblicks: gegen Skepsis:

Fähigkeiten des Planens:

---

427 Köppen, Die Schule Schloss Salem in ihrer geschichtlichen Entwicklung und gegenwärtigen Gestalt, a.a.O., S. 152
428 Knoll, M.: Salem- eine pädagogische Provinz?, in: Röhrs, Die Schulen der Reformpädagogik heute, a.a.O., S.113–128, hier: S. 115
429 Vgl. Ewald, Der Aufbau und Ausbau Salems (1919- 1933), in: Röhrs, Bildung als Wagnis und Bewährung, a.a.O., S. 120

Fähigkeit des Organisierens:

    Einteilung von Arbeiten:

    Leitung von Jüngeren:

Fähigkeit, sich in unerwarteten Situationen zu bewähren:

Geistige Konzentrationsfähigkeit:

    bei Arbeiten aus dem eigenen Interessenkreis:

    bei Arbeiten außerhalb des eigenen Interessenkreises:

Sorgfalt:

    im täglichen Leben:

    bei der Erfüllung besonderer Pflichten:

Äußere Lebensgewohnheiten:

Handgeschicklichkeit:

Leistungen im Unterricht:

Deutsch:	Alte Sprachen:	Neue Sprachen:
Geschichte:	Naturwissenschaften:	Mathematik:

Praktische Arbeiten:

Künstlerische Leistungen:

Leibesübungen:

Kampfkraft:	Zähigkeit:	Reaktionsgeschwindigkeit:

Kurt Hahn, der laut Knoll den einzelnen Schulfächern als Erziehungsmittel nicht viel abgewinnen konnte, überließ den organisatorischen Part und die Durchführung in vielen Fällen den Studienleitern.[430] Karl Reinhardt, früherer Geheimrat im preußischen Kultusministerium, gründete Salem als Reformgymnasium mit geringerer Jahresstufenzahl und verkürztem Stundenplan.

Die vier Elemente der Erlebnistherapie (körperliches Training, Expedition, Projekt und Rettungsdienst) wurden nach und nach in den Wochenplan Salems integriert.

---

430 Knoll, Salem-eine pädagogische Provinz?, in: Röhrs, Die Schulen der Reformpädagogik heute, a.a.O. , S. 120

Das körperliche Training hielt Kurt Hahn von Anfang an für sehr bedeutsam. Zwischen den Unterrichtsstunden fand viermal die Woche vormittags die „leichtathletische Pause" statt, wo die Schüler im Werfen, Lang- und Kurzstreckenlauf sowie im Springen trainiert wurden. Weiterhin schrieb der Trainingsplan Übungen wie Seilspringen, Laufen, Werfen oder Hochsprung vor, die täglich absolviert werden mussten.

Die Wichtigkeit von Expeditionen für die Charakterbildung der Schüler erkannte Kurt Hahn Mitte der 20er Jahre. Die von der Entfernung her weiteste Expedition unternahmen 20 Salemer in offenen Booten über die finnischen Seen. Bei diesen Touren ging es nicht um kurzfristige Höchstleistungen oder zwanghaften Erfolg, sondern um die Herbeiführung von Erlebnissen zur Charakterentwicklung der jungen Menschen.

Seit dem Jahre 1926 wurde ein unterrichtsfreier Samstagvormittag für die Oberklassen zur Durchführung eines Projektes eingeführt. Das Projekt besaß den Charakter einer Facharbeit, die sich mindestens über ein Trimester erstrecken musste und anschließend im Schülerplenum präsentiert wurde.

Nach dem 2. Weltkrieg wurde in Salem für die Schüler der 10-13 Klasse verpflichtend der Rettungsdienst eingeführt (Feuerwehr, Sanitäts- und Seenotrettungsdienst und ein Stützpunkt des Technischen Hilfswerkes (THW)). Dies bedeutete eine entscheidende Wende:[431] „Die Salemer Erlebnistherapie, die bis 1933 vornehmlich dazu dienen sollte, die Jugend vor den Gefahren der Pubertät zu bewahren, war in den Imperativ vom Dienst am Nächsten übergegangen."

Die Aufnahme des Rettungsdienstes in den Wochenplan der Schule resultierte aus den in Gordonstoun gesammelten positiven Erfahrungen.[432] Der Rettungsgedanke war jedoch vorher schon im Salemer Erziehungssystem durch die Berufung auf die Tradition der Zisterzienser[433] und die Heranziehung des Gleichnisses vom barm-

---

431 Hasselhorn, Kurt Hahn und das Salemer Erziehungssystem, a.a.O., S. 53

432 Vgl. auch Ibald, L.: Der Schulmeister von Salem. Kurt Hahn, der Pädagoge, Politiker und Diplomat, in: Rheinischer Merkur, Nr.40, 8. Jg., 2.10.1953, S. 6

433 Die Zisterzienser lebten als Klosterherren bis zum Jahre 1804 in Salem. Siehe auch Linn/Picht/Specht, Erziehung zur Verantwortung, a.a.O., S. 65

herzigen Samariter, das zu Beginn jedes Trimesters vorgelesen wurde, enthalten.[434]

Durch den Trainingsplan in Salem wurde ein Organ der Selbstkontrolle geschaffen, um die Voraussetzungen für den Anspruch auf Selbstverwaltung zu erfüllen. Einzelne Punkte wie das Duschen mit warmem und kaltem Wasser, die Einnahme einer Zwischenmahlzeit und leichtathletische Übungen mussten jeden Tag erfüllt und protokolliert werden. Der Trainingsplan unterlag keiner Kontrolle, nur auf Verlangen musste er vorgezeigt werden.

In den hierarchischen Grundstrukturen Salems war die Aushändigung des Trainingsplans die zweite Stufe.[435] Die Neulinge erhielten zuerst nach einer gewissen Orientierungsphase als Zeichen der Zugehörigkeit zu Salem einen Schulanzug bzw. ein Schulkleid. Wenn die neuen Schüler gegen die Regeln der Kameradschaft oder Disziplin verstießen, führte dies zum Verlust der Schuluniform, was einer sozialen Erniedrigung gleichkam.

In den ersten Jahren nach der Gründung von Salem gab es nur wenige Angestellte zur Erledigung von landwirtschaftlichen oder häuslichen Arbeiten. Dies wurde dadurch kompensiert, dass den Schülern diese Aufgaben übertragen wurden, die sie an Pflichterfüllung und Zuverlässigkeit gewöhnen sollten. Die Erfüllung dieser Pflichten war der wichtigste Punkt im Trainingsplan. Wenn sich die Schüler bei den ihnen zugeteilten Aufgaben bewährten, kamen sie für höhere Ämter der Selbstverwaltung in Frage.

Kurt Hahn sah Salem als „kleinen Staat" an, dessen Überleben von dem Verantwortungsbewusstsein der Schüler abhing. Anknüpfend an Platons Staatsideal legte Hahn in der Salemer Verfassung großen Wert auf aristokratische Elemente. Die folgende Abbildung gab die Salemer Schulverfassung um das Jahr 1930 wieder.[436]

---

434 Ziegenspeck, J.W.: Kurt Hahn und die internationale Kurzschulbewegung, Ein Beitrag zum grundlegenden Verständnis, in: Ders.: Outward Bound, a.a.O., S. 7–20, hier: S.12; siehe auch Hasselhorn, Kurt Hahn und das Salemer Erziehungssystem, a.a.O., S. 52
435 Ewald, Der Aufbau und Ausbau Salems (1919- 1933), in: Röhrs, Bildung als Wagnis und Bewährung, a.a.O., S. 111
436 Vgl. Gersdorff, H. von: Salem, in: Schäfer, W.: (Hrsg.): Schülermitverantwortung in den deutschen Landerziehungsheimen, Stuttgart 1964, S.62-66, hier: S. 66

Der Leiter

Der Wächter

Die Helferexekutive

Rangstufen	Ämter
Die Farbentragenden	Helfer
(von der farbentragenden Versammlung	Flügelhelfer
gewählt aus den Reihen der Anwärter)	Betriebshelfer
	Studienhelfer
	Juniorenhelfer
Die Anwärter auf die Farben	Assistenten der Helfer
(von der farbentragenden Versamm-	Zimmerführer
lung gewählt aus den Reihen der	Warte (Betreuung der
Schulanzugsträger)	Fahrräder, des Inventars usw.)
Die Schulanzugsträger	Ausführung von kleinen häuslichen Pflichten

Ein Beispiel für die aristokratische Struktur der Verfassung war die Tatsache, dass die „Farbentragenden" nicht von allen Schülern gewählt, sondern durch eigene Zuwahl bestimmt wurden. In den Versammlungen der „Farbentragenden" lag der Vorsitz bei Kurt Hahn; den stellvertretenden Vorsitz hatte der Wächter, das Oberhaupt der Selbstverwaltung der Schüler, inne. Die Person des Wächters[437] wurde nicht in einer Wahl ermittelt, sondern vom Leiter Salems er-

---

437 In Gordonstoun musste die Person des Wächters vor seinem Amtsantritt das folgende Gelöbnis abgeben: „I promise to serve Hopeman village and this district, through them my King and country, and Christ through all". Zitiert aus Schwarz, Die Kurzschulen Kurt Hahns, a.a.O., S. 27

nannt. Der Gruppe der „Farbentragenden" gehörten nicht nur Schüler an; einige Erwachsene, die in enger Beziehung zu Salem standen, waren ebenfalls Mitglied dieses Kreises.

Die „Farbentragenden" besaßen gesetzesberatende und durchführende Funktionen.[438] Sie sollten die Einhaltung der Gesetze von Salem überwachen, insbesondere die ungeschriebenen Gesetze der Gemeinschaft und der individuellen Verantwortung.

Bedingt durch die allmähliche Zunahme der Schülerzahl differenzierten sich im Laufe der Zeit die Aufgaben der „Farbentragenden". Einige bekamen als „Helfer" ein bestimmtes Ressort (Sport, Werksarbeit, Junioren, Wohnflügel) zugewiesen, in dem sie für die Einhaltung der Salemer Gesetze verantwortlich waren. Fast jedes Zimmer wurde einem „Zimmerführer" zugeteilt, der kein „Farbentragender" war, aber doch ähnliche Aufgaben übernahm. Für den Fall der unkorrekten Erfüllung ihrer Aufgaben wurden den Schülern ihre Ämter entzogen, was eine schwerwiegende Strafe innerhalb des Gemeinschaftslebens Salems darstellte.

Die aristokratischen Grundelemente in der Salemer Verfassung waren im Hinblick auf das Demokratieverständnis der Schüler bedenklich. Zutreffend bemerkte von Hentig:[439] „Diese Verbindung von einer sogenannten ‚natürlichen' Hierarchie mit einer Verabsolutierung der Gemeinschaft ist die ungewollte, aber nichtsdestoweniger direkte Verneinung der Demokratie. Wenn diese Verbindung als ein Mittel der Erziehung angesehen wird (und nicht nur als unvermeidliche Form der Verwaltung), dann wird die Vorbereitung auf die Lebensordnung, die die Schüler später ‚draußen' vorfinden werden und verteidigen müssen, nicht nur versäumt, sondern verhindert." Köppens Kritik enthielt denselben Grundtenor:[440] „(...) die Versammlung der Farbentragenden ist ihrer Struktur nach keine demokratische Institution. (...) Sie ist eher aristokratisch zu nennen, die Mitglieder werden nicht im Sinne der Demokratie von allen Schülern der Schule gewählt, sondern die Zuwahl erfolgt durch die Mitglieder der Versammlung.". Sein gleichzeitig unternommener Ver-

---

438 Ewald, Der Aufbau und Ausbau Salems (1919–1933), in: Röhrs, Bildung als Wagnis und Bewährung, a.a.O., S. 117

439 von Hentig, Kurt Hahn und die Pädagogik, in: Röhrs, Bildung als Wagnis und Bewährung, a.a.O., S. 62

440 Köppen, Die Schule Schloss Salem in ihrer geschichtlichen Entwicklung und ihrer gegenwärtigen Gestalt, a.a.O., S. 66 f

such der Relativierung „in Salem waren stets der Geist und die Verhandlungsformen innerhalb der Versammlung demokratisch"[441] ändert nichts am aristokratischen Grundcharakter der Versammlung der „Farbentragenden".

Außer in der aristokratischen Struktur der Versammlung der „Farbentragenden" lag nach von Hentig die Gefahr einer undemokratischen Erziehung in Salem in der Person Hahns selbst begründet:[442] „Die auf die Person des oder der Erzieher konzentrierte Pädagogik ist gleichsam mit Notwendigkeit an ihrer Wurzel undemokratisch. Die Demokratie ersetzt die Herrschaft der Personen durch die Herrschaft der Gesetze und Institutionen." Zu diesem Vorwurf ist festzustellen, dass sich von Hentig selbst widerspricht, wenn er kurz vor diesem oben skizzierten Vorwurf Martin Hasselhorn, einen früheren Schüler Salems, mit den Worten zitiert:[443] „Seine (Hahns, Anmerkung M.L.) Liebe und Hingabe galt ausschließlich den Kindern, die er (...) nie an sich persönlich zu binden suchte, sondern sie immer wieder an die Gemeinschaft und ihre geschriebenen und ungeschriebenen Gesetze verwies. Stets ging es ihm um ein Drittes, nie um die Person."

Ein weiteres Indiz dafür, dass Hahn den Erziehungsprozess nicht auf seine Person fixieren wollte, war die Anwerbung von kompetenten Mitarbeitern, von denen er keinen Opportunismus, sondern konstruktive Kritik erwarten konnte:[444] „Ich war immer auf der Suche nach Kollegen, von denen loyale Opposition zu erwarten war: z.B. Leute wie Meissner, deren intellektuelle Begabung meiner eigenen weit überlegen war." Hahn legte Wert darauf, zu seinem Einfluss eine Gegenkraft zu schaffen. Dies wurde am Beispiel der Leitung Gordonstouns deutlich:[445] „Nun war es Hahn immer ganz klar gewesen, daß wenn der Schulleiter der neuen Schule aus dem

---

441 Ebd. S. 67

442 Ebd. S. 78

443 Vgl. Hasselhorn, Kurt Hahn und das Salemer Erziehungssystem. Eine Studie über Kurt Hahn und die Salemer Pädagogik von 1920 bis 1933, a.a.O., S. 44. Vgl. ebenso von Hentig, Kurt Hahn und die Pädagogik, in: Röhrs, Bildung als Wagnis und Bewährung, a.a.O., S. 77

444 Hahn zitiert in Arnold-Brown, Der Einfluss von Abbotsholme, in: Röhrs, Bildung als Wagnis und Bewährung, a.a.O, S. 188

445 Brereton, H.: Die Gründung und Entwicklung von Gordonstoun, in: Röhrs, Bildung als Wagnis und Bewährung, a.a.O., S. 189- 197, hier: S. 191

Ausland kam, er von einem Schulleiter, der aus dem Lande selbst stammte, unterstützt werden müsse."

Zur Realisierung des Anspruches Hahns, die Erziehungsprinzipien in Salem nicht auf seine eigene Person fixieren zu wollen, existieren in der Forschung unterschiedliche Ansichten. Während Skidelsky dies als „rühmlichen, wenn auch weitestgehend erfolglosen Versuch"[446] wertete, stellte Becker fest:[447] „Hahn gehörte zu den Menschen, die in hohem Maße zur Kooperation und Freundschaft fähig waren, und diese Fähigkeit noch im Alter zu steigern gewußt haben."

Durch Musikveranstaltungen, Aufführungen und Unternehmungen sollte das Gemeinschaftsempfinden und das Verantwortungsgefühl für den „Salemer Geist" gestärkt werden. Das Theaterspiel in Salem wurde ebenfalls dazu eingesetzt, den Charakter der Schüler zu formen. Dabei orientierte sich Kurt Hahn sehr stark an der Rütli-Szene aus „Wilhelm Tell" und an dem irischen Freiheitsdrama Cathleen ni Houlihan, wo patriotische Heldengeschichten im Vordergrund der Stücke standen.[448] Er verlangte, dass jeder Schüler in den Theaterstücken mitspielen sollte, da die Identifikation mit dem Inhalt „bleibende Spuren hinterläßt."[449]

Hahn hatte es sich zum Ziel gesetzt, dass mindestens ein Drittel der Schüler von Salem unabhängig von der finanziellen Situation der Eltern in der Schule aufgenommen werden sollte.[450] Prinz Max von Baden gründete kurz nach der Eröffnung Salems eine Stiftung zur Vergabe von Freistellen und Teilstipendien für die Jugendlichen der Salemer Umgebung. Weiterhin bemühte sich Hahn unablässig darum, Stipendiengelder von Wirtschaftsunternehmen und begüterten Anhängern der Salemer Erziehungsidee zu erhalten.

---

446 Skidelsky, Schulen von gestern für morgen, a.a.O., S. 175

447 Becker, H.: Kurt Hahn zwischen Kindern und Erwachsenen, in: Röhrs, Bildung als Wagnis und Bewährung, a.a.O., S. 98- 101, hier: S. 98

448 Im Laufe der Zeit veränderte sich der Inhalt der Theaterstücke. Erst wurden griechische Tragödien, dann die großen Dramen Shakespeares wie Heinrich VI. oder Richard III. alljährlich aufgeführt.

449 Ewald, Der Aufbau und Ausbau Salems (1919- 1933), in: Röhrs, Bildung als Wagnis und Bewährung, a.a.O., S. 118

450 Meissner, E.: 36 Thesen zur Salemer Erziehung. Unsere Aufgabe, Salem 1960, S. 4

Der Sinn der Stipendiengelder lag einerseits in der Unterstützung bei materiellen und familiären Notsituationen und andererseits in der sozialen Mischung der Schülerschaft:[451] „Solche Kinder bewahren unsere Schule vor dem entnervendem Gefühl der Privilegiertheit, das sich so leicht einstellt, wo nur reiche Kinder beieinander sind. Andererseits ist gerade den Kindern, die schon viel durchgemacht haben, die Berührung mit Kameraden zu wünschen, die aus einem geborgenen Elternhaus Lebensfreude und Sorglosigkeit mitbringen."

In den Jahren 1922/23 bedrohte die einsetzende Inflation die wirtschaftliche Situation Salems.[452] Salem war damals fast ausschließlich von den Schülern, deren Eltern die Erziehungskosten vollständig tragen konnten, abhängig. In dieser finanziellen Krise konnte Kurt Hahn zahlungskräftige Eltern davon überzeugen, neben den Kosten für ihre eigenen Kinder zusätzliche Gelder der Schule zukommen zu lassen, so dass Salem bis zu 40% ermäßigte oder volle Freistellen bereitstellen konnte. Dabei konnten die Eltern den zu zahlenden Beitragssatz nach eigener Einschätzung bestimmen.

Nach Überwindung der Inflation wurde in dem ehemaligen Nonnenkloster Hermannsburg in der Nähe von Salem im Jahre 1925 die erste Zweigschule für die Juniorenklassen eröffnet. Sechs Jahre später kam es zu einer weiteren Gründung einer Juniorenschule auf Schloss Hohenfels. Bereits im Jahre 1929 gründete Hahn eine zweite Seniorenschule in Spetzgart. Die Lage Spetzgarts in der unmittelbaren Nähe des Bodensees erlaubte den Aufbau einer seemännischen Ausbildung, wodurch die Schüler Gemeinschaftssinn, Tatkraft, Einsatzfreude und Unternehmungslust erlernten.[453] Im Jahre 1932 kam es zu einer weiteren Neugründung im Birklehof/Schwarzwald, der am Anfang als „Kräftigungsstätte für anfällige Kinder" bestimmt war.[454] Fischer stellte zu Recht fest, dass diese Schulen trotz perso-

---

451 Hahn, K.: Die Schule Schloss Salem, Privatdruck 1924, S. 6

452 Hübner, K. A.: Salem. Idee. Aufgabe. Weg. Eine Informationsschrift über die Schulen Salems, Heidelberg 1965, S. 25

453 Der „Dienst am Nächsten" wurde in Spetzgart zu einer festen Einrichtung in Form von Landhilfe, Pflege von älteren Menschen oder Krankenhausarbeiten. Vgl. Sabban, F./Herix, E.: Schule Schloss Salem, in: Stop. Journal du Lycee de Montgeron, Jg. 1963/1964, No.4, S. 16- 26, hier: S. 20 ff

454 Ewald, Der Aufbau und Ausbau Salems (1919–1933), in: Röhrs, Bildung als Wagnis und Bewährung, a.a.O., S. 125

personeller, räumlicher und materieller Unterschiede „Duplikate der Salemer Erziehung" darstellten, da ihre schultheoretischen Grundlagen dem Konzept Salems entlehnt wurden.[455] Des Weiteren bekamen die neu gegründeten Schulen ab dem Jahre 1927 wichtige Entwicklungsimpulse durch den von Kurt Hahn gegründeten Dachverband „Salemer Bund e. V.".

Im März 1933 wurde Kurt Hahn von den Nationalsozialisten in „Schutzhaft" genommen, als Schulleiter Salems abgesetzt und aus Baden verbannt. Daraufhin emigrierte Hahn zusammen mit einigen Lehrern und Schülern Salems nach England. In der Frage der weiteren Entwicklung Salems existierten gemäß Knoll innerhalb und außerhalb der Schule große Interessensgegensätze.[456]

Im Kultusministerium Badens gab es einerseits Stimmen, die Salem aus ideologischen und finanziellen Gründen am Leben erhalten wollten, andererseits existierten Pläne von Beamten, die die Schule in eine „Nationalpolitische Erziehungsanstalt" umwandeln wollten. Frühere Schüler, Förderer und Lehrer plädierten für eine Fortsetzung der bislang ausgeübten Erziehungsgrundsätze zur Bewahrung von Freiräumen im nationalsozialistischen Deutschland. Dagegen bezogen Lehrer und Schüler Salems Stellung, die die Schule in die nationalsozialistischen Erziehungspläne einverleiben wollten.

Im Oktober 1934 wurde Dr. Blendinger, ein Anhänger von Hahns pädagogischen Grundsätzen, neuer Schulleiter in Salem.[457] In einer wirtschaftlich schwierigen Lage – viele Schüler wurden von Salem abgemeldet, was die Schule in finanzielle Not brachte – vermochte es Blendinger, die Interessengegensätze innerhalb Salems weitestgehend zu überwinden, Amtsenthebungen und die Schließung von Zweigschulen abzuwenden sowie die zahlreichen Besuche von Mitgliedern des nationalsozialistischen Herrschaftsapparates ohne weitreichende Folgen zu überstehen. Er legte den Grundstein zur Wiederbelebung der Schülermitverantwortung und setzte sich erfolgreich für die unter der Leitung Hahns postulierten Werte ein, so dass die Zahl der Salemer Schüler ab Ostern 1935 anstieg. Während

---

455 Fischer, Erlebnispädagogik, a.a.O., S. 118
456 Knoll, Salem- eine pädagogische Provinz?, in: Röhrs; Die Schulen der Reformpädagogik heute, a.a.O., S. 114
457 Nähere Erläuterungen dazu bietet Disch, H.: Die Schule Schloss Salem in den Jahren 1933- 1945, in: Schule Schloss Salem. Nr.28, April 1949, S. 3- 18

seiner Zeit als Schulleiter legte Blendinger vor allem auf die Stärkung des Willens, die Überwindung persönlicher Schwächen und das freiwillige Ertragen von Entbehrungen großen Wert.[458] Blendinger setzte sich über die Forderung des für Salem zuständigen Ministerialrats Kraft, das „Führerprinzip" in der Schule zu verankern, hinweg und hielt an der Selbstkontrolle durch den Trainingsplan und der Förderung des Verantwortungsbewusstseins der Schüler fest.

Im Jahre 1966 stellte Hahn fest:[459] „Blendingers Einfluß auf junge Menschen war, wenn ich so sagen darf, ethischer Natur, aber umso nachhaltiger. (...) Erwähnenswert ist auch die Mahnung an das Gewissen des Einzelnen, die Blendinger durch eine neue Rubrik auf dem Trainingsplan „Zivilcourage" einführte. Sie ist natürlich als Gegenwehr gegen den Gewissenszwang zu erklären, den die Naziumwelt täglich ausübte."

Jedoch kam es auch zu Zugeständnissen an das NS-Regime, die den Werten und Zielen Salems diametral entgegenstanden. Durch die Entlassung „halbjüdischer" Kinder, die Organisation der Schuljugend in den nationalsozialistischen Jugendverbänden, die Durchführung nationalsozialistisch eingefärbter „Heimatstunden", die „Deutschgrußpflicht" und die Lehrerarbeit in den „NS-Lehrervereinigungen" geriet Salem sukzessive in den Sog der nationalsozialistischen Schulpolitik.[460] In der Folgezeit verloren die nach Hahns Erziehungsgrundsätzen arbeitenden Salemer immer mehr ihren bestimmenden Einfluss auf Leben und Ordnung der Schule. Durch die Unterstellung der Schule unter die „Inspektion der deutschen Heimschulen" wurden die Prinzipien der nationalsozialistischen Schulpolitik in Salem bittere Realität. Da zwischen Herbst 1942 und Sommer 1943 zahlreiche Schüler Salems zur „Heimatflak" einrücken mussten, konnte der Oberstufenunterricht in Salem nur noch schwerlich durchgeführt werden. Nach dem Einmarsch französischer Truppen schloss der Schulbetrieb im April 1945.

---

458 Kupffer, H.: Die Periode der Anfechtung und Gefährdung (1933- 1945), in: Röhrs, Bildung als Wagnis und Bewährung, a.a.O., S. 127- 131, hier: S. 129
459 Ziegenspeck, Kurt Hahn und die internationale Kurzschulbewegung, in: Ders., Outward Bound, a.a.O., S. 12
460 Fischer, Das Erlebnis in der Schule, a.a.O., S. 127

Salem war nicht am aktiven Widerstand gegen das NS- Regime beteiligt. Kupffer rechtfertigte dies folgendermaßen:[461] „Ein solcher Versuch hätte die Schule soweit exponiert, daß sie binnen kurzem geschlossen oder verstaatlicht worden wäre. (...) Mit profilierterer Opposition hätte er (Blendinger, M.L.) jedoch zwar sein Gewissen beruhigt, der Schule aber schweren Schaden zugefügt. Nur durch den Verzicht auf die Rolle des Märtyrers konnte er ihr ein gewisses Maß an Freiheit bewahren."

Dieser Einstellung Kupffers muss energisch widersprochen werden. Während der Rettung der Schule in der NS-Zeit oberste Priorität zugesprochen wurde, vergaß man dabei aber vollkommen die menschliche Pflicht, sich den Verbrechen des Nationalsozialismus entgegenzustellen. Die Forderung Hahns in der Laienpredigt „Über das Mitleid" im Jahre 1943 in der anglikanischen Kirche in Liverpool wurde nicht erfüllt:[462] „Kein Friede mit den Mördern, kein Friede mit den Begünstigern, die wissen, was recht ist und dennoch niemals ihr Leben einsetzen, um Geiseln vor dem Erschießen, Häftlinge vor der Folter und Juden vor der Vernichtung zu bewahren."

Zusammenfassend gesagt gab es in Salem nach der Machtergreifung der Nationalsozialisten und in der Zeit des 2. Weltkrieges Krisensituationen, die das pädagogische Grundgerüst und die wirtschaftliche Existenz der Schule zutiefst in Frage stellten. In der Zwischenzeit existierte eine Periode der Stabilisierung und der weitesgehenden Widersetzung der Umwandlung der Schule in eine nationalsozialistische Erziehungsanstalt.

Bedingt durch die Initiative des Markgrafen von Baden und Marina Ewalds kam es kurze Zeit nach der Schließung Salems am 12.11.1945 zur Neueröffnung der Schule.[463] Georg Wilhelm Prinz von Hannover, der Salem ab dem Jahre 1948 leitete, bemerkte zur Zielsetzung der Schule in der Nachkriegszeit:[464] „Der von dem Gründer, Prinz Max von Baden, der Schule erteilte Auftrag hatte

---

461 Ebd. S. 130

462 Linn/Picht/Specht, Erziehung zur Verantwortung, a.a.O., S. 53

463 Baden, Markgraf, B. von: Rede zur Wiedereröffnung der Schule Schloss Salem am 12. November 1945, in: Schule Schloss Salem, Nr. 28, April 1949, S. 18–20

464 Hannover, Prinz, G.W. von: Der Wiederaufbau der Salemer Schulen nach dem Kriege, in: Röhrs, Bildung als Wagnis und Bewährung, a.a.O., S.132–153, hier: S. 135

nach dem 2ten Weltkrieg keinen Deut seiner Berechtigung verloren. Im Gegenteil, die nationalsozialistische Bewegung hätte sich nie in Deutschland durchsetzen können, wenn die führenden Schichten ihrer Einsicht nach entsprechend gehandelt und entschlossene Gegenwehr geleistet hätten. An Bildung hat es ihnen nicht gefehlt, wohl aber an Charakterfestigkeit. (...) die Übung in staatsbürgerlicher Verantwortung liegt noch im Argen."

Anstatt einer mündlichen Überlieferung wurde eine schriftliche Fassung der Salemer Verfassung ausgearbeitet. In der Verfassung[465] wurden die folgenden Punkte festgelegt[466]:

- Der Aufbau der Schülermitverantwortung und die allgemeinen Rechte und Pflichten.
- Die Zuständigkeit für die Verleihung des Trainingsplans und des Weißen Streifens[467].
- Die Zuständigkeit und die Strafen von Helfern und Mentoren.
- Die Verfahren der Wahl zu „Farbentragenden".
- Die Aufgaben der „Farbentragenden"-Versammlung und der „Helfer"-Versammlung.

Das Prinzip des Trainingsplans wurde wieder aufgenommen und individuell neu vergeben. Die „leichtathletische Pause" wurde für alle humanistischen Klassen viermal und für Realklassen fünfmal in der Woche durchgeführt.

Georg Wilhelm Prinz von Hannover belebte die unter Hahn existierende Regelung, an zwei Nachmittagen in der Woche sportliche

---

465 Auf der Vorderseite der geschriebenen Verfassung stand geschrieben: „Die Verfassung einer Gemeinschaft kann nur den äußeren Rahmen ihrer Lebensordnung wiedergeben. Der Geist, in dem sie verstanden wird, hängt von der Überzeugung ab, mit der die verantwortlichen Jungen und Mädchen sie verkünden und durch ihre Haltung glaubhaft machen:" Vgl. Ebd. S. 16

466 Hannover, Prinz G.W. von: Das Wesen der Mitverantwortung in den Salemer Schulen. Vortrag, gehalten anlässlich der Elterntagung in Salem am 22.5.1952, Überlingen 1952, S. 3

467 Dieser wurde auf Anregung des Flügelmentors und Flügelhelfers an Schüler verliehen, die ein erstes Zeichen von Verantwortungsgefühl zeigten. Ausschließlich aus diesem Kreis konnten später „Farbentragende" gewählt werden.

Übungen zu absolvieren, wieder.[468] Die während des Krieges abge-
rissene Verbindung zu den Handwerksmeistern in der Umgebung
von Salem wurde wieder aufgenommen, damit die Schüler Eigenschaften wie Aktivität, Präzision und Ausdauer erlernten. Georg
Wilhelm Prinz von Hannover traf eine Vereinbarung mit der
Handwerkskammer in Konstanz, so dass die Salemer Schüler abhängig von ihrer Begabtheit die Lehrlingszwischenprüfung im
Schreiner-, Schmiede- oder Schneiderhandwerk für die erste oder
zweite Stufe ablegen konnten.

Nach dem Vorbild von Gordonstoun wurden in Salem verschiedene
Formen des Rettungsdienstes eingeführt.[469] Zunächst rief die Schule
eine Feuerwehr ins Leben, die dieselbe finanzielle Unterstützung
von staatlicher Seite wie eine Ortsfeuerwehr bekam. Weiterhin
gründete sich die THW-Gruppe Salemer Jungen, die der Ortsgrup-
pe Friedrichshafen zur Ausbildung angegliedert war. Außerdem
wurde die Schulung für die Erste Hilfe des Roten Kreuzes für jeden
Schüler zur Pflicht erhoben. Der Rettungsdienst auf dem Überlinger
See wurde von einer Gruppe der Zweigschule Spetzgart durchgeführt. Die „Gesellschaft zur Rettung Schiffbrüchiger" unterstützte
die Unternehmung der Schüler Spetzgarts, indem sie ein altes
Motorrettungsboot zur Verfügung stellte. Für diese Arten von Ret-
tungsdiensten stand in der Woche ein Nachmittag zur Verfügung.

Umfangreiche Hilfsaktionen im Dienste der Allgemeinheit wurden
in den ersten drei Wochen der Sommerferien durchgeführt. Die ersten beiden Projekte basierten auf Freiwilligkeit, danach wurden sie
für jeden Schüler zur Pflicht und als Aufnahmebedingung im Pros-
pekt der Schule festgesetzt. Die Projekte fanden sowohl in Deutschland wie auch in anderen Ländern statt. Die Schüler halfen beim
Aufbau der Flüchtlingssiedlung Espelkamp bei Bielefeld und unter-

---

468 Dies war in der Regel Leichtathletik oder Hockey. Vor dem Frühstück
    fand ein Morgenlauf von etwa 400 Metern statt, anschließend folgte das
    individuelle Tagestraining (Liegestützen, Seilsprünge u.a.). Einmal in der
    Woche musste jeder Schüler ohne fremde Aufforderung und Kontrolle ei-
    nen längeren Waldlauf unternehmen. Vgl. Hannover, Der Wiederaufbau
    der Salemer Schulen nach dem Kriege, in: Röhrs, Bildung als Wagnis und
    Bewährung, a.a.O., S. 142
469 Ewald, M./Altrogge, H.: Bericht über die Zeit vom November 1945 bis
    September 1948, in: Schule Schloss Salem, N.28, April 1949, S. 21- 30, hier:
    S. 24

stützten den Wiederaufbau des von einem Erdbeben verwüsteten Dorfes Argostoli[470] in Griechenland. Weitere Projekte beschäftigten sich mit dem Straßenbau in von Lawinen heimgesuchten Gebieten im Vorarlberg, dem Hafenbau am Bodensee, dem Aufbau eines Kindergartens für das benachbarte Dorf usw. [471]

Die Salemer Schulen erhielten sehr schnell nach ihrer Wiedereröffnung die notwendige staatliche Anerkennung. Durch Arbeitsgemeinschaften am Samstagvormittag in der Oberstufe wurde den Schülern selbständiges und kritisches Denken, das Abwägen von Problemen und Diskussionsbereitschaft beigebracht. Gemäß den Hahnschen Vorstellungen besaß Salem nach der Wiedereröffnung den Charakter einer christlichen Schule, was jedoch nicht bedeutete, dass Jugendlichen anderer Religionen der Besuch der Schule verwehrt wurde.

Veranstaltungen wie Gottesdienste, Andachten und Zusammenkünfte im Betsaal der Schule, wo Schulchor und -orchester sakrale Musik[472] darboten, waren für jeden Schüler Pflicht.

4.2 Gordonstoun

Nach seiner Emigration aus Deutschland wählte Hahn zunächst London als neuen Wohnort. Dort erneuerte er den Kontakt zu einflussreichen Persönlichkeiten des englischen Geisteslebens, die ihm aus seinen Aufenthalten in Oxford vertraut geblieben waren, um die Realisierung seiner Erziehungsvorstellungen auch in England voranzutreiben. Nach intensiver Vorbereitung wurde im Jahre 1934 die Schule Gordonstoun in Schottland durch ein Kuratorium ins Leben gerufen, dessen Angestellter Hahn war. Diesem Kuratorium gehörten gesellschaftliche Verantwortungsträger wie z. B. Erzbischof William Temple, Admiral Sir Herbert Richmond, Professor Sir

---

470 Vgl. dazu den Schülerbericht über die Hilfsarbeiten in Griechenland von Gall, L.: Arbeitslager in Griechenland, in: Schule Schloss Salem 1954/55., Nr. 34, S. 24–27

471 Es bestand auch für die Schüler die Möglichkeit, alternativ zu den Hilfsprojekten Arbeiten in den nahe gelegenen Krankenhäusern oder Kindergärten zu verrichten.

472 Die Musik besaß in Salem einen wesentlichen Anteil an der Erziehung. Viele der großen klassischen Werke, wie „Der Messias" von Händel, „Gloria" von Vivaldi, Mozartmessen und verschiedene Werke von Bach und Beethoven waren Bestandteile des Unterrichtes.

James Butler, Geoffrey Winthrop Young, Brigadegeneral Sir Wyndham Deedes, Professor G. M. Trevelyan und Sir Claud Elliott, der damalige Leiter von Eton, an.[473] Hahn selbst wurde Schulleiter von Gordonstoun; dieses Amt übte er bis zu seiner Rückkehr nach Deutschland im Jahre 1953 aus.

In Gordonstoun wurde der Darstellung Sutcliffes folgend die Konzeption Salems, durch Erziehung verantwortungsvolle, sittliche und staatsbürgerliche Tugenden bei den Schülern zu wecken, übernommen und als pädagogisches Unternehmen weiterentwickelt.[474]

Die Bedeutung der Gründung Gordonstouns lag für Hahn darin, „die lebendige Beziehung einer Schule zu ihrer landwirtschaftlichen Umgebung, zu ihren Nachbarn, zu ihrem Haus, zu all den dort gesammelten Sitten und verpflichtenden Traditionen"[475] erneut herzustellen.

Die Nähe Gordonstouns zur Küste und den Häfen faszinierte Hahn, wie in seinem ersten Bericht an das Kuratorium der Schule zu lesen war:[476] „Hier ist eine gute Weide. Ich weiß, daß es viele wunderschöne Gegenden in England gibt, die dem Zentrum der Aktivität näher liegen, aber sehr oft zeichnen sie sich durch eine süße, ehrenwerte Verschlafenheit aus, die sie eher als Rahmen für den Lebensabend als für den Lebensmorgen erscheinen lassen (...). Gordonstoun liegt in einem friedlichen und fruchtbaren Landstrich, aber am Horizont liegt die Herausforderung: im Norden das Meer und im Süden die hohen Berge."

Ein weiterer Grund, diesen Standort zu wählen, war der kreisrunde Platz in der Mitte des Schulgebäudes. Dieser erschien Hahn als ein Symbol der dort vereinigten Menschen aus allen Ländern der Erde.

In Salem und Gordonstoun boten sich ähnliche pädagogische Möglichkeiten. Um eine lebendige Beziehung zu den unmittelbaren Nachbarn herzustellen, boten sich sowohl die Handwerker des Salemer Tals als auch die Fischer von Hopeman Village an. Das rei-

---

473 Chew, F. R.G.: Gordonstoun, Aberdeen 1962, S. 23
474 Sutciffe, Ein Vergleich zwischen dem pädagogischen Ansatz in Salem und Gordonstoun, in Röhrs, Bildung als Wagnis und Bewährung, a.a.O., S. 214
475 Ebd. S. 213
476 Zitiert aus Chew, Seemännische Ausbildung, Expeditionen und Projekte, in: Röhrs, Bildung als Wagnis und Bewährung, a.a.O., S. 205- 212, hier: S. 205

che Tier- und Pflanzenleben im Bodenseegebiet und die facettenreiche Landschaft in Morayshire luden zur Durchführung von Projekten ein. Dieselben Voraussetzungen für Expeditionen waren durch die unmittelbare Nähe Salems zum Bodensee sowie den Schweizer Alpen und Gordonstouns zur Bucht von Moray und den Cairngorm Mountains gegeben.

Die Gründung von Gordonstoun lehnte sich zwar an die in Salem entwickelten Ideen und Vorstellungen an, es wurden aber auch Anregungen von der englischen Tradition und den dort existierenden Denkweisen übernommen. Die Unterschiede zwischen Deutschland und England in den Unterrichtszielen zeigten sich besonders in Gordonstoun und Salem.[477]

Salem war aufgrund der Wichtigkeit des Abiturs in Deutschland für den späteren beruflichen Werdegang dazu verpflichtet, eine „ständige Begabtenauslese" vorzunehmen.[478] Dies bedeutete, dass die verantwortlichen Posten in der Schulgemeinschaft nicht von Schülern besetzt werden konnten, die die vorgegebenen Lernziele verfehlten. Damit blieb den schwächeren Schülern sowohl das Abitur als auch zum Teil die Erziehung zur Verantwortung durch die Ausübung eines wichtigen Postens in der Schulgemeinschaft versagt.

Dagegen blieben die Schüler in Gordonstoun in der Regel bis zum 18. Lebensjahr der Schule erhalten und arbeiteten gemäß ihrer Begabung wissenschaftlich, so dass ihnen die verantwortlichen Ämter der Schule offen standen.

Sutcliffe vertrat die Ansicht, dass das englische System durch die größere Fächerwahl eine größere Freiheit in der Durchführung des Lehrplanes erlaubte:[479] „Die sich daraus ergebende Schulgemeinschaft ist umfassender, man kann sagen vollständiger, da sie sich nicht nur auf diejenigen beschränkt, die eine Universitätsausbildung vor sich haben".

Gordonstoun wurde von Vertretern des schottischen Erziehungssystems weitestgehend akzeptiert, obwohl man wusste, dass die Schule sich mehr englischen und deutschen Erziehungsidealen verbunden

---

477 Vgl. dazu Meissner, E.: Gordonstoun and Salem, Ravensburg 1947, S. 1- 23
478 Sutcliffe, Ein Vergleich zwischen dem pädagogischen Ansatz in Salem und Gordonstoun, in: Röhrs, Bildung als Wagnis und Bewährung , a.a.O., S. 216
479 Ebd.

fühlte. Weiterhin stand Gordonstoun in ständigem wechselseitigem Austausch mit schottischen Pädagogen, die die Entwicklung der Schule mit positiven Darstellungen in der Öffentlichkeit und kritischen Anregungen unterstützten. Gordonstoun übernahm jedoch nicht das schottische Prüfungssystem und den schottischen Lehrplan, sondern wählte angeregt von Oxford, Eton, Harrow usw. das englische System. Hahn fand an der Strenge des schottischen Systems keinen Gefallen:[480] „Das größte Lob, das ich der schottischen Nation erteilen kann, ist, daß sie die Härte des schottischen Erziehungssystems überlebt hat."

Gordonstoun wurde als Public School angesehen.[481] Unter Public School verstand man im traditionellen Sinne eine Internatsschule für männliche Jugendliche, die sowohl in finanzieller Hinsicht als auch in der Kontrolle vom Staat her unabhängig waren. Die Erziehung in den traditionellen Public Schools wie Eton oder Winchester baute auf einem strengen Ordnungsprinzip und einer Bewahrung althergebrachter Werte auf. Eine Zugangsvoraussetzung für die Public Schools war ein hohes Einkommen des Vaters, somit wurde lediglich ein exklusiver Kreis von Jugendlichen aufgenommen. Im Laufe der Zeit wurde der Begriff der Public Schools auf Internatsschulen ausgedehnt, wo die Söhne von Bauern und Handwerkern unterrichtet wurden. Eine Erweiterung erfuhr der Begriff der Public Schools durch die Aufnahme der Organisationen „Headmasters Conference" und „Governing Bodies Association". In diesen Organisationen waren Tagesschulen und schottische Gymnasien mit lokaler Tradition und völliger oder teilweiser Unabhängigkeit Mitglied.

In manchen Punkten orientierte sich Gordonstoun nicht an den Praktiken der zeitgenössischen Public Schools.[482] Die für die Public Schools typischen Mannschaftssportarten wie Rugby wurden durch erlebnisorientierte Veranstaltungen wie seemännische Ausbildung, Bergsteigen und Reiten ersetzt. Neue Wege wurden auch dadurch beschritten, dass mit schottischen Organisationen verabredet wurde, Schüler offiziell als freiwillige Küstenwächter oder Feuerwehrleute zu beschäftigen. Hintergrund dieser Überlegung war die Übertra-

---

480 Zitiert aus Brereton, Gordonstoun und die englische pädagogische Tradition, in: Röhrs, Bildung als Wagnis und Bewährung, a.a.O., S. 199
481 Swire, J.: Gordonstoun 1934–1955. A survey upon the occasion of the school's coming of age, Colchester 1955, S. 9 ff
482 Ebd., S. 31

gung von Verantwortung, so dass die Schüler in der Praxis zu charakterstarken und helfenden Persönlichkeiten ausgebildet werden konnten.[483] Außerdem war die „formlose Kameradschaft"[484] zwischen Lehrern und Schülern, wie sie in Gordonstoun praktiziert wurde, für viele zeitgenössische Public Schools ein Novum.

Gordonstoun wurde nicht nur von den Public Schools sondern auch von den Schulen der englischen Progressiven Bewegung beeinflusst, die in der „New Education Fellowship" lose zusammengefasst waren. Zu dem Zeitpunkt, als Hahn nach England emigrierte, befanden sich die Schulen der Progressiven Bewegung auf dem Höhepunkt ihres Einflusses. Der geistige Hintergrund der Gründung der Progressiven Bewegung war die kritische Prüfung der englischen Gesellschaft und ihres Erziehungssystems nach dem Ende des 1. Weltkrieges.[485] Viele Eltern und Lehrer in England orientierten sich an der Psychologie Sigmund Freuds (1856- 1939)[486] und Carl Gustav Jungs (1875- 1961)[487].

Vor allem durch Freuds Schriften „Die Traumdeutung" aus dem Jahre 1900 und „Zur Psychopathologie des Alltagslebens" aus dem Jahre 1901 fand die Idee der Psychosomatik in immer stärkerem Maße Anhänger in England. Über die Methode der selbstanalytischen Traumdeutung wurde im Lande öffentlich kontrovers diskutiert.

Jung war ein tiefenpsychologischer Repräsentant eines romantizistisch- symbolischen Neuplatonismus. Er bezog sich in seinem Denken auf die alte alchemistische Philosophie, in deren Zentrum Phantasie, Phantastik und Esoterik, Mythen und Symbolik standen. Mit dieser antiaufklärerischen und antirationalistischen Denkweise, die besonders in seinen Werken „Wandlungen und Symbolen der Libido" aus dem Jahre 1912 und „Psychologische Typen" aus dem

---

483 Treleaven, P.: Gordonstoun-eine charakterbildende Schule, in: British Features, Bonn 1965, S. 5
484 Brereton, Gordonstoun und die englische pädagogische Tradition, in: Röhrs, Bildung als Wagnis und Bewährung, a.a.O., S. 203
485 Ebd. 201
486 Nähere Erläuterungen zu Sigmund Freuds Leben und Werk liefert Nitzschke, B.: Freud und die akademische Philosophie, München 1989
487 Weitergehende Informationen über Leben und Werk C.G. Jungs bietet Wehr, G.: C. G. Jung, Zürich 1989 oder Jacobi, J.: Die Psychologie von C. G. Jung, Frankfurt/M. 1984

Jahre 1921 auftauchte, war er von prägender Wirkung für die geistige Welt des frühen 20. Jahrhunderts.

Weitere Anregungen erhielten die nach Veränderung suchenden Eltern und Lehrer von den Gedanken John Deweys (1859-1952).[488]

John Dewey, ein führender Vertreter des amerikanischen Pragmatismus, stellte die Wissenschaft radikal in den Dienst der Verbesserung der sozialen Verhältnisse.[489] Für Dewey ergab sich eine Neuordnung der Pädagogik aus der historischen Entwicklung der Naturwissenschaften, der industriellen Revolution und der Demokratisierung. Die Erziehung musste laut Dewey einerseits von der Gesellschaft, andererseits vom Individuum aus bestimmt werden. Dewey forderte den Aufbau eines Erziehungssystems, das die alten Verhältnisse beseitigte und eine Demokratisierung ermöglichte. Sein Ziel der Erziehung lag in einer Festsetzung von Handlungsmöglichkeiten, die sowohl die Fortführung des Prozesses der Erfahrung als auch das Entwickeln der Person ermöglichten.[490]

Die Vorbereitungsschulen Abinger Hill und Bedales stellten Beispiele für Schultypen der Progressiven Bewegung dar.[491] In Abinger Hill wurden selbst junge Schüler dazu ermuntert, die Arbeitsmethode und ihr Lerntempo selbst zu bestimmen. Selbständiges Denken und Handeln sowie die Übertragung von Verantwortung auf die Schüler waren die wichtigsten erzieherischen Maßnahmen von Abinger Hill. Der damalige Direktor der Schule, Jim Harrison, entwickelte Methoden des Selbststudiums in seiner Schule, die in Gordonstoun durch Projekte und Aufgaben ebenfalls angewandt wurden.

J. H. Badley (1865-1967) war seit dem Jahre 1889 einige Jahre in Abbotsholme als Lehrer tätig, bevor er im Jahre 1893 die Schule Bedales in Sussex gründete. Für Bedales war die starke Individualisie-

---

488 Brereton, Gordonstoun und die englische pädagogische Tradition, in: Röhrs, Bildung als Wagnis und Bewährung, a.a.O., S. 201

489 Siehe dazu auch Dewey, J.: „The Reflex Are Concept in Psychology", in: Psychological Review, 3, 1896, S. 357–370; Dewey, J.: Psychology and Social Practice, in: Psychological Review, 7, 1900, S. 105–124 oder Dewey, J.: Die menschliche Natur und ihr Verhalten, Stuttgart 1931

490 Vgl. darüber hinaus auch die Darstellung von Reich, K.: Systemisch- konstruktivistische Pädagogik. Einführung in Grundlagen einer interaktionistisch-konstruktivistischen Pädagogik, 3. Aufl., Neuwied 2000, S. 197- 216

491 Vgl. Stewart, W. A. C.: Progressives and Radicals in English Education, London 1972, S. 77 ff

rung der Arbeitsweise, die Koedukation, die Betonung der musischen Bildung sowie die Gestaltung der „laboratory method" charakteristisch. Badley umschrieb die erzieherische Konzeption in Bedales folgendermaßen:[492] „Erziehung darf nicht als Prozess der Formung von außen gedacht werden, sondern als Entfalten des Lebens von innen, durch eigene Impulse, aber als Antwort auf Reize von außen, und konditioniert durch die Umwelt, sowohl materiell als auch sozial."

Eine der wichtigsten Eigenschaften Gordonstouns war ihr internationaler Charakter.[493] Viele der ersten Lehrer in Gordonstoun hatten bereits in Salem unterrichtet, darunter waren Engländer und Deutsche. Von den Schülern kamen ebenfalls viele aus Salem und seinen Juniorenschulen. Aber auch Jugendliche aus Spanien, Peru, England und Österreich prägten das Bild, so dass man von einer internationalen Ausrichtung Gordonstouns sprechen konnte.[494]

Die Schülerzahl in Gordonstoun betrug in der Anfangszeit 45 Personen; die Zahl erhöhte sich im Laufe der Jahre stetig, so dass im Jahre 1954 400 Schüler und eine Vorbereitungsschule mit 100 Schülern verzeichnet werden konnten.

Hahn erhielt in den ersten Jahren nach der Gründung von Gordonstoun von verschiedenen Seiten mannigfaltige ideologische Unterstützung seiner pädagogischen Ideen[495], jedoch sah es mit finanziellen Hilfestellungen nicht gut aus. Ein Bericht des Vorsitzenden des Exekutivkomitees des Kuratoriums vom Juli 1935 gab darüber Auskunft:[496] „Die Schule wurde gegründet mit einem Kapital oder

---

492 Badley, J. H.: Bedales. A Pioneer School, London 1923, S. 197. Zur weiteren Entwicklung von Bedales bieten sich die Darstellungen von Crump, G.: Bedales since the war, London 1936 oder Selleck, R. J.: The New Education 1870- 1914, London 1956 an.
493 Brereton, Die Gründung und die Entwicklung von Gordonstoun, in: Röhrs, Bildung als Wagnis und Bewährung, a.a.O., S. 190 ff
494 Im Laufe der Jahre stieg die Zahl der Schüler, die aus der Umgebung von Gordonstoun stammten, merklich an. Vgl.dazu Bryant, A.: Developing Character and Self-Confidence. Gordonstoun School which is now of age, in: The Illustrated London News; 21.1.1956, S. 78- 79, hier S. 78
495 Dönhoff, M.: Eine Schule der Selbstbewährung. Besuch bei dem Pädagogen Kurt Hahn in Schottland, in: Die Zeit, 3 Jg., Nr.3, 15.1.1948, S. 2
496 Brereton, Gordonstoun und die englische pädagogische Tradition, in: Röhrs, Bildung als Wagnis und Bewährung, a.a.O., S. 193

Subskriptionsfond von weniger als 1400 Pfund. In der Zwischenzeit ist eine Barsumme in gleicher Höhe gezeichnet worden und ein Kontokorrentkredit in Höhe von 2000 Pfund (...) wurde garantiert. Bis zum heutigen Tag betrug daher die Gesamtsumme des verfügbaren Kapitals weniger als 5000 Pfund."

Die prekäre Finanzsituation führte dazu, dass die Bezahlung der Lehrer im Gegensatz zu anderen Schulen gering war. Weiterhin bestand keine ausreichende Absicherung im Falle einer Pensionierung. Erst gegen Ende der 50er Jahre bekam die Schule das Finanzproblem unter Mithilfe einer kleinen Direktorengruppe („Board of Govenors") in den Griff. [497]

Die fehlende Schuleinrichtung wurde durch die Eigeninitiative der Schüler und Lehrer kompensiert. So bauten z.B. die Schüler im Hafen von Hopeman ihre eigenen Boote, installierten eine Küstenwacht sowie einen Aussichtsturm und konstruierten anstelle der nicht mehr nutzbaren Turnhalle eine „Affen- Kletterwand" und eine Hindernisbahn. Die finanziellen Entsagungen der Anfangsjahre von Gordonstoun wandelte Hahn in einen Vorteil um. Durch die notwendige Eigeninitiative wurde von den Schülern Tatkraft, Entschlussfähigkeit und Freude an der Arbeit gefordert, so dass sie schon auf diesem Wege dem Ziel der Erziehung von Gordonstoun, die Herausbildung einer verantwortungsbewussten und charakterstarken Persönlichkeit, ein Stück näher kamen.

Hahn verdeutlichte den Gordonstouner Schülern, denen er Verantwortung übertragen hatte, dass sie „in jedem Falle eines Auftretens von Schikanen, Massengrausamkeiten, oder Verfolgung eines Nonkonformisten als Bürger der Schule versagt hätten."[498] Er verglich die Situation mit dem Verhalten vieler junger Deutscher während der NS-Zeit, die von Gerüchten über die Existenz von Konzentrationslagern nichts wissen wollten. Die Schüler sollten zu immerwährender Aufmerksamkeit erzogen werden und Verantwortung für den „kleinen Staat" Gordonstoun übernehmen. Die Erziehung zur Verantwortung und zur Wachsamkeit stand ganz weit oben auf der Zielsetzung von Gordonstoun:[499] „Man gebe dem Jungen soviel

---

497   Chew, Gordonstoun, a.a.O., S. 17
498   Brereton, Gordonstoun und die englische pädagogische Tradition, in: Röhrs, Bildung als Wagnis und Bewährung, a.a.O., S. 190
499   Ebd. S. 204

Verantwortung und Gelegenheit zur Initiative und Wahl, wie er seiner Reife entsprechend übernehmen kann und seine Eltern und Lehrer ihrer Reife entsprechend ihm geben können."

Während der Zeit des 2. Weltkrieges nutzten viele deutsche Familien Gordonstoun als Refugium. Das in der Bevölkerung kursierende Gerücht, eine „verkappte fünfte Kolonne" darzustellen, führte schließlich zur Internierung von 30 Deutschen aus Gordonstoun.[500] Das Angebot Hahns, englische Lehrer und die ältesten Schüler Gordonstouns zur „Home Guard" zu entsenden, wurde von offizieller Seite ohne Angabe von Gründen abgelehnt.

Aus „militärischen Notwendigkeiten"[501] musste die Seniorenschule im Mai 1940 nach Wales verlegt werden; die Rückkehr nach Gordonstoun erfolgte erst im Herbst des Jahres 1945.[502] Hahn sah in der Standhaftigkeit der Lehrer und Schüler den Grund dafür, dass Gordonstoun den Krieg überdauerte:[503] „Nie werde ich den klaren, vernünftigen Gerechtigkeitssinn der älteren Schüler in dieser Zeit vergessen, ihre philosophisch gute Laune, als man sie als ‚Verdächtige' für die Home Guard abwies, ihre herzliche Freundschaft den deutschen Flüchtlingen in ihrer Mitte gegenüber, ihre unerschütterliche Loyalität zu ihrer Schule und ihrem Land. Ihr Denken war nie verwirrt, wie es unter den Umständen hätte sein können."

4.2.1 Zentrale Aspekte des Erziehungswesens in Gordonstoun

In Gordonstoun lernten die Jugendlichen, den von Hahn postulierten Dienst am Nächsten auszuüben und dadurch zu charakterstarken und sittlichen Persönlichkeiten heranzureifen. Dies soll nun exemplarisch an der seemännischen Ausbildung, der Expedition und dem Projekt illustriert werden.

4.2.1.1 Seemännische Ausbildung

Seit der Gründung der zweiten Höheren Schule in Spetzgart am Bodensee im Jahre 1929 setzte sich Hahn mit den Prinzipien der seemännischen Ausbildung auseinander. Dort segelten die Schüler

---

500 Linn/Picht/Specht, Erziehung zur Verantwortung, a.a.O., S. 45
501 Ebd. S. 44
502 Hahn, K.: Ten Years of Gordonstoun, Welshpool 1944, S. 8
503 Brereton, Die Gründung und die Entwicklung von Gordonstoun, in: Röhrs, Bildung als Wagnis und Bewährung, a.a.O., S. 193

an vorher festgelegten Nachmittagen in der Woche auf zwei Marinekuttern.[504]

Die seemännische Ausbildung war in Moray ein Teil des Tagesplans der Schule. Die Schüler sollten durch die Ausbildung die Eigenschaften der Wachsamkeit, Ausdauer, siegreichen Geduld, Kaltblütigkeit, Entschlusskraft, Brüderlichkeit und den Glauben an die Kraft des Menschen in sich entwickeln.[505] Die Idee, dass die seemännische Ausbildung ein Teil der Erziehung bedeutete, stellte für das englische Erziehungskonzept ein Novum dar. Hahn nutzte die Tatsache, dass entlang der Küste Ausbildungsstätten für Seeleute existierten, für seine Schule, indem er einen Marineoffizier in den Lehrkörper integrierte.[506] Die seemännischen Aktivitäten verlegte Hahn in den Hafen von Hopeman, der von der Schule aus leicht zu erreichen war.

Im Laufe der Zeit entwickelten sich freundschaftliche Beziehungen zwischen den Einwohnern von Hopeman und der Schule. Hahn berichtete:[507] „Die Brüderlichkeit zwischen den Fischersleuten von Hopeman und Gordonstoun ist ungebrochen. Wir haben Jahre lang ihre Küste getreulich bewacht. Sie haben uns bei unserer Seefahrt geholfen, uns gewarnt, wenn sie glaubten, daß wir unweise handelten, und bei einer unvergeßlichen Gelegenheit unsere Angst und Sorge geteilt, als ob unsere Kinder ihre eigenen wären. Solche Bande werden nicht so leicht zerrissen."

Nach dem Ende des 2. Weltkrieges existierte einige Jahre lang die Abteilung „sea cadets" für die Jugendlichen von Hopeman und Gordonstoun, die von einem Gordonstouner Lehrer geleitet wurde. Unter der Anleitung des Bootsbauers von Hopeman wurde kurz nach der Schulgründung im Jahre 1934 von den Gordonstouner Schülern ein Kutter gebaut. Zwei Jahre später entstanden auf ähnliche Weise ein zweiter Kutter und eine Rennyacht.

---

504 Chew, Seemännische Ausbildung, Expeditionen und Projekte, in: Röhrs, Bildung als Wagnis und Bewährung, a.a.O., S. 205 ff
505 Linn/Picht/Specht, Erziehung zur Verantwortung, a.a.O., S. 59
506 Swire, J.: Going to sea in the Merchant Navy. A note upon the Merchant Navy as a career with an account of the training facilities availaible at Gordonstoun School including practical seamanship and nautical course, Elgin 1957, S. 8
507 Linn/Picht/Specht, Erziehung zur Verantwortung, a.a.O., S. 46

Ein Beispiel für das wachsende Vertrauen in die Schüler von Gordonstoun war der Dienst im Rahmen der königlichen Küstenwache, wodurch die Jugendlichen praxisnahe Verantwortung kennen lernten.[508] Der Inspektor der Küstenwache für Ostschottland besuchte vierteljährlich Gordonstoun und hielt eine Überraschungsübung ab. Aufgrund der engen Verbindung zu dem Ausbildungsschiff H.M.S. Convey und den Mangel an Handelsmarineoffizieren während des 2. Weltkrieges gründete sich in Gordonstoun im Juli 1941 eine „nautische Abteilung". Als der damalige Ausbilder Mac Gregor im Jahre 1955 starb, hatten mehr als 200 Kadetten den nautischen Zweijahreskurs erfolgreich absolviert. Die theoretische Ausbildung der Kadetten war mit derjenigen der Seekadettenschulen vergleichbar; in Gordonstoun lernten die Jugendlichen aber noch zusätzlich die Praxisnähe im Segeldienst.

Mit der Schulyacht „Pinta" wurden weite Reisen unternommen, so z.B. der Besuch des internationalen Segel-Training-Rennens in Spanien.[509]

4.2.1.2 Bergsteigen

Aufgrund der steigenden Schülerzahlen wurde im Jahre 1950 in Altyre eine Zweigstelle von Gordonstoun gegründet[510]. Die unmittelbare Nähe von Altyre zu den Cairngorm Mountains führte dazu, dass dort das Bergsteigen den Platz der seemännischen Ausbildung im Stundenplan der Schule einnahm. Den Lehrern Altyres wurde ein professioneller Bergsteiger zur Seite gestellt, manche von ihnen erhielten selbst eine Kurzausbildung als Verantwortliche für kleinere Bergmannschaften. Die Schüler verließen wechselweise mit dem Expeditionsleiter und dem Klassenlehrer die Schule und verbrachten vier bis fünf Nächte in den Bergen. Im Verlaufe der Bergtouren wurden die Schüler sowohl im Lesen von Karten und Kompassen als auch im Umgang mit verletzten und hilfsbedürftigen Personen unterrichtet. Dabei erlernten sie Fähigkeiten wie Verantwortungs-

---

508 Young, J. W.: Early days at Gordonstoun: seamanship, in: Gordonstoun Record 1957, Serial No. 38, Annual No.2, S. 48- 49

509 N.N.: Spreading network of Kurt Hahn schools, in: The Observer, 28.1.1962, S. 14

510 Mackenzie, C.: Gordonstoun at Altyre, 1951- 1960, in: Gordonstoun Record 1960, Serial No.41, Annual No.5, S. 20–22, hier: S. 20

bewusstsein, Hilfsbereitschaft, Wagemut, Entschlusskraft und Respekt vor der Natur.

Die Expeditionen in den Bergen weckten den Erlebnisdrang und die Abenteuerlust der Schüler, was schließlich zur Gründung einer Bergrettungsmannschaft führte. Die Bergrettungsmannschaft, die sich im Besitz eines Range Rovers befand, wurde für Such- und Rettungsarbeiten im Hochgebirge ausgebildet. Im Falle eines Einsatzes wandte sich die örtliche Polizei an Gordonstoun, um mit Hilfe der Schüler das Leben von verunglückten oder verschwundenen Personen zu retten.[511]

Als im Jahre 1959 der Pachtvertrag von Altyre nicht mehr erneuert wurde, konnte das Vorhaben, das Fach Bergsteigen parallel zur seemännischen Ausbildung in den Stundenplan von Gordonstoun aufzunehmen, nur bedingt realisiert werden. Mit dem Ziel, weiterhin mehrtägige Expeditionen als Erziehungsmittel für die Jugendliche zu gewährleisten, fanden an den Wochenenden regelmäßige Expeditionen in die Cairngorm-Mountains statt.

In den Schulferien nahmen die begabtesten Schüler an internationalen Bergwanderungen in Österreich, in der Schweiz sowie in Norwegen teil.

4.2.1.3 Projekt

Das Projekt in Gordonstoun diente als geistiger und handwerklicher Ausgleich zu den sportlichen Aktivitäten.[512] In der Wahl des Projektes, das sowohl individuell als auch in Gruppenform bearbeitet werden konnte, besaßen die Schüler einen breiten Spielraum, nach Abschluss der untersten Klasse durften sie nahezu alle Projekte selber vorschlagen. Bei einer offiziellen Arbeitszeit von drei Stunden in der Woche und der Einbeziehung der Freizeit sollten die Projekte die Dauer eines Jahres nicht überschreiten. Schon im Voraus mussten die Schüler nachweisen, dass sie für das Projekt notwendige Materialien, Kenntnisse und gegebenenfalls Literatur besaßen, um es problemlos bis zum Ende durchführen zu können.

---

511 Frankl, W.: Pflichtfach in Gordonstoun: Nächstenhilfe. Fürstensöhne und Arbeiterkinder lernen Menschen retten und Brände löschen, in: Ziviler Bevölkerungsschutz, 7.Jg., Nr.1, Januar 1962, S. 22–26, hier: S. 23

512 Chew, Seemännische Ausbildung, Expedition und Projekte, in: Röhrs, Bildung und Wagnis als Bewährung, a.a.O., S. 210

Das Projekt musste von einer der Schulinnungen abgesegnet oder von einem Lehrer kontrolliert werden. Zum weiteren Ansporn der Schüler wurde das Projekt mit einer Prüfung verbunden. Am Ende jedes Schuljahres veranstaltete die Schulleitung eine Ausstellung der Projekte, die von schulfremden Gutachtern beurteilt wurden. Sehr gute Arbeiten wurden mit einer Goldmedaille belohnt, weitere Auszeichnungen waren Silber, Bronze und das Etikett „Lobenswert".[513]

Unter den Projekten befanden sich handwerkliche Arbeiten wie Möbelstücke, Haushaltsgeräte, Gemälde und Töpferarbeiten, ökologische Untersuchungen wie eine Zusammenstellung von Flora und Fauna der Teiche von Gordonstoun oder historische Themen wie die Architektur der lokalen Schlösser und Kirchen.

Projektteilnehmer, die sich durch außergewöhnliches Engagement außerhalb der Schule auszeichneten, besaßen die Möglichkeit, Trevelyan-Stipendien[514] zu erhalten. Diese Auszeichnung – benannt nach dem englischen Historiker G. M. Trevelyan – beinhaltete ein dreijähriges Studium für 34 Stipendiaten an den Universitäten Oxford und Cambridge, das von führenden Industrieunternehmen Englands finanziert wurde.[515] Die Unternehmen wollten mit dieser Initiative zur Erziehung von charakterstarken Menschen beitragen, die zu einem späteren Zeitpunkt führende Positionen im wirtschaftlichen Leben bekleiden sollten.

Sir Walter Benton-Jones, der damalige Vorsitzende von United Steel, benannte die Zielsetzung:[516] „Uns kam es darauf an, nicht nur akademischer Hochleistung den Vorzug zu geben, sondern auch, ohne akademische Leistungen beiseite zu lassen, die Möglichkeit zu schaffen, andere wichtige Eigenschaften wie Entschlossenheit, Initiative, Zielbewußtsein und Menschenkenntnis in Erwägung zu ziehen. (...) Es ist unsere Hoffnung, keinen Zweifel daran groß werden zu lassen, daß Leistungen in Gebieten, die außerhalb des Hauptfachs eines Kandidaten liegen, ihm die Türen der Universität öffnen,

---

513 Ebd. S. 211
514 Zur Geschichte der Trevelyan- Stipendien: Meiggs, R.: Trevelyan- Stipendien, in: Röhrs, Bildung als Wagnis und Bewährung, a.a.O. S. 255–258 oder The Trevelyan Scholarships: Trevelyan Scholarships. From a report, in: Gordonstoun Record. Serial No. 40, Annual No. 4, 1959, S. 93- 96
515 Meiggs, Trevelyan-Stipendien, in: Röhrs, Bildung als Wagnis und Bewährung, a.a.O., S. 256
516 Zitiert aus Ebd.

wenn seine geistigen Eigenschaften seinen praktischen Fähigkeiten ebenbürtig sind und wenn seine Standhaftigkeit genau so groß ist wie seine Unternehmungslust und seine Anpassungsgabe."

4.3 Aberdovey

Fälschlicherweise wurde lange Zeit von der Vorstellung ausgegangen, dass die Gründung von Aberdovey/Wales auf den Tod zahlreicher englischer Seeleute im 2. Weltkrieg infolge von Verantwortungslosigkeit und fehlendem Durchhaltevermögen zurückzuführen war.[517]

Vielmehr ist der These Schwarz' zuzustimmen, dass die Gründung von Hahns erster Kurzschule in Aberdovey eine langjährige Vorgeschichte beinhaltete, die keineswegs ausgeblendet werden darf:[518] „Diese Schulgründung setzt vielmehr nur eine langjährige Vorgeschichte experimenteller Prägung einen krönenden Abschluß und läßt innerhalb der gesamten Entwicklung erstmals die vollständige und wegweisende Grundstruktur für sämtliche weiteren Kurzschulkurse erkennen."

Schon in den Bedingungen des Salemer Bundes im Jahre 1925 wurden in groben Zügen die Grundbedingungen der Kurzschule thematisiert. Bei der Gründung des Bundes verpflichteten sich eintrittswillige ehemalige Salemer Schüler, bestimmte Voraussetzungen zu akzeptieren. Folgende Erwartungen wurden formuliert:[519]

„1. Alljährlich vierwöchiges, giftfreies, leichtathletisches Training mit dem Ziel, die Bedingungen des deutschen Sportabzeichens zu erfüllen;
2. Einmalige Teilnahme an einem straff organisierten Kurs, der neben körperlicher Ertüchtigung besonders die Disziplinierung innerhalb einer Gemeinschaft bezweckt;
3. Einmalige praktische soziale Arbeit in einer Dauer von mindestens drei Monaten, die zu unmittelbarer Berührung mit den arbeitenden Schichten führt und die Kenntnis der sozialen Situation erleichtert."

---

517 Vgl. Lawrence, L.: Outward Bound. Rugged challange for teenagers, in: Reader's digist, Pleasantville, Vol. 82, Nr. 492, April 1963, S.186 ff
518 Schwarz, Die Kurzschulen Kurt Hahns, a.a.O., S. 49 ff
519 Linn/Picht/Specht, Erziehung zur Verantwortung, a.a.O., S. 41

In diesen Forderungen waren schon Ansätze der Erziehung in den Kurzschulen vorhanden. Das „giftfreie" leichtathletische Training von vier Wochen Dauer entsprach der Kursdauer in den Schulen. Die Idee „eines straff organisierten Kurses" mit einmaliger Teilnahme wurde ebenfalls in den Kurzschulen praktiziert.[520] Der Gedanke der „praktischen sozialen Arbeit" wirkte als Vorbote für das Diktum der Kurzschulen, „Angehörige der verschiedenen Stände durch gemeinsames Erleben miteinander zu verbinden."[521] Diese drei Unternehmungen (sportliche Übung, Gemeinschaftserziehung, praktische soziale Arbeit) standen in Hahns Denken noch unzusammenhängend nebeneinander. Ergänzt durch die Elemente des Rettungsdienstes, der Expedition und des Projektes machten sie erst in ihrem Zusammenspiel die Wesensmerkmale der Erziehung in den Kurzschulen aus.

Im Jahre 1936 beunruhigten Hahn Berichte in der englischen Öffentlichkeit über die mangelnde körperliche Fitness der Jugend.[522] Hahn wollte dieser Entwicklung entgegensteuern, indem er seine Erziehungsmethoden über die Schulen hinaus auf das ganze Land ausdehnen wollte. Er selbst sah darin den eigentlichen Anfang der Kurzschulen:[523] „It is on the basis of this uneasy conscience that certain experiments were launched – they can be regarded as the beginning of 'Outward Bound'."

Hahn verfolgte die Absicht, die Jugendlichen aus der Umgebung von Gordonstoun in seine Erziehungsvorstellungen unmittelbar einzubeziehen. Der Erfahrungsaustausch der Internatsschüler mit der schottischen Landjugend in diesen Kursen war für Hahn von enormer Wichtigkeit. Mit dieser Öffnung deutete sich die Vorstellung Hahns von der möglichst breiten sozialen und regionalen Streuung bei der Zusammenstellung der Kurse in der Kurzschule an, um unter Schülern verschiedenster Herkunft einen Grundstock zu einem besseren gegenseitigen Verständnis zu legen. In diesem Zusammenhang plante Hahn die Gründung einer Schulfarm mit

520 Hahn nahm sich dabei die Aktivitäten der Reit- und Fahrschule Eutin oder des Hochseesportverbandes Hansa zum Vorbild. Vgl. dazu Schwarz, Die Kurzschulen Kurt Hahns, a.a.O, S. 50
521 Linn/Picht/Specht, Erziehung zur Verantwortung, a.a.O., S. 41
522 Vgl. dazu auch Hahn, K.: Fitness of the Young. Letter to „The Times", in: The Times, 3.11.1936
523 Hahn zitiert in Schwarz, Die Kurzschulen Kurt Hahns, a.a.O., S. 50

Kursen von 10 Wochen Dauer im benachbarten Shempston. Weiterhin hatte er die Umwandlung des „Sea Scout Centres" in Hopeman in eine „Seamanship School" sowie die Einrichtung eines Segelzentrums in Findhorn im Auge.[524]

Im Jahre 1936 führte Hahn das Leistungsabzeichen Moray Badge in Gordonstoun zusammen mit der Nachbarschule Elgin Akademy ein. Das Moray Badge[525] besaß einen Vorläufer im Deutschen Sportabzeichen[526] und diente als Vorstufe des im Jahre 1940 eingeführten County Badges.[527] Das Moray Badge enthielt im Gegensatz zum Sportabzeichen Elemente der Erlebnistherapie. Zu den Anforderungen im Schwimmen und in der Leichtathletik kamen drei weitere Merkmale hinzu:[528]

- Spezifiziertere Formen der Hilfeleistung,
- Prüfungen im Rettungsschwimmen und in der Wiederbelebung,
- Expeditionen, die mindestens zwei Tage dauerten.

Die Einführung des Moray Badges bedeutete einen weiteren Schritt zur Entwicklung des Konzeptes der Erlebnistherapie, nur noch zwei Elemente (Projekt und Rettungsdienst) fehlten.[529] Hahn verband mit der Einführung des Moray Badges die Hoffnung, dass das mit dem Abzeichen verbundenen Trainingsprogramm in allen Teilen Englands die körperliche Untauglichkeit weiter Kreise der Jugend beheben würde. Bald darauf erkannte Hahn jedoch, dass das Moray Badge lediglich für die Begabteren unter den Jugendlichen zu schaffen war. Die meisten Jugendlichen waren infolge mangelnden körperlichen Trainings nicht in der Lage, die Leistungen, die der Erwerb des Abzeichens vorschrieb, zu erfüllen. Um diesen Jugendli-

---

524 Vgl. Hahn, Ten years of Gordonstoun, S. 8–9

525 Der Name Moray Badge leitete sich von der Grafschaft Morayshire ab, in der die Schule Gordonstoun gegründet und wo der erste Kurs zur Erlangung des Abzeichens durchgeführt wurde.

526 Vgl. dazu die Bemerkung Hahns: „The idea of the (Moray) Badge owes it's origin to the German Sports Badge", in: Hahn, K.: An Appeal, Elgin, November 1936, S. 4

527 Vgl dazu Hahn, K.: The County Badge. 30th May, 1940, Welshpool 1940

528 N.N.: „Fitness from the First", in: The Times, 25.5.1939

529 Hahn, The County Badge or the Fourfold Achievement, a.a.O., S. 4

chen ein kontinuierliches Training anzubieten, wollte Hahn das Trainingsprogramm mit einer Schule verbinden.[530]

Hahn realisierte diesen Gedanken, indem auf seine Initiative in den Jahren 1938 und 1939 drei Sommerkurse mit einer Dauer von zwei Wochen im Nordosten Schottlands durchgeführt wurden.[531] Somit wurden in Guisachan und Gordon Castle die ersten Schulen für Hahns Erlebnistherapie geschaffen, die den Namen „Short-Term School" bekamen. Dieser Versuch, Schule und Trainingsprogramm miteinander zu verbinden, entwickelte sich in Bezug auf Leistungsbereitschaft und Kameradschaftsgeist der Kursteilnehmer äußerst positiv. Ein Gemeinschaftserlebnis wurde angestrebt, das „durch seine besondere Ausrichtung auf ein gemeinsames Ziel hin neue Inspirationen während und nach den ganzen Kursen vermittelt."[532]

Hahn bemerkte jedoch, dass die relativ kurze Dauer der Kurse zu einer Überbelastung der Teilnehmer führen konnte und plädierte fortan für die Durchführung längerer Kurse.

In der Zeit der Evakuierung der Schule Gordonstouns nach Wales verwirklichte Hahn seine neu gewonnenen Vorstellungen. Im August 1940 wurde ein dreiwöchiger Kurs in Plas Dinem durchgeführt, an dem Schüler, Lehrlinge, Seekadetten und Soldaten im Alter zwischen 15 und 18 Jahren teilnahmen.[533] In der Tatsache, dass die Kursteilnehmer aus unterschiedlichen sozialen Schichten stammten, zeigte sich schon in dieser Entwicklungsstufe eines der allgemeinen Kennzeichen der Kurzschulen Kurt Hahns.

Während dieses Kurses zeigte sich jedoch eine eklatante körperliche Leistungsschwäche der Teilnehmer. Hahn zog daraus den Schluss, dass ein vorbereitendes Training für die Jugend des Landes dringend notwendig war. Seine Bitte um finanzielle Unterstützung zur Durchführung weiterer Kurzkurse wurde jedoch von der zuständigen Erziehungsbehörde abgelehnt. Nach dieser Absage erhielt Hahn Unterstützung von führenden Personen aus dem englischen Geis-

---

530 Lunnon, V. M.: Outward Bound, in: Physical education, Vol. 50, Juli 1958, S. 55- 60, hier: S. 56

531 Fuller; J. F.: From The Bridge, in: James, D. (Hrsg): Outward Bound, London 1957, S. 59- 74, hier: S. 65 f

532 Ebd. S.52

533 Summers, S.: The history of the trust, in: James, Outward Bound, a.a.O., S. 18- 58, hier: S. 35

tesleben. Im Dezember 1940 gründete sich das „County Badge Experimental Committee", dem u. a. Julian Huxley, Lord Lindsay, Philip Noel- Baker, Lord Baden-Powell und George Trevelyan angehörten. Im britischen Unterhaus und in Appellen an die führende englische Zeitung „Times" setzten sich diese Persönlichkeiten für eine stärkere Position der Hahnschen Ideen im englischen Erziehungswesen ein.[534] Sie plädierten für eine Ausbreitung des Moray Badges auf alle Grafschaften des Landes unter dem Namen County Badge. Die Elemente der Erlebnistherapie, die schon im Moray Badge vorhanden waren, wurden im County Badge um den Rettungsdienst und das Projekt erweitert.[535] Die vier Bestandteile der Erlebnistherapie (körperliches Training, Expedition, Projekt und Rettungsdienst) waren somit das erste Mal Bestandteil eines Trainingsprogramms. Der Wert des County Badges wurde im Zusammenspiel der vier Bestandteile zu einem pädagogischen Ganzen gesehen:[536] „The achievements constitute a whole. The value lies in their combination."

Die Forderungen des „County Badge Experimental Committee" wurden weitestgehend ignoriert, nur das „County Youth Committee" in Hertfordshire absolvierte in den Schulen sieben Jahre lang Trainingsprogramme zur Erlangung des Abzeichens.[537]

Aus den Resultaten der jahrelangen Experimente resultierte die Gründung der ersten Kurzschule in Aberdovey im Jahre 1941. Dort sollten regelmäßige Kurse von 4 Wochen auf der Grundlage der vier Komponenten der Erlebnistherapie stattfinden. Hahn entschied sich für Aberdovey wegen seiner Lage an einer breiten Flussmündung, wo die Schüler von Gordonstoun seit der Evakuierung der Schule

---

534 Vgl. dazu Lindsay, Lord.: Letter to „The Times", in: The Times, 7. 12.1940; S. 13, oder auch die Initiative von Julian Huxley. Dazu Huxley, J.: County Badge Progress, in: The Spectator, 27.11.1942, S. 499

535 Die Bedingungen zum Erwerb des County Badges erläutert N.N.: The County Badge or the Fourfold Achievement, London 1942

536 Ebd. S. 10

537 Vergleichbare Unternehmungen fanden in Charterhouse, Dollar und in der Derby School statt. Im Sudan wurde in Anlehnung an das „County Badge" das „Darfur Badge" eingeführt, wo eine Jagdexpedition als Bestandteil des Trainingsprogramms eine traditionelle Überlieferung wieder belebte. Vgl. Hahn, Ten Years of Gordonstoun, a.a.O., S. 14

regelmäßig an den Wochenenden Ruderunternehmungen und Segelfahrten durchführten.

Der von Hahns Erziehungsideen begeisterte Reeder Lawrence Holt erklärte sich dazu bereit, das Haus, das zum Schulzentrum ausgebaut werden sollte, zu erwerben. Weiterhin stellte er die zur Ausbildung der nautischen Fähigkeiten notwendigen erfahrenen Seeleute und spendete einen Scheck in Höhe von 1000 Pfund für die Kurzschule. Durch diese großzügige Unterstützung konnte die erste ständige Kurzschule mit Hahns Erziehungskonzeption im Oktober 1941 eröffnet werden.[538]

Zur Zeit der Gründungsphase gab es lediglich Unterbringungsmöglichkeiten für 24 Schüler. Davon stammten acht aus Gordonstoun, acht vom Ausbildungsschiff H.M.S. Convey und die übrigen acht von der Firma „Alfred Holt and Company". Ab dem Jahre 1942 fanden regelmäßig jedes Jahr 10 Kurse von vier Wochen Dauer für ca. 100 Jugendliche pro Kurs im Alter von 16–19 Jahren statt.

Hahn ersetzte den ursprünglichen Namen „Short-Term School", der Vorbild für die deutsche Kurzschule wurde, durch den programmatischen Begriff „Outward Bound". Dieser Ausdruck aus der Seemannssprache bezeichnete ein Schiff, das zu großer Fahrt ausgerüstet wurde. In den Schulen Kurt Hahns sollten die Jugendlichen durch die Ausbildung von Verantwortungsgefühl und Charakterstärke auf das Leben vorbereitet werden – zur „Fahrt ins Leben".[539]

Seit der zweiten Hälfte der 40er Jahre nahm die Teilnehmerzahl an den Kursen in Aberdovey zu, womit sich die finanzielle Situation der Schule zusehends entspannte. Viele Industriebetriebe unterstützten Aberdovey in Form von Geldspenden und Entsendung von Schülern. Für diese Betriebe bedeutete die Teilnahme eigener jugendlicher Mitarbeiter an den Kursen in Aberdovey erhebliche Vorteile:[540] „Ein vertraulicher Bericht über Verhalten und Leistung eines Jungen unter Druck wurde von einigen als eine wertvolle, unabhängige Beurteilung seiner Aufstiegschancen angesehen. Andere erkannten, daß bei einem Rückgang der Arbeitnehmerzahlen und

---

538 Hickson, K.: Outward Bound Schools, in: Journal of Education, Vol. 83, London 1953, S. 251- 254
539 Schwarz, Die Kurzschulen Kurt Hahns, a.a.O., S. 55
540 Summers, S.: Die Frühzeit, in: Röhrs, Bildung als Wagnis und Bewährung, a.a.O., S. 259- 269, hier: S. 260

der zunehmenden Verfeinerung der industriellen Fertigung und der Verwaltung es wichtiger als je zuvor wurde, das Augenmerk auf die Qualität der Arbeitskräfte zu richten. Wenn ein junger Mensch auf einem Outward Bound Kurs bisher unbekannte Eigenschaften an sich entdeckte, dann war die Zeit, die er von der Firma abwesend war, gut angelegt."

Insgesamt lässt sich sagen, dass die erste Kurzschule in Aberdovey sich aus einem experimentellen Stadium über verschiedene Zwischenstufen zu einer geschlossenen Form in Hahns Erziehungskonzeption ausgebildet hat.

Aberdovey wurzelte tief in Hahns Erziehungsvorstellungen und wuchs historisch unter ständiger Beseitigung von Unzulänglichkeiten.[541] Die Grundzüge dieses Erziehungsprogramms von Aberdovey bildeten die Basis für die weitere Kurzschulbewegung bis zum heutigen Zeitpunkt.

Die Charakteristika der pädagogischen Konzeption in Aberdovey lassen sich mit Schwarz in folgenden Punkten zusammenfassen:[542]

- An den Kursen konnten Jungen bzw. Mädchen im Alter von durchschnittlich 16 bis 20 Jahren aus allen Ländern der Welt teilnehmen. Bei der Zusammenstellung der Kurse sollte eine breite soziale Mischung erreicht werden, damit Jugendliche aus unterschiedlichen Lebenszusammenhängen ein größeres gegenseitiges Verständnis entwickeln konnten.
- Die Kurse mit ca. 100 Teilnehmern, die jeweils vier Wochen dauerten, fanden regelmäßig und während des ganzen Jahres statt.
- Das Ziel der Kurzschule lag darin, den Charakter der Schüler durch praktische Erlebnisse zu formen.
- Der Erziehungsplan der Kurzschulen beruhte auf den vier Komponenten der Erlebnistherapie (körperliches Training, Expedition, Projekt, Rettungsdienst).
- Die Erziehungsmedien Berg, See und Meer stellten den Schülern die Aufgabe, sich in neuen und anspruchsvollen Situationen zu bewähren.

---

541 Hahn spricht in diesem Zusammenhang von „years of careful experiment". Vgl. Hahn, The County Badge or the Fourfold Achievement, a.a.O., S. 8
542 Schwarz, Die Kurzschulen Kurt Hahns, a.a.O., S. 56

4.4 Die deutschen Kurzschulen

In diesem Kapitel wird die Entwicklung und das Konzept der deutschen Kurzschulen am Beispiel Weißenhaus und Baad vorgestellt. Auf die Neugründungen in Berchtesgaden, Königsburg an der Ostsee, Haus Gallentin am Schweriner See, Schwangau in der Nähe von Füssen und Schloss Knöchlendorf in der Uckermark kann aus Platzgründen nicht näher eingegangen werden.

4.4.1 Vorgeschichte

Unmittelbar nach dem Ende des 2. Weltkrieges regte Hahn die Einrichtung von deutschen Kurzschulen an. Infolge der schwerwiegenden politischen und wirtschaftlichen Probleme der Nachkriegszeit dauerte es jedoch noch sieben Jahre bis zur Eröffnung der ersten Kurzschule in Deutschland. Die Erlebnistherapie wurde erst nach langem Ringen ein vollwertiger Bestandteil des Erziehungssystems der Bundesrepublik Deutschland.[543] Daher ist es notwendig, auf die Vorgeschichte und die Umstände, die zur Eröffnung der Kurzschulen führten, näher einzugehen.

Laut Hahn[544] befand sich die Jugend in Deutschland nach der Befreiung durch die Alliierten und dem Ende des Krieges in einem geistigen Vakuum.[545]

Gleichzeitig sah Hahn auch die Bereitschaft zu einem geistigen Neuanfang:[546] „They were ready for a new inspiration, but they were also longing for it."

Durch die Gründung von Kurzschulen wollte er der Jugend zu neuem Verantwortungsgefühl und Charakterstärke im Sinne des Friedens verhelfen. Im Jahre 1945 schlug Hahn den Alliierten die Gründung von 100 Kurzschulen in Deutschland vor. Den Notwendigkeiten der damaligen Zeit angepasst sollte ein berufsvorbereitender Bestandteil in Verbindung mit den Elementen der Erlebnistherapie ei-

---

543 Ebd. S. 87 ff
544 In der Zeit unmittelbar nach dem Ende des 2. Weltkrieges bis zum Beginn des Jahres 1949 unternahm Hahn trotz seiner aufwendigen Arbeit als Leiter von Gordonstoun 10 Besuche in Deutschland. Vgl. Hahn, A letter to Bishop Lilje, a.a.O., S. 1
545 Schwarz, Die Kurzschulen Kurt Hahns, a.a.O., S. 88 f
546 Hahn, K.: The state of the young in Germany. Impressions gathered on a journey through Germany in April 1946, Inverness 1946, S. 7

ne bedeutende Stellung im Unterrichtsgefüge einnehmen. Je nach Lage und Möglichkeit der Schule konnte sich Hahn die Ausbildung von jungen Menschen im Bergbau, im Forstbereich, in der Hochseefischerei, in der Krankenpflege oder im Bergrettungsdienst vorstellen. Die Siegermächte standen Hahns Ideen jedoch zurückhaltend und bisweilen sehr skeptisch gegenüber und lehnten sein Ansinnen ab.

Im Jahre 1949 schätzte Hahn die Situation der Jugend in Deutschland noch kritischer als einige Jahre zuvor ein. Unter dem Druck der alltäglichen Probleme war eine geistige Apathie und Hoffnungslosigkeit entstanden:[547] „Many thousands vegetate without faith or standards."

Hahn änderte seine ursprüngliche vor den Alliierten vertretene Konzeption und drängte die berufsvorbereitenden Maßnahmen zugunsten des Dienstes am Nächsten nach dem Vorbild der Küstenwache und Feuerwehr in Gordonstoun zurück. Die zentrale Bedeutung des Rettungsdienstes in den deutschen Kurzschulen gründete sich also auf jene Erfahrungen Hahns, die er im Jahre 1949 sammelte. Anstatt wie einige Jahre zuvor noch die Gründung von 100 Kurzschulen zu fordern, hatte Hahn nun die Errichtung einiger weniger im Auge, in denen der Rettungsdienst eine tragende Rolle spielen sollte. Die Idee der Einführung berufsvorbereitender Maßnahmen tauchte bei den Gründungen von Weißenhaus und Baad nicht mehr auf.

Hahn bemerkte ebenfalls eine auf den Eigennutz fixierte Denk- und Verhaltensweise innerhalb der Jugend. Die Kurzschule in ihrer Form der Gemeinschaftserziehung war für Hahn der Rettungsanker, um diesem Mangel an „loyal cooperation" entgegenzuwirken.[548] So erhielt die deutsche Kurzschule in der Planungsphase ein weiteres wichtiges Merkmal: Eine möglichst breite Streuung bei der Zusammensetzung der Kurse nach Alter und sozialer Schicht wurde angestrebt, um die Voraussetzung für ein partnerschaftliches Miteinander zu schaffen.

---

547 Hahn, A letter to Bishop Lilje, a.a.O., S. 1. In diesem Zusammenhang sprach Hahn von „disillusioned young people" und kam zu der Erkenntnis: „Cynicism is rife in Germany today".Vgl. Hahn, K.: Diagnosis. Submitted to the High Commissioner early 1950, Aberdeen 1950, S. 1
548 Hahn, The state of the youth in Germany, a.a.O., S. 15

Zur Realisierung seiner Kurzschulidee knüpfte Hahn die Verbindung zu einem einflussreichen Zirkel in den USA um T. H. Mc Kittrick[549], dem Vizepräsidenten der Chase National Bank.[550] Auf Initiative Hahns kam die Gründung der „American-British Foundation for European Education" zustande. Das Ziel dieser Gründung bestand neben der Vermittlung von Stipendien für Landerziehungsheime darin, eine finanzielle Basis in den USA für die Errichtung von drei deutschen Kurzschulen als Modell für weitere Gründungen zu schaffen.

Zusammen mit Theodor Bäuerle, dem damaligem Kultusminister von Baden- Württemberg, organisierte Kurt Hahn im Mai 1950 eine Konferenz, an der pädagogisch interessierte Personen in einflussreichen Positionen teilnahmen. Dort wurde zur Freude Hahns die Gründung einer Organisation zur Realisierung seiner Erziehungsvorstellungen beschlossen. Auf der „Burnside Conference"[551] in Gordonstoun wurde im Juni 1951 die „Deutsche Gesellschaft für Europäische Erziehung (DGEE)" als Tochtergesellschaft der „American-British Foundation for European Education" gegründet.[552] Die DGEE wollte laut ihrem Programm die Interessen der Landerziehungsheime in gleichem Maße wie die der noch zu errichtenden

---

549 Wie Hahn war auch Mc Kittrick um den Zustand der Jugend in Deutschland besorgt: „Our policy in germany attached too little importance to the youth of that country. Much had been achieved since the collapse and chaos of 1945, but it was only to clear that no spiritual aheet-ancor had yet been found for a democratic Germany (...). The problem was to find an instrument that could attain this goal.". Zitiert aus: Lawrence, L.: Outward Bound. Rugged Challenge for Teen-Agers, in: Reader's Digist. Pleeasantville, 42 Jg., Vol.82, No.492, April 1963, S. 183–191, hier: S. 188

550 Hahn reiste in den Jahren 1948 und 1949 in die Vereinigten Staaten, um der Gruppe um Mc Kittrick detaillierte Modelle seiner geplanten Kurzschulen in Deutschland vorzulegen. Vgl. Hahn, A memorandum, a.a.O. und Hahn, K.: Additional memorandum, New York 1949

551 Außer Hahn waren auf dieser Konferenz noch zwölf weitere Personen aus Deutschland vertreten, darunter Minna Specht, die Leiterin der Odenwaldschule, Fritz Christiansen-Weniger, der Oberleiter der Lietz-Schulen, der Ministerialrat Carl Möhlmann aus dem Kultusministerium Schleswig-Holsteins, Walter Hartmann, der Generalsekretär des Deutschen Roten Kreuzes (DRK) und Theodor Bäuerle, der Kultusminister von Baden-Württemberg.

552 Deutsche Gesellschaft für Europäische Erziehung: Satzungen. Programm. Mitglieder, Privatdruck 1952, S. 2 ff

Kurzschulen fördern. Doch mit der Zeit wandte sich die DGEE immer mehr den Kurzschulen zu:[553] „(...) The short-term school movement can justifiably invaluable as is their independent status, were clearly not in a position to do justice to the wide scope of our aims. (...) So the provision of short- term schools became our No.1 objective."

Die große Nachfrage von deutschen Pädagogen hinsichtlich authentischer Informationen über Hahns Erziehungskonzept führte zur Gründung eines Gästehauses in Gordonstoun[554] im Oktober 1951. Finanziert durch Gönner aus den USA besuchten zwischen 1951 und 1953 133 pädagogisch interessierte Personen Gordonstoun. In der Zeit ihres Aufenthalts lernten sie die pädagogischen Prinzipien der Schule kennen, insbesondere den Rettungsdienst. Diese Besuche waren für die Weiterverbreitung der Ideen der Kurzschule in Deutschland von enormer Wichtigkeit und markierten einen beachtlichen Meilenstein für die Gründung der ersten deutschen Kurzschule im Jahre 1953.[555]

4.4.2 Das Experiment Nehmten

Die vorbereitenden Kurse in Nehmten bedeuteten ebenfalls als Erfahrungsgrundlage einen weiteren Schritt in der auf die Eröffnung von Weißenhaus zusteuernde Entwicklungslinie.

Die entscheidende Initiative zur Erprobung der Kurzschulmethoden in Deutschland und gleichzeitigen Möglichkeit der Präsentation dieser Erziehungsmethoden in der Öffentlichkeit entwickelte sich aus

---

553 Zitiert aus Schwarz, Die Kurzschulen Kurt Hahns, a.a.O., S. 92

554 Vgl dazu Hahn, K.: Gästehaus in Gordonstoun, Privatdruck o.J., S. 1

555 130 Personen aus pädagogischen Berufen, Behörden, Betrieben bekamen die Gelegenheit, in Gruppen von je 10–12 Teilnehmern die Schule in Gordonstoun zu besuchen und näher kennen zu lernen. Vgl. Richter, G.: Die deutschen Kurzschulen- ihre Entstehung und Entwicklung, in: Röhrs, Bildung als Wagnis und Bewährung, a.a.O., S. 304. Eine weitere wichtige Maßnahme zur Kenntnisnahme der Kurzschulerziehung in der Öffentlichkeit war die Vortragsreise von Spencer Summers, einer der Begründer der englischen Outward-Bound-Bewegung und der damalige Vorsitzende des Outward-Bound-Trust, im Jahre 1953. Im Auftrag des englischen Auswärtigen Amtes reiste Summers durch Deutschland und referierte über die Kurzschulidee in England und Deutschland. Vgl. dazu Summers, S.G.: Kurzschulen- Outward Bound Schools, Winsen/Luhe 1953

einem unerwarteten Ereignis. Der Hamburger Reeder Heinz Schliewen kaufte die beiden Großsegler „Pamir" und „Passat", die bereits zum Abwracken bestimmt waren. Schliewen beabsichtigte, die beiden Schiffe nach einer Modernisierung als Frachtschulschiffe in den Handelsdienst und in die Ausbildung des nautischen Nachwuchses zu stellen.

Die Schiffe sollten nach Fertigstellung des Umbaus Ende 1951 mit 50-60 Jugendlichen, denen eine nautische Ausbildung ermöglicht wurde, nach Brasilien auslaufen.[556] Nach einigen Gesprächen überzeugte Hahn Schliewen von der Bedeutsamkeit eines vorbereitenden Trainings für die Seekadetten vor der anstehenden Fahrt nach Brasilien, das ihnen Charakterstärke, Gemeinschaftsgefühl und Selbstdisziplin vermitteln sollte. Hahn orientierte sich dabei an seine mit der nautischen Abteilung in Gordonstoun gemachten Erfahrungen, wo seit dem Jahre 1941 Jugendliche, die den Beruf des Offiziers in der Handelsmarine ausüben wollten, ausgebildet wurden.[557]

Hahn und Schliewen vereinbarten, dass eine Vorausbildung der jugendlichen Seekadetten nach dem Outward-Bound-Muster durchgeführt werden sollte. Die DGEE bildete ein nautisches Komitee und übernahm die Trägerschaft für diese Unternehmung.[558] Die Landesregierung von Schleswig-Holstein stellte das Schloss Nehmten am Plöner See für die Kurse zur Verfügung. Nach Abschluss der Vorgespräche wurde der Hauptkurs in Nehmten mit Unterstützung der Reederei Schliewen, mehrerer Hamburger Wirtschaftsunternehmen und der Landesregierung Schleswig- Holsteins am 4.10.1951 unter Leitung des Vorstandsmitgliedes der DGEE, Fritz Christiansen-Weniger, eröffnet.[559]

---

556 N.N.: Bald segelt die „Pamir" unterm Passat, in: Die Neue Zeitung, Nr.10, 12.1.1952, S. 17
557 Linn/Picht/Specht, Erziehung zur Verantwortung, a.a.O., S. 57
558 Richter, Die deutschen Kurzschulen-ihre Entstehung und Entwicklung, in: Röhrs, Bildung als Wagnis und Bewährung, a.a.O, S. 302
559 Schmidt, F.: Wieder Langreisesegler unter deutscher Flagge. Von der Arbeit der Schliewensegler, in: Seemannskalender, 27 Jg., Heft 54, Januar 1952, S. 3–9, hier: S. 7. Zur selben Zeit fand in Gordonstoun der „Dunkinty Course" für 15 deutsche und 5 englische Seekadetten statt; diese Gruppe stieß am 12.11.1951 zum Vorbereitungskurs in Nehmten.

Unter den 83 Kursteilnehmern waren 30 Flüchtlingkinder mit unterbrochener Schulausbildung, die dadurch eine neue berufliche Chance und Zukunftsperspektive erhielten.[560]

Das Programm des Kurses, an dessen Planung Kurt Hahn beteiligt war, orientierte sich weitestgehend an dem Vorbild Gordonstouns. Die aus dem englischen Vorbild entstandene theoretische und praktische Ausbildung in Erster Hilfe und Unfallverhütung gehörte zu dem für Nehmten typischen Merkmal, dass das Kursprogramm im Unterschied zu den Inhalten der Kurzschulerziehung auf eine spezielle Berufsausbildung ausgerichtet war.[561] Pullen, Wriggen, Knoten und Spießen waren Bestandteile der praktischen Ausbildung, die Takelung einer Viermastbark, Geschichte der Seefahrt und Englisch Merkmale der theoretischen fachlichen Ausbildung.[562] Daneben wurde die körperliche Ausbildung mit leichtathletischem Training, kraft- und geschicklichkeitsschulenden Übungen an den Geräten der Hindernisbahn und Gruppenwettkämpfen durchgeführt. Geistige Weiterbildung mit Englischunterricht, Lebenskunde, täglichen Morgenandachten und Vorträgen fand ebenfalls statt. [563]

Dem ersten fünfwöchigen Kurs in Nehmten schlossen sich zwei weitere an, da die Schiffe doch nicht wie vorgesehen am 15.11. fertig gestellt wurden, sondern erst am 15.12.1951 bzw. am 24.1.1952. Die Kurse wurden von der Deutschen Gesellschaft für Europäische Erziehung in einer Nachbetrachtung als „hervorragende Vorstudie für die Arbeit, die dann in der ersten ständigen deutschen Kurzschule in Weißenhaus geleistet werden sollte" beurteilt.[564] Hahn betrachtete die vorbereitenden Kurse in Nehmten ebenfalls als „the forerun-

---

560 Christiansen-Weniger, F.: Kurzschule Nehmten. Versuch einer Vorausbildung des nautischen Nachwuchses für unsere Handelsmarine, in: Die Sammlung, 7 Jg., Heft 7/8, Juli/August 1952, S. 326- 336, hier: S. 329 f
561 Weber/Ziegenspeck, Die deutschen Kurzschulen. Historischer Rückblick-Gegenwärtige Situation-Perspektiven, a.a.O., S. 114
562 Christiansen- Weniger, Kurzschule Nehmten, in: Die Sammlung, a.a.O., S. 331 f
563 Loschew, P.: Kutter, Knoten und Kadetten. Das Experiment von Nehmten. Ordnung ohne Drill und selbstverständliche Kameradschaft, in: Die Zeit, 6. Jg., Nr.46, 6.12.1951, S. 2
564 Deutsche Gesellschaft für Europäische Erziehung e.V.: Ein Bericht, Duisburg 1953, S. 9

ner of Weissenhaus."[565] Innerhalb der Kurse in Nehmten wurden Methoden entwickelt, die bei der späteren Gründung von Weißenhaus übernommen worden sind:[566]

- Die Einführung von Wachgemeinschaft und Wachführer,
- die Heranziehung von Punktsystem und Leistungsbuch,
- die Bezugnahme auf Standardtests mit zwei Leistungsgruppen vergleichbar mit dem Moray und County Badge in Schottland.

Das starke Interesse der Medien an den vorbereitenden Kursen in Nehmten steigerte den Bekanntheitsgrad der Hahnschen Erziehungsmethode um ein Beträchtliches.[567] Bei der Probefahrt der „Pamir" am 15.12.1951 in Kiel hielt der damalige Bundespräsident Theodor Heuss eine Rede an Bord des Schiffes, in der er die Wichtigkeit der pädagogischen Arbeit von Kurt Hahn für die Jugendlichen in Deutschland hervorhob. Heuss stellte fest:[568] „Charakter ist kein Lehrfach mit Stundenzahl, sondern ein Vorleben des Beispiels, und nicht nur des Beispiels des Lehrers, sondern auch der Kameraden; das Bedeutendste des Unterfangens, das wir hier sahen, ist ja nun, daß die wechselseitige Erziehungskraft in der wohlgeordneten Gemeinschaft gewiß ein ,bürgerliches', ein berufliches Lebensziel hat, daß sie aber dieses berufliche Lebensziel in eine größere menschliche Sinngebung einzubetten weiß. Das Erziehungsprinzip findet seine eigentliche Erprobung erst in der Bewährung, und zwar besonders dann – das möchte ich gerade im Zusammenhang mit dem, was wir hier erleben, sagen-, wenn die nichtdomestizierte Natur dem Menschen unmittelbar gegenübersteht."

4.4.3 Weißenhaus

Die Gewissheit der erfolgreichen Arbeit in Nehmten ermunterte Hahn, als nächsten Schritt zur Realisierung seiner Erziehungsmethode eine ständige Kurzschule in Deutschland zu eröffnen. Hahn

---

565 Hahn, K.: Report to the chairman of the London Advisory Committee and the president of the American-British Foundation of European Education, 1st April 1952, London 1952, S. 4
566 Schwarz, Die Kurzschulen Kurt Hahns, a.a.O., S. 94
567 N.N.: Vor der Fahrt ins Leben. Kurzschulen für Jungen in England und Deutschland, in: Frankfurter Allgemeine Zeitung, Nr. 254, 31.10.1953, S. 13
568 Heuss, T.: Erwiderung des Bundespräsidenten anlässlich der Probefahrt des Fracht- Segelschulschiffes „Pamir" in Kiel am 15. Dezember 1951, in: N.N.: Ansprachen. Privatdruck o.J., S. 16–20, hier: S. 17

hatte als Gründungsort schon seit längerem das Schloss Weißenhaus an der Hohwachter Bucht zwischen Lübeck und Kiel im Auge.[569]

Der Besitzer des Schlosses, Graf von Platen-Hallermund erklärte sich bereit, den größten Teil seines Schlosses und der näheren Umgebung gegen eine geringe Abnutzungsgebühr für die Dauer von 25 Jahren zur Verfügung zu stellen.

In Weißenhaus waren bereits zwei für die Kurzschulerziehung grundlegende Elemente verwirklicht. Die Entsprechung zu der in den Kurzschulen angestrebten sozialen Mischung lag für Hahn in der sich angesichts der Bedrohung des Meeres notwendigerweise ergebener Zusammenarbeit der gesamten Bevölkerung von Weißenhaus. Die zweite günstige Voraussetzung bestand darin, dass Weißenhaus mit einer Seenotrettungsstation der „Deutschen Gesellschaft zur Rettung Schiffbrüchiger", einer örtlichen Feuerwehr und einer Station des Roten Kreuzes von vornherein ein Rettungszentrum darstellte. So wurde die Kurzschule in ein lange bestehendes Rettungszentrum integriert, was bislang ein Novum darstellte, denn in allen anderen Kurzschulen wurde der Rettungsdienst erst nachträglich hinzugefügt.[570]

Eine Stiftung von 70000 Dollar aus den USA, die an die Bedingung gekoppelt war, dass von deutscher Seite derselbe Betrag bereitgestellt werden musste, schuf Ende des Jahres 1951 die Voraussetzungen für den Beginn der Vorbereitungsarbeiten in Weißenhaus. In Deutschland zeigten sich die „Deutsche Gesellschaft zur Rettung Schiffbrüchiger" mit Geld- und Sachspenden, das Deutsche Rote Kreuz (DRK), die Landesregierung von Schleswig-Holstein, der Bundesjugendplan durch die Gewährung von Stipendien und verschiedene Reedereien für die finanzielle Unterstützung des Projektes Weißenhaus verantwortlich.

---

569 Hahn bemerkte, dass sich hier eine „von Gott gesandte Möglichkeit bot, eine Kurzschule einzurichten". Vgl. Hahn, A letter to Bishop Lilje, a.a.O., S. 3. Ausführliche Informationen dazu liefert Lüding, W.: Die Kurzschule Weißenhaus, in: Hamburger Lehrerzeitung, 10 Jg., Heft 5, Hamburg 1957, S. 1–9, hier: S. 3

570 Möhlmann, C.: Die Kurzschule Weißenhaus, in: Die Sammlung, 10 Jg., Göttingen 1955, S. 271- 280, hier: S. 273 f

Der erste Kurs wurde am 4.6.1952 mit 40 Jugendlichen aus verschiedenen deutschen Industriefirmen und 30 Schülern aus Hamburg eröffnet.[571] Pro Jahr fanden neun Kurse von je vier Wochen Dauer, von März bis November, statt. Die Leitung der Kurzschule wurde Prof. Dr. Christiansen-Weniger nach dem erfolgreichen Experiment von Nehmten übertragen. Aus den Kursen in Nehmten konnte auch ein Großteil der Pädagogen für die Arbeit in Weißenhaus gewonnen werden.

Der Rettungsdienst sollte von Anfang an die Arbeit in Weißenhaus bestimmen:[572] „Nicht Leben zu zerstören, sondern Leben zu retten sollten die jungen Menschen lernen, die Bereitschaft zu helfen – und das Können, die Bereitschaft zur Tat werden zu lassen, wann immer es erforderlich wäre."

Der in Weißenhaus durchgeführte Erste Hilfe-Kurs stand unter der Verantwortung des DRK. Rettungsboote und ein Raketenapparat mit Hosenboje wurden von der „Deutschen Gesellschaft zur Rettung Schiffbrüchiger" zur besseren Ausbildungsmöglichkeit zur Verfügung gestellt. Die australische Brandungsrettungsgesellschaft stiftete ein Spezialgerät für die Ausbildung zum Rettungsschwimmen, das in den Sommermonaten in die Kurse eingebaut wurde.

Um den Schutz des anliegenden Badestrandes zu gewährleisten und Notsignale von Schiffen an die Rettungsstation weiterzugeben, hielten die Schüler von Weißenhaus Tag und Nacht Küstenwache in einem extra eingerichteten Haus am Strand. In Notfallsituationen half die Weißenhauser Küstenwache bei Bergungsaktionen von kleineren Schiffen erfolgreich mit. Die Feuerwehr der Schule konnte bei Bränden in der näheren Umgebung zusammen mit der örtlichen Feuerwehr ihre Fähigkeiten beweisen.[573]

Der Erziehungsplan in Weißenhaus sah das körperliche Training vor, da es die Grundvoraussetzungen für den Einsatz im Rettungsdienst schuf. Ebenso wurden die seemännische Ausbildung, Landschaftskunde, Lebens- und Sozialkunde sowie Arbeitsgemeinschaften über politische und weltanschauliche Themen in den Mittel-

---

571 Ebd. S. 275
572 Richter, Die deutschen Kurzschulen, in: Röhrs, Bildung als Wagnis und Bewährung, a.a.O., S. 304
573 Richter/Münch, Kurzschule und Charakterbildung, a.a.O., S. 88

punkt des Unterrichts gestellt.[574] Die Analyse der Erziehungspraxis in Weißenhaus von Schwarz ist zutreffend:[575] „Die Methode der Erziehung zum mitbürgerlichen Denken und Handeln durch den Weg des Erfahrenlassens der gegenseitigen Abhängigkeit des Menschen untereinander und der Verpflichtung des Individuums gegenüber der Gemeinschaft in herausfordernden Situationen des täglichen Zusammenlebens geht in der Kurzschule Hand in Hand mit der geistigen Vergegenwärtigung dieser menschlichen Grunderfahrung im Unterricht der Lebenskunde, in Arbeitsgemeinschaften, Vorträgen, Lesungen und Diskussionen."

Im lebenskundlichen Unterricht war die eigene Erfahrung Anknüpfungspunkt für die anschließende Diskussion über Aspekte des menschlichen Miteinanders in der Gesellschaft. Die zentrale Aufgabe des Lebenskundeunterrichtes lag „in der Aufarbeitung der durch die Methoden der Kurzschule provozierten Gruppenerfahrung und in der Bewußtmachung der Erfahrung des Aufeinander- angewiesen-Seins in herausfordernden Situationen."[576] In den Arbeitsgemeinschaften lernten die Schüler die Herausbildung der eigenen Stellungnahme und die Akzeptanz anderer Meinungen. Exkursionen zur Erforschung von Wald, Feld, Strand und Steilküste wurde im Landschaftskundeunterricht durchgeführt, wobei es hauptsächlich darum ging, die nähere Umgebung der Kurzschule geographisch, klimatisch und naturkundlich kennen zu lernen. Besuche von verschiedenen Städten in der Umgebung von Weißenhaus waren ebenfalls Bestandteil der Unterrichtsstunden in der Landschaftskunde, wobei dort vor allem historische und wirtschaftliche Themen angesprochen wurden.[577]

Die einzelnen Arbeitsgebiete wurden während eines Kurses von 4 Wochen Dauer folgendermaßen verteilt: 12 Stunden Lebenskunde, 10 Stunden Segeln und Rudern, 10 Stunden Knoten, je 12 Stunden Raketenrettungsapparat und Feuerwehr, 16 Stunden Erste Hilfe, 12

---

574 Kipphoff, P.: Erziehung durch die See. Zum zehnten Geburtstag eines Experimentes, das schon lange ein Erfolg ist, in: Die Zeit, 17. Jg., Nr. 23, 8.6. 1962, S. 13

575 Schwarz, Die Kurzschulen Kurt Hahns, a.a.O., S. 97

576 Weber/Ziegenspeck, Die deutschen Kurzschulen, a.a.O., S. 123

577 Brüll, H.: Landschaftskunde in Weißenhaus, in: Waldjugenddienst. Pädagogische Vierteljahrsschrift für Schule und Jugendführer, 5. Jg., Nr. 3, September 1957, S. 5- 6, hier: S. 5

Stunden Hindernisbahn, 16 Stunden Leichtathletik, 16 Stunden Biologie und 12 Stunden Musik.[578]

In allen Bereichen der Ausbildung spielte die Erziehung zur Gemeinschaft und Verantwortung eine große Rolle. Die Schüler wurden in „Wachen"[579], einer Gruppe von 10-12 Personen, eingeteilt, in denen sich das Leben der Teilnehmer weitestgehend abspielte. Den „Wachen" wurde ein Erwachsener als „Wachführer" zur Seite gestellt. Innerhalb jeder „Wache" wurde ein „Wachältester" unter den Teilnehmern gewählt. Die einzelnen „Wachen" saßen beim Essen zusammen, absolvierten gemeinsam ihre Ausbildung und trafen in Wettkämpfen auf die anderen „Wachen".

In der ersten Zeit war es für die Kurzschule sehr schwierig, die zur Finanzierung der Einrichtung notwendigen Teilnehmer zusammenzubekommen.[580] Erst als mit Hilfe von „Freundschaftskreisen" in-

---

578 Aus der Verteilung der Stunden für die einzelnen Arbeitsgebiete ging hervor, dass der Rettungsdienst mit zusammen 48 Stunden einen Hauptanteil an den Gesamtstunden einnahm. Wenn man wie Weber und Ziegenspeck die Segel-, Ruder- und Knotenausbildung mit zusammen 20 Stunden und das körperliche Training mit 28 Stunden als Vorausbildung mit zur Rettungsausbildung rechnete, lag der Anteil der dem Rettungsdienst zugeordneten Stunden bei ca. 2/3 der Gesamtstunden. Vgl. Weber/ Ziegenspeck, Die deutschen Kurzschulen; a.a.O., S. 121. Aus dieser Auflistung ging eindeutig hervor, dass der Rettungsdienst den Mittelpunkt der Erziehungsarbeit in Weißenhaus ausmachte.

579 Aufgrund der zentralen Bedeutung der Küstenwache und anderer Rettungsdienste für die Kurzschularbeit in Weißenhaus bekamen die Gruppen die Bezeichnung „Wache".

580 Dies wurde noch erschwert durch den im Nachrichtenmagazin „Spiegel" am 1.9.1954 erschienenen Artikel „Wenn Du eingezogen wirst". In diesem Artikel wurde Weißenhaus als „Ertüchtigungslager mit militärischen Vorübungen" bezeichnet. Insgesamt gesehen verzerrte der Artikel die Erziehungsziele in Weißenhaus; der Name Hahn, die historische Entwicklung der Erlebnistherapie und der Rettungsdienst fanden dort keine Erwähnung. Auch die Worte des Leiters Christiansen- Weniger bei der Planung der Kurse in Nehmten wurden übergangen: „Dabei wollten wir versuchen zu inneren Disziplin zu gelangen, ohne äußeren Zwang und Drill als Krücke zu benutzen. Alle pseudo- militärischen Formen und auch jeden Anklang an sie wollten wir in Nehmten vermeiden. Darauf lege ich, angeregt durch den Besuch in England, besonderen Wert. In den englischen Kurzschulen war und deutschen Gästen manche Form als zu militaristisch, für uns überholt und unbrauchbar aufgefallen." Vgl. Christiansen- Weniger, Kurzschule Nehmten, in. Die Sammlung, a.a.O., S. 328. Auf

nerhalb der Wirtschaft Hahns Methoden eine größere Lobby fanden, stieg das Interesse der Firmen an, ihre jugendlichen Mitarbeiter zu einer Kurzschule zu entsenden.[581] Hahn bemerkte dabei nicht die mögliche finanzielle Abhängigkeit von der Großindustrie, die Einfluss auf den Inhalt der Kurse in Weißenhaus nehmen könnte. Die Teilnahme von Schülern an den Kursen in Weißenhaus war äußerst problematisch. Außerhalb der beiden Ferienmonate Juli und August waren wenige Schulen und Eltern dazu bereit, das Risiko eines vierwöchigen Schulausfalls auf sich zu nehmen.

Erst durch den Vorstoß des damaligen Leiters der Abteilung Höhere Schulen im Kultusministerium von Schleswig- Holstein, Ministerialrat Möhlmann, während der Schulzeit ganze Klasenverbände für den Besuch von Weißenhaus zu beurlauben, stieg die Zahl der Jugendlichen in den Kurzschulen stetig an.[582] Mit der Zeit machten auch andere Bundesländer außer Schleswig Holstein von der Möglichkeit Gebrauch, Schulklassen nach Weißenhaus zu entsenden.

Die Kurzschule Weißenhaus beschäftigte sieben festangestellte Lehrer für die seemännische Ausbildung, die Feuerwehrausbildung, die Erste Hilfe-Übungen und Landschaftsbiologie. Weiterhin waren in jedem Kurs drei bis fünf Hilfserzieher vorübergehend tätig.[583] Dies

---

Hahns Aussagen „Es ist nicht der Krieg, der die menschliche Seele zum höchsten Einsatz bringt. Die Leidenschaft des Rettens entbindet die stärkere Dynamik." (vgl. Hahn, K.: Rückblick. Rundfunkvortrag am 22.10.1950 (BBC London), in: Die Sammlung, 8 Jg., Heft 12,Göttingen 1953, S. 579) und „Dienst am Nächsten-Dienst am Frieden!" (vgl. Hahn, K.: Grundriss eines pädagogischen Testaments. Hektographierter Entwurf, Salem 1966, S. 1) wurde in dem Artikel ebenfalls nicht eingegangen.

581 Vgl. dazu Gerlach, E.: Ungewöhnliche Erziehung-ungewöhnliche Landschaft-Bewährung im Abenteuer, in: Phönix- Rheinrohr (Düsseldorf), Nr.19, Mai 1958, S. 6- 7; Meseke, H.: Unternehmen Stranddistel, in: Unser Pütt. Informationen der Essener Steinkohlebergwerke AG und des Mannesmann- Erzbergbaues, Heft 11, Essen 1960, S. 18- 19 oder N. N.: Die Stranddistel: Symbol einer neuen Generation. Zehn jugendliche Belegschaftsmitglieder bei einem Kurzlehrgang in Weißenhaus/Ostsee, in: Der Kumpel. Werkszeitung der Bergwerksgesellschaft Walsum AG, 13 Jg., Nr. 43, 1.11.1963, S. 3- 5

582 Voggenreiter, H./Leese, R.: Schule für Abenteuer und Bewährung. Kurzschule Weißenhaus in Holstein, in: Jugend in Freiheit und Verantwortung, Bad Godesberg 1961, S. 124–143, hier: S. 134 f

583 Richter, Die deutschen Kurzschulen, in: Röhrs, Bildung als Wagnis und Bewährung, a.a.O., S. 306

waren in der Regel Studienreferendare, die von den Bundesländern beurlaubt wurden, um in Weißenhaus praxisorientierte Erfahrungen im Umgang mit Schülern zu sammeln. Die meisten der Referendare gewannen positive Eindrücke von der Arbeit in Weißenhaus und vermittelten die gesammelten Erfahrungen in den Höheren Schulen weiter.[584] Dies bedeutete für die Schule Weißenhaus eine wertvolle Gelegenheit, die Methoden der Kurzschulerziehung auch in den Höheren Schulen im gesamten Bundesgebiet bekannt zu machen.

Nach ihrem eindrucksvollsten Erlebnis ihres Aufenthalts befragt, entschieden sich viele Kursteilnehmer für die zweitägige Fahrt mit dem Motorsegler der Schule über die westliche Ostsee.[585] Diese Fahrt stellte eine besondere Bewährungsprobe für die körperliche Fitness und die in der seemännischen Ausbildung gelernten Fähigkeiten dar. Es wurde deutlich, dass innerhalb des gesamten Erziehungsprogramms der Kurzschule die Expeditionen bei den Kursteilnehmern den nachhaltigsten Eindruck hinterließen.[586] Weiterhin besaß das Erlebnis der Natur und der Kameradschaft einen hohen Stellenwert. Ein Schüler schrieb ein Jahr nach seinem Aufenthalt in Weißenhaus:[587] „Die Landschaft hat mich sehr beeindruckt, und ich möchte sagen, daß sie und das besonders gute Verhältnis zu den Kameraden zu meinen besten Erinnerungen an Weißenhaus gehören. Die verschiedensten Kenntnisse, die ich in Weißenhaus erwarb, sind zum größten Teil verloren oder verdunkelt."

Während der Flutkatastrophe im Jahre 1962 an der Nordsee zeigte sich die Bedeutsamkeit der erlernten Kenntnisse des Rettungsdienstes in der Kurzschule Weißenhaus. Ein Bericht einer Hamburger

---

584 Münch, H.: Die Kurzschule, in: Basler Schulblatt (1967), 28 Jg., Heft. 3, S. 70–76. hier: S. 72

585 Vgl. dazu Jäger, H.J.: War Weißenhaus sinnlos?, in: Schulzeitung der Gesamtschule Nordweststadt, 2. Jg., No.2, Frankfurt/M. 1966, S. 20–21; Pauli, G.: Bericht über die Teilnahme der Klasse 7a der Rupprecht-Oberrealschule München an einem Lehrgang der Kurzschule Baad vom 4. Juni bis 1. Juli 1957, München 1957, S. 3 f oder Straube, H./Hartmann, E.: Erfahrungsberichte über den Aufenthalt der Klasse 10a der Mittelschule Peine in Baad im Kleinen Walsertal, Peine 1963, S. 22- 24

586 Schwarz, K.: Expeditionen und Rettungsdienst als pädagogische Zentren in den deutschen Kurzschulen, in: Röhrs, Bildung als Wagnis und Bewährung, a.a.O., S. 311- 325, hier: S. 311

587 Zitiert aus Ebd., S. 313

Firma über den Einsatz ihrer Lehrlinge bestätigte dies:[588] „Die Weißenhäuser waren den anderen Lehrlingen dadurch überlegen, daß
sie wußten, wie man Menschen und Dinge anfaßt, die man bergen
will. (...) Mehrere kamen auch mit ihren technischen Kenntnissen,
die sie bei der Feuerwehrausbildung gelernt hatten, zum Zuge und
konnten sich zum Erstaunen aller hervorragend nützlich machen,
daß sie die Geräte im Handumdrehen anzuschließen verstanden
(...). So ist dies während der Hamburger Katastrophentage deutlich
geworden, daß die souveräne Anwendung der Rettungs- und
Hilfsmethoden wesentlich ist, ebenso wie die innere Sicherheit, ent-
schlossen zuzugreifen."

Nach einem Belegungsboom der 50er und 60er Jahre musste die
Kurzschule Weißenhaus im Jahre 1975 wegen zu geringer Auslas-
tungsmöglichkeiten geschlossen werden. Ziegenspeck und Händel
machten noch andere Gründe für die Schließung Weißenhaus'
aus:[589] „Die Entwicklung des Fremdenverkehrs am Weißenhäuser
Strand, vor allem die Einrichtung von Schießplätzen der Deutschen
Bundeswehr westlich und östlich der Hohenwarter Bucht, machten
einen normalen Kursbetrieb unmöglich."

4.4.4 Baad

In den Jahren 1953 bis 1965 steigerte sich die Belegungszahl von
Weißenhaus von 608 Teilnehmern bis zur Höchstkapazität von 858
Schülern. Manchmal waren die Anmeldungszahlen derart hoch,
dass vielen Jugendlichen eine Absage erteilt werden musste. Diese
Entwicklung und die Gefahr, dass Weißenhaus in Deutschland nur
als einmaliges Experiment angesehen werden könnte, zwangen die
Verantwortlichen der DGEE zum Nachdenken.[590]

Daraufhin entschloss sich die DGEE neben einer Kurzschule an der
See eine weitere in den Bergen zu eröffnen. Die American-British
Foundation erklärte sich bereit, 50.000 Dollar für die Gründung einer zweiten Kurzschule unter der Bedingung zur Verfügung zu stellen, dass aus Deutschland dieselbe Summe aufgebracht wurde.

---

588 Zitiert aus Schwarz, Die Kurzschulen Kurt Hahns, a.a.O., S. 192
589 Ziegenspeck, J.W./Händel, U.: „Pädagogik mit Segeln und Bergsteigen",
     in: betrifft Erziehung, 16 Jg., Nr.12 (1983), S. 56–63, hier: S. 61
590 Richter, Die deutschen Kurzschulen, in. Röhrs, Bildung als Wagnis und
     Bewährung, a.a.O., S. 308

Durch finanzielle Zuwendungen des Bundesjugendplanes und führender Wirtschaftsunternehmen wurde im Mai 1956 die Vorgabe der American- British Foundation erfüllt. Nach der Prüfung verschiedener Projekte entschied man sich letztlich für Baad in den Bayrischen Alpen.[591] Das von Bergen umgebene Baad am hinteren Ende des Kleinwalsertals besaß die besten Voraussetzungen zur Einführung des Bergrettungsdienstes.[592]

Die Eröffnung der Kurzschule Baad erfolgte am 1.8.1956. In Baad wurde ein nach Sommer- und Winterkursen differenziertes Unterrichtsprogramm durchgeführt; damit war sie die einzige Kurzschule der Welt, wo zwei unterschiedliche Kurstypen nebeneinander existierten.[593] Im Sommer bildete die Bergausbildung, Hochgebirgstouren und der Rettungsdienst für in Not geratene Alpinisten den Schwerpunkt des Unterrichtsplans. Dagegen orientierte man sich im Winter auf den touristischen Skilauf mit den entsprechenden Rettungsübungen.

Der Ausbildungsplan in Baad ähnelte demjenigen in Weißenhaus: körperliches Training, Feuerwehrdienst, die Einweisung in Erster Hilfe, Landschafts- und Sozialkunde standen im Mittelpunkt der Erziehung. Innerhalb eines Jahres fanden neun Kurseinheiten statt, von denen vier als Winterkurse und fünf als Sommerkurse angeboten wurden.[594]

Der Rettungsdienst stellte das wichtigste Erziehungsmittel in Baad dar.[595] Die Kurzschule war mit allen notwendigen Geräten für Rettungseinsätze im Sommer wie im Winter ausgestattet. Im Bergrettungstraining lernten die Jugendlichen das Abseilen von verunglückten Personen über unwegsame Hindernisse (Akja) sowie das

---

591 Vor der Festlegung auf Baad wurden 60 Projekte in den Bayrischen Alpen von der DGEE einer eingehenden Prüfung unterzogen.

592 Die Umgebung von Baad erwies sich als „prädisponiert zur Einführung des Bergrettungsdienstes als dem wichtigsten Erziehungsmittel". Vgl. Schwarz, Die Kurzschulen Kurt Hahns, a.a.O., S. 99

593 Ebd.

594 Pauli, G.: Die Kurzschule Baad, in: Neues Land. Zeitschrift des Bayrischen Philologenverbandes, 12 Jg., Heft 4, Juli 1960, S. 82–86, hier: S. 83 f

595 Vgl. dazu Wittig, H.: Die Kurzschulen Kurt Hahns, in: Westermanns Pädagogische Beiträge, 15. Jg., Nr.11, November 1961, S. 231–232 und Bondy, B.: Die Leidenschaft des Rettens. Zu einem pädagogischen Jubiläum, in: Süddeutsche Zeitung, Nr. 46, 22.2.1962, S. 5

Absuchen einer Lawine mit Hilfe moderner Sonden. Der Umgang mit dem schuleigenen Sprechfunkgerät und die Absolvierung einer Feuerwehrausbildung, um den Feuerschutz für Baad selbständig übernehmen zu können, war ebenfalls Bestandteil des Unterrichtsplans. Nach den Richtlinien des DRK fanden mehrere Lehrgänge in Erster Hilfe statt. Die Kurzschule arbeitete mit mehreren benachbarten Rettungsstationen wie der Bayrischen Bergwacht, der lokalen Polizeistation und dem österreichischen Bergrettungsdienst zusammen. Damit wurde die Forderung Hahns erfüllt, dass die Kurzschule für Aufgaben, die ihre unmittelbare Umgebung an sie richtete[596], gewappnet sein musste. Schwarz zählte im Rettungsbuch der Schule bis zum August 1965 86 Einsätze innerhalb von 70 Kursen, d.h. Einsätze im Ernstfall wurden häufig durchgeführt.[597]

Die Kurzschule bezog in den von Hahn geforderten Dienst am Nächsten auch die Bevölkerung des Kleinwalsertals mit ein:[598] „Auch die Bauern merkten, daß sie Helfer in den Schülern hatten. Sie müssen sehr überrascht gewesen sein, als eines Tages bei der Heuernte in drohender Gewitterstimmung plötzlich die gesamte Schule ‚ausschwärmte' und ihnen in geradezu leidenschaftlicher Hingabe das Heu mit einbringen half, bevor es der Regen durchnäßt hätte. (...) Bei der Überschwemmung am Bach, als die Holzbrücke weggerissen zu werden drohte, standen die Jungen in Gummistiefeln bei strömendem Regen dort und lenkten mit Stangen das reißende Geröll in die richtige Wasserrinne."

Die Bergausbildung im Sommer und die Skiausbildung im Winter verfolgten weiterhin das Ziel, den Teilnehmern Leistungserfahrungen zu vermitteln, mit denen sie selbst nicht rechneten. Beim Skilaufen machten die Anfänger meistens 80- 90 % der Teilnehmer aus. Die meisten der Anfänger erwarben bereits innerhalb einer Woche die Grundvoraussetzungen für die erste alpine Hochtour und zeigten bei Wettkämpfen am Ende des Kurses Steigerungen ihres Leistungsvermögens. So urteilte ein Schüler aus Baad nach Kursende:[599] „Meine persönlichen Bestleistungen, die ich in der Kurzschule beim Sport erreichte, stärkten mein Selbstvertrauen."

---

596 Hahn sprach davon, dass seine Schulen als „core" und „centre for the district" wirken sollten. Vgl. Hahn, A letter to Bishop Lilje, a.a.O., S. 4
597 Schwarz, Die Kurzschulen Kurt Hahns, a.a.O., S. 189
598 Richter/Münch, Kurzschule und Charakterbildung, a.a.O., S. 82
599 Zitiert aus Schwarz, Die Kurzschulen Kurt Hahns, a.a.O., S. 167

Im Landschaftskundeunterricht kam es darauf an, nicht nur die Kenntnis einzelner Pflanzen oder Tierarten den Schülern zu vermitteln, sondern vielmehr die ökologischen Zusammenhänge zu veranschaulichen. Um den Schülern die direkte Erfahrbarkeit und Beobachtung zu ermöglichen, wurden regelmäßige Exkursionen durchgeführt. Als Ergänzung dazu wurden zu den unterschiedlichsten Themen Arbeitsgemeinschaften angeboten, die je nach Interessenslage der Jugendlichen frei gewählt werden konnten.[600]

In Baad wurden besonders die Bergtouren in den Allgäuer Alpen, die Nächte in abgelegenen Berghütten oder die Abende auf der schuleigenen Hütte als gemeinschaftsstiftende Situationen empfunden. Die Tatsache, dass eine kleine Gruppe von Jugendlichen verschiedenster Herkunft abgeschnitten von der Umwelt zur Kooperation gezwungen wurde, um die besonderen Anforderungen ihrer Situation zu bewältigen, ließ ein intensives, für die meisten Teilnehmer unbekanntes Zusammengehörigkeitsgefühl entstehen.[601]

In Zusammenarbeit mit der Kurzschule Baad fand im April 1965 im benachbarten Hirschegg der „erste Kurzschulkurs für Mädchen" statt.[602] Aufgrund der positiven Erfahrungen des ersten Kurses wurden in den folgenden Jahren regelmäßig weitere „Mädchenkurse" angeboten. In diesen Kursen stand nicht wie bei den Jungen die Vorbereitung zum Rettungseinsatz mit der Bergwacht in Baad im Vordergrund, sondern die Erste Hilfe-Ausbildung. Mit dieser geschlechtsspezifischen Erziehung sollte der „Gefahr entgegengewirkt werden", dem „Mädchenkurs" einen „maskulinen Charakter" zu verleihen. Des Weiteren wurde die Ansicht vertreten, „typische weibliche Verhaltensweisen fördern zu wollen"; um die Schülerinnen auf „ihre spätere Rolle als Ehefrau und Mutter vorzuberei-

---

600 Richter/Münch, Kurzschule und Charakterbildung, a.a.O., S. 59 ff
601 Vgl. dazu Passarge, W.: Die Kurzschule Baad, in: Die Musterschule. Schulzeitung der Musterschule Frankfurt/M., Nr. 3, September 1957, S. 4-5 ; N.N.: Im Zeichen der Silberdistel. Berichte und Bilder vom Aufenthalt der Klasse 11a in der Kurzschule Baad vom 6. Oktober bis 3. November 1962. Sondernummer des „Gymnasiums für Jungen in Harburg" (GJH), 10.3.1963, S. 15–18 oder Ebert, K.- H.: Die Kurzschule Baad, in: Schule Schloss Salem, Nr. 36, 1956/57, S. 14–16
602 Weber/Ziegenspeck, Die deutschen Kurzschulen, a.a.O., S. 131

ten".[603] Erst im Jahre 1970 kam es zur Durchführung erster Koedukationskurse.

Im August 1965 wurde erstmals von der Kurzschule Baad ein Ergänzungslehrgang in Form einer Hochtourenwoche durchgeführt, um das durch den ersten Aufenthalt erworbene Wissen zu vertiefen. Unter der Leitung eines Bergführers bewanderten zwölf Teilnehmer mehrere Tage lang die Silvretta. In den beiden folgenden Jahren wurden weitere Ergänzungskurse in den Stubaier Alpen, den Ötztaler Alpen und in den Bergen des Aostatals angeboten.

Die Kurzschule Baad pflegte durch das Angebot von Sonderkursen internationale Kontakte. Im Jahre 1966 führte die Schule im Auftrag des deutsch-französischen Jugendwerkes zweiwöchige Spezialkurse für Mädchen und Jungen aus Frankreich und Deutschland durch. Infolge der Vermittlung der Bundesregierung fand im Juli 1967 ein Sonderlehrgang für Jugendbetreuer aus Marokko statt, wodurch bilaterale Kontakte entstanden. Des Weiteren nahm im Rahmen eines deutsch-sowjetischen Alpinistenaustauschs im Jahre 1975 eine Gruppe von 15 Personen aus Sibirien an einem Kurs in Baad teil.[604]

Der These Schwarz ist zutreffend, dass die deutschen Kurzschulen innerhalb der weltweiten Kurzschulbewegung in manchen Punkten eine Eigenentwicklung durchmachten.[605] Die wesentlichen Merkmale der deutschen Kurzschulen gegenüber den englischen oder überseeischen Schulen lagen in drei Punkten:[606]

- Durch die hervorgehobene Stellung des Rettungsdienstes im Unterrichtsprogramm realisierten die deutschen Kurzschulen das im Mittelpunkt von Hahns pädagogischen Vorstellungen stehende Prinzip von der Nächstenliebe der Tat.
- Neben dem körperlichen Training vermittelten die deutschen Kurzschulen geistige Impulse durch Landschafts- und Lebenskunde, Vorträge und Arbeitsgemeinschaften. Dadurch wurde die Forderung Hahns nach einer allseitigen Charakterausbildung der jungen Menschen verwirklicht.

---

603 Gronefeld; G.: Urlaub ohne Freizeit. Kurzschule Haus Bergengruen (über Mädchenkurse in Hirschegg), in: Westermanns Monatshefte, 108. Jg. (1967), S. 52- 59, hier: S. 54 ff

604 Weber/ Ziegenspeck, Die deutschen Kurzschulen, a.a.O., S. 182

605 Schwarz, Die Kurzschulen Kurt Hahns, a.a.O., S. 103

606 Ebd. S. 102 f

-   Die regelmäßige Entsendung von Schülern und Lehrlingen bilde-
    te die Voraussetzung für die Herstellung einer nach sozialen[607],
    geographischen und altersmäßigen Aspekten gegliederten Ge-
    meinschaft als konstitutives Element einer Kurzschule. Hahns
    Bestrebungen, Jugendliche unterschiedlicher Herkunft und
    Denkrichtung durch ein Gemeinschaftsleben miteinander zu ver-
    binden, wurde dadurch umgesetzt.

---

607 Hahn hielt die Begegnung von Lehrlingen und Schülern für besonders
    wichtig: „The academically minded person and the manual worker should
    discover a common basis of humanity through overcoming difficulties and
    facing dangers in company with each other." Vgl. Hahn, Diagnosis. Sub-
    mitted to the High Commissioner early 1950, a.a.O., S. 3.

5. Schlussbemerkung

In seinen Werken „Das Erlebnis und die Dichtung" und „Ideen über beschreibende und zergliederte Psychologie" prägte Wilhelm Dilthey die geistesgeschichtlichen Wurzeln der Erlebnispädagogik.

In der Erlebnispädagogik geht es nicht um theoretische, auf reine Wissensvermittlung ausgerichtete Lernsituationen, sondern um eine praktische Erziehung zur Vermittlung bestimmter Charaktereigenschaften. Seit den 70er und 80er Jahren, wo eine kritische Bestandsaufnahme der bisherigen Bildungsleitlinien in Deutschland stattfand, erfährt die Erlebnispädagogik in pädagogischen Fachkreisen und in Teilen der Gesellschaft eine neue Wertschätzung. Durch erlebnispädagogische Maßnahmen sollten vor allem Jugendliche in die Lage versetzt werden, problemlösende Verhaltens- und Verständigungsformen kennen zu lernen und weiterzuentwickeln.

In der Herausbildung seiner pädagogischen Theorie wurde Kurt Hahn entscheidend von Platon, Johann Wolfgang von Goethe, Georg Kerschensteiner, Cecil Reddie, Hermann Lietz, den englischen Public Schools, Paul Geheeb und William James beeinflusst. Hahns pädagogische Anthropologie, die er vorwiegend in der Auseinandersetzung mit der in Platons „Politeia" dargestellten pädagogischen Theorie entwickelte, zielte auf die Erziehung von Menschen hin, die aus Achtung vor dem Sittengesetz handelten. Hahn war der Überzeugung, dass die in pädagogischen Zirkeln seiner Zeit vertretene Hypothese von der „Deformität der Pubertätsjahre" unzutreffend war. Stattdessen ging er von der Annahme aus, dass die „Kinderkraft" in der Pubertät und in der Zeit danach durch die richtige Formung des menschlichen Charakters konserviert werden konnte.

Mit seiner Erziehungstheorie wandte er sich gegen die von ihm registrierten „Verfallserscheinungen" in der Gesellschaft seiner Zeit. Besonders Kinder und Jugendliche waren nach Ansicht Hahns von einem Verfall der menschlichen Anteilnahme, der Sorgsamkeit, der persönlichen Initiative und der körperlichen Tauglichkeit bedroht. Mit Hilfe seiner Erlebnistherapie wollte Hahn diesen Verfallserscheinungen entgegentreten und den Jugendlichen „Quellen seelischer Gesundung" ermöglichen. Die Erlebnistherapie Hahns besteht aus dem körperlichen Training (leichtathletische Pause), der Expedition, dem Projekt und dem Rettungsdienst, wobei ihre charakterbildende Wirkung sich erst im Zusammenspiel der vier Elemente einstellt.

Hahn kritisierte an der Gesellschaft seiner Zeit die Herabminderung der „Menschenkraft" durch den wissenschaftlichen und technischen Fortschritt, die in hohem Maße zu „seelischen Krankheiten" besonders bei Kindern und Jugendlichen führte. Die Hektik des modernen Lebens verhinderte laut Hahn die Ausbildung der Erlebniskraft bei jungen Menschen; angesichts einer nicht zu bewältigenden Reizfülle konnten intensive Gefühle nicht mehr ausgelebt werden. Hahn verfolgte die Zielsetzung, diesem Verfall der Persönlichkeitsentwicklung bei jungen Menschen mit Hilfe seiner Erlebnistherapie zu begegnen.

Bei seiner Kritik an der Staatsschule bemängelte Hahn die einseitige Vermittlung von Wissensstoff und die Vernachlässigung der Charakterbildung der Schüler. Der Unterricht an den Staatsschulen bewirkte seiner Meinung nach eine Verschlimmerung der „sozialen Seuchen" bei Kindern und Jugendlichen. Um dieser verheerenden Entwicklung entgegenzuwirken, forderte er eine Umgestaltung des Lehrplanes hin zur Förderung der Charakterbildung der Schüler.

Hahn vertrat die Einstellung, dass die Eltern nicht die Fähigkeit besaßen, ihre Kinder zu charakterfesten Persönlichkeiten zu erziehen. Daraus erwuchs die Forderung, die Kinder in den entscheidenden Entwicklungsjahren von ihren Eltern zu trennen und sie in einer abgeschirmten Erziehungsstätte in Form einer Lebens- und Arbeitsgemeinschaft zu sittlichen Persönlichkeiten zu formen.

In seiner Kritik an der organisierten Sportbewegung in Deutschland vermisste Hahn vor allem die mangelhafte Gesundheitskontrolle bei der Ausübung sportlicher Aktivitäten und die fehlende Minimierung sportlicher Übungen auf bestimmte festgelegte Zeiten am Tag.

An den Universitäten stand laut Hahn wie an den Staatsschulen die reine Wissensvermittlung im Vordergrund. Die mangelnden Fähigkeiten der Professoren, charakterstarke Persönlichkeiten zu erziehen und das dort nicht vorhandene Gemeinschaftsleben führten zu einer geistigen Orientierungslosigkeit unter den Studenten.

Ein grundlegendes Anliegen in der Erziehungskonzeption Hahns lag in der Ausbildung eines Menschen zu staatsbürgerlicher Verantwortung. Darunter verstand er die Erziehung des Menschen zu verantwortungsbewusstem Denken und Handeln in einem demokratischen Staatsgefüge. Alle Schulen Hahns wiesen die Form eines „kleinen Staates" auf, um die Jugendlichen in der Praxis im staatsbürgerlichen Sinne zu formen. Ihnen sollte vermittelt werden, dass die Existenz dieses „kleinen Staates" ohne eine Gemeinschaftsarbeit auf der Grundlage von Verantwortung nicht gewährleistet war. Hahns Prinzip der Erziehung zur Verantwortung war ein Stufenprozess, der sich äußerlich von der Erfüllung kleinerer Pflichten bis hin zu größeren Verantwortungen und innerlich von der Entstehung eines Gemeinschaftssinnes im Menschen bis zur Herstellung eines „tätigen Bürgersinnes" vollzog.

Sowohl in den dauerhaften Einrichtungen Salem und Gordonstoun/ Schottland als auch in den Kurzschulen Aberdovey/Wales, Weißenhaus und Baad fanden die theoretischen Erziehungsvorstellungen Hahns ihre praktische Vollendung. Die wesentlichen Merkmale der deutschen Kurzschulen gegenüber den englischen und überseeischen lagen in der wichtigen Stellung des Rettungsdienstes im Unterrichtsprogramm, in der weitergehenden geistigen Anregung durch Lebenskunde, Vorträge und Arbeitsgemeinschaften sowie in der sozialen, geographischen und altersmäßigen Mischung der Teilnehmer im Vorfeld eines Kurses.

Die Schattenseiten der wirtschaftlichen Entwicklung und der damit verbundenen Technisierung vieler Lebensbereiche zeigen sich sehr deutlich am unreflektierten Konsumstreben und in der zunehmenden Erlebnisarmut besonders unter Jugendlichen und jungen Erwachsenen. Die stundenlange Beschäftigung mit Computerspielen oder die ständig wachsende Bedeutung des Fernsehens als bequemes Unterhaltungsmedium fördert Passivität, Bewegungsarmut und Initiativverlust innerhalb der Jugend.

In der heutigen Gesellschaft ist weiterhin ein Prozess laufender Entkörperlichung festzustellen:[608] „Körperlichkeit und Körpertüchtigkeit verlieren für die Identität des Einzelnen und das Funktionieren

---

[608] Weis, K.: Werden wir in Zukunft mehr oder weniger erleben? Erlebnispädagogische Beunruhigungen, in: Kölsch, Wege moderner Erlebnispädagogik, a.a.O., S. 327–346, hier: S. 330. Vgl. dazu auch Weis, K.: Die Informationsgesellschaft. Zum Wandel der Menschenbilder unter neuen Technologien, in: Tinnefeld, M.-T./Philipps, L./Weis, K. (Hrsg.): Institutionen und Einzelne im Zeitalter der Informationstechnik, München/Wien 1994, S. 25–38

sozialer Systeme an Bedeutung. Die Intellektualisierung des gesellschaftlichen Lebens überlässt die Wertschätzung körperlicher Kraft und Schnelligkeit weitgehend dem Bereich sportlichen Prestiges. Durch immer weiter verbesserte Geräte wird körperliche Arbeit in Küche, Büro und Fabrik, beim Haus-, Straßen- und Autobau zurückgedrängt."

Als Antwort auf diese in der heutigen Zeit weit verbreiteten Phänomene kommt der Erlebnispädagogik nach Hahnschen Vorstellungen eine zentrale Bedeutung zu. Viele Jugendliche entdecken in erlebnispädagogischen Maßnahmen zum ersten Male in ihrem Leben sich selbst, bekunden Interesse an ihrer sozialen und natürlichen Umwelt und entwickeln individuelle Perspektiven für ihren Alltag. Indem ihnen Situationen angeboten werden, in denen sie sich unmittelbar bewähren können, wird die Schulung ihrer Wahrnehmungsfähigkeit, Selbständigkeit und Charakterstärke ermöglicht. In der heutigen hochtechnisierten, durchmedialisierten Welt bieten erlebnispädagogische Projekte die Möglichkeit, die Unmittelbarkeit von Situationen, Authentizität von Ereignissen und sowohl physische als auch psychische Anstrengungen als herausfordernd und charakterbildend zu erleben.

Es ist zu vermuten, dass die Lernziele Hahns wie Verantwortungsbewusstsein, selbständiges Handeln, Charakterstärke, soziale Kompetenz und Mündigkeit auch in Zukunft in der Erlebnispädagogik eine wesentliche Rolle spielen werden. Trotz der massiven Kürzungen im sozialen Bereich wird die Zahl der erlebnispädagogischen Maßnahmen im deutschsprachigen Raum im Laufe der Zeit weiter ansteigen; besonders in den ostdeutschen Bundesländern bestehen in diesem Bereich noch vielfältige Entwicklungsmöglichkeiten und – chancen. Die wenigen dort ansässigen Organisationen wie „Prenzl-Komm", „ Freiraum e.V." im Osten Berlins, die „Aktion Jugendschutz Sachsen" oder die „Villa Kunterbunt" in Netschkau/Brandenburg sind nicht allein in der Lage, die durchaus vorhandene Notwendigkeit der Durchführung von erlebnispädagogischen Programmen in Ostdeutschland zu gewährleisten.

Weiterhin ist zu erwarten, dass sich die pädagogischen Vorstellungen Hahns auch in Ländern und Regionen durchsetzen werden, wo die Erlebnispädagogik noch keinen hohen Stellenwert besitzt und deshalb Nachholbedarf besteht.

Ein noch weitestgehend unerschlossenes Betätigungsfeld der Erlebnispädagogik stellt Osteuropa dar.[609] Dort finden sich Voraussetzungen, die der pädagogischen Theorie Hahns entgegenkommen würden. Die meisten Länder Osteuropas sind relativ dünn besiedelt, so dass große Flächen für natursportliche Aktivitäten vorhanden sind. Außerdem bietet der umfangreiche Neuaufbau des Erziehungs- und Bildungswesens in den einzelnen Ländern die Möglichkeit, erlebnispädagogische Ansätze zu etablieren und voranzutreiben.

Im osteuropäischen Raum existieren lediglich in der Tschechischen Republik, der Slowakischen Republik, Ungarn, Bulgarien und Rumänien Zweigstellen der internationalen Outward Bound-Organisation.

Schon in der ehemaligen CSFR arbeitete die Vacation School Lipnice, die im Juni 1991 als erste Outward Bound-Mitgliedsorganisation Osteuropas anerkannt wurde, mit den Prinzipien der Hahnschen Pädagogik. Seit dem Wintersemester 1992/1993 existiert an der Fakultät für Sportwissenschaften an der Karls- Universität in Prag ein eigener Studiengang im Bereich Natursport- und Outdoor-Training, der in Teilbereichen mit den erzieherischen Grundlagen Hahns übereinstimmt.[610]

Kurz nach der Gründung der Slowakischen Republik am 1.1.1993 wurde in Bratislava das Studio Zazitku mit erlebnispädagogischer Schwerpunksetzung gegründet. Diese Organisation bietet erlebnispädagogische Kurse von zwei bis zwölf Tagen Dauer in den Bergen und Wäldern der Slowakischen Republik an. Neben Wandern, Rafting, Höhlenwanderungen und Klettern liegt ein Schwerpunkt des Studios Zazitku auf künstlerische Aktivitäten wie Theaterspielen, Wandmalereien oder Filmdokumentationen.

Am 20.10.2000 gründeten die beiden Organisationen Hungarian Nature-Lover Association (HNLA) und College for Trade Catering and Tourist Industrie (CTCTI) Outward Bound Ungarn. Für die Dauer von zwei bzw. drei Tagen werden erlebnispädagogische Touren vorzugsweise für jugendliche Gruppen im Danube-Ipoly Nationalpark angeboten.

---

609 Heckmair/Michl, Erleben und Lernen, a.a.O., S. 51
610 Fischer, Erlebnispädagogik, a.a.O., S. 166

Seit dem Jahre 1994 führt Outward Bound Bulgarien erlebnispädagogische Kurse hauptsächlich für Schüler, Auszubildende und Studenten durch, wobei auf die soziale und regionale Mischung der Teilnehmer besonderen Wert gelegt wird. Die Entwicklung und Förderung der ökologischen sowie sozialen Verantwortung der Teilnehmer steht im Mittelpunkt der angebotenen Kurse.

Im Jahre 1993 gründete Imre Fodor in Tirgu Mures Outward Bound Rumänien. Die bislang durchgeführten Kurse enthielten drei verschiedene Zielrichtungen:

1. Einwöchige Kletter-, Rafting- und Wandertouren für jugendliche Gruppen in den verschiedenen Nationalparks des Landes.
2. Unterstützung von Hilfsorganisationen zum Aufbau von sozialen Projekten in Rumänien.
3. Chancen des interkulturellen Austausches zwischen Jugendlichen der ungarischen Minorität im Westen des Landes und rumänischen Heranwachsenden.

Weitreichende Möglichkeiten für erlebnispädagogische Programme nach Hahnschen Kriterien finden sich vor allem in Russland. Eine der wenigen Organisationen, die erlebnispädagogische Kurse im Ural vor allem auf natursportlichem Gebiet durchführt, ist „Eurasia". Mit Unterstützung aus dem Ausland wurden an der Moskauer Universität verschiedene Workshops zu Themen der experimential education organisiert:[611] „We gave six workshops at Moscow State University and two at the National School for Economy (...) working directly with a total of about fifty students. Experiencing a wide variety of 'initiative games' with debriefings, these students got a taste of the aims and techniques of experimential education."

Im Gegensatz zu den oben genannten osteuropäischen Ländern hat sich die Erlebnispädagogik in Slowenien auf einem hohen Niveau etabliert.[612] Seit seiner Gründung im Jahre 1993 führte der „Verein für Erlebnispädagogik Sloweniens", der ausschließlich mit ehrenamtlichen Kräften arbeitet, annähernd 40 Projekte für Kinder und Jugendliche aus Erziehungsheimen und sozial schwächeren Famili-

---

611 Kotzsch, R.: Our Visit to Russia, in: Horizon, Nr.10, The AEE Newsletter. Boulder (USA), Mai 1993, S. 1

612 Vgl. dazu Krajcan, M.: Erlebnispädagogik in Slowenien, in: Zeitschrift für handlungsorientierte Pädagogik, Heft 20, Neuwied 1994, S. 24- 26

en durch.[613] Die Projekte reichten von Wochenendfahrten im Umland von Ljubljana über zehntägige Radtouren durch Kroatien und Ungarn mit internationaler Beteiligung bis zu mehrwöchigen Expeditionen zum Nordkap. Die pädagogische Zielsetzung liegt in der psychischen Stabilisierung sozial gefährdeter Kinder und Jugendlicher durch gruppen- und tätigkeitsgebundenes Erfahrungslernen bei der Bewältigung von Herausforderungen in natürlichen Umwelten. Dem „Verein für Erlebnispädagogik Sloweniens" wurde im Jahre 1999 der Outward Bound- Preis verliehen.

Zu einer weiteren Schlüsselregion der Erlebnispädagogik nach Hahnschen Grundsätzen könnten sich Skandinavien entwickeln. Die zahlreichen Seen, Berge und unberührte Naturlandschaften erscheinen als geeignete Umgebung für die praktische Umsetzung der Ideen Hahns. So könnte beispielsweise die in Norwegen existierende Tradition des „Friluftsliv"[614], das als Weg zur Wiederherstellung des Verständnisses für die Natur angesehen wird, durch Elemente der Hahnschen Pädagogik modernisiert werden.

Das erlebnispädagogische Potential im Sinne Hahns scheint auch in Frankreich und Italien noch nicht restlos ausgeschöpft zu sein.[615] In Frankreich scheint besonders die Canlanque-Schlucht oder die Region zwischen Seealpen und Pyrenäen mit ihren erschlossenen Klet-

---

613 Krajcan, M.: Die Einführung der Erlebnispädagogik in Slowenien, in: Zeitschrift für Erlebnispädagogik, 20 Jg., Heft 6 und 7, Lüneburg 2000, S. 6

614 Die norwegische Tradition des „Friluftsliv" leitete sich aus der romantischen Bewegung ab, die sich gegen die fortschreitende Urbanisierung und Industrialisierung gegen Ende des 19 Jh. wandte. Einer der geistigen Begründer des „Friluftsliv", der Polarforscher Fridtjof Nansen (1861–1930), forderte die Rückbesinnung des Menschen auf die Natur: „(...) That which could revive us and lead us back to a more human existence is to take up a simple life in nature; in the forest, plaints or mountains, on the high plateaus, in the great, lonely emptiness, where new and greater thoughts stream into us and leave a mark that cannot be easily erased. (...) one feels something basic, something that feels like one's real self, and one comes back with a fresher and healthier view of life than we have in the city." Zitiert aus: Faarlund, N.: Friluftsliv- a Way Home, in: Dahle, B. (Hrsg.): Nature. The true Home of Culture, Oslo 1993, S. 21- 27, hier S. 22. Vgl. dazu auch Weinholz, M.: Freiluftleben. Eine erlebnispädagogische Lebensphilosophie und ihre Chancen bei der Entwicklung junger Menschen, Lüneburg 1989

615 Heckmair/Michl, Erleben und Lernen, a.a.O., S. 50

terfelsen für die Umsetzung der Hahnschen Vorstellungen prädestiniert. Dort ist als Träger von erlebnispädagogischen Veranstaltungen an erster Stelle das französische Jugendwerk zu nennen, das mit den Medien Berge, Höhlen, Felsen und Wasser arbeitet.

In Italien existieren lediglich eine Reihe von Projekten, die Klettern oder auch Trekking als Medien im Rahmen von sozialpädagogischen Veranstaltungen nutzen. Eine Gruppe der Unione Italiana Sport Populare (U.I.S.P.) arbeitet beispielsweise in Genua mit Immigranten und sozial benachteiligten Jugendlichen an einem Projekt, das durch Outdoor Activities soziale und individuelle Lernziele transportieren will.

In Italien bieten sich sowohl Wanderungen durch die Dolomiten, die tyrrhenische Kliff- und Gebirgsküste oder auf Sardinien als auch Segeltörns in der Adria sowie dem Tyrrhenischen Meer als erlebnispädagogische Aktivitäten an.

Außerhalb Europas erscheinen Australien und Neuseeland aufgrund ihrer dünnen Besiedlung und weitgehenden Ursprünglichkeit der Landschaft als geeignete Regionen zur Durchführung von erlebnispädagogischen Projekten. Zukünftig ist zu erwarten, dass die Erlebnispädagogik gerade in diesen beiden Ländern aus ihrem Schattendasein tritt und eine Weiterentwicklung erfährt. Die beiden einzigen dort ansässigen nennenswerten Organisationen von erlebnispädagogischen Veranstaltungen „Out of Bound" und „Outward Bound" führen im allgemeinen Expeditionen von mehreren Tagen nach dem Vorbild Hahns zu Fuß, per Segelkutter oder Kanu durch.

Die in der näheren Zukunft zu erwartende weltweite Durchsetzung der Hahnschen Ideen ist als positiver Entwicklungsschritt zu werten, um der zunehmenden Erlebnisarmut besonders unter Jugendlichen entgegenzutreten und ihnen Verantwortungsgefühl und Charakterstärke zu vermitteln.

6. Literaturverzeichnis

Adler, A.: Praxis und Theorie der Individualpsychologie, München/Wiesbaden 1920

Adrian, R.: Die Schultheorie Georg Kerschensteiners. Eine hermeneutische Rekonstruktion ihrer Genese, Frankfurt/M. 1998

Andreesen, A.: Cecil Reddie, in: Leben und Arbeit 1932/33, S. 49-56

Andresen, S./Baader, W.: Wege aus dem Jahrhundert des Kindes. Tradition und Utopie bei Ellen Key, Neuwied 1998

Arroyabe, E.: Peirce, Königstein/Taunus 1982

Asendorpf, J.B.: Psychologie der Persönlichkeit: Grundlagen, 2. Auflage, Berlin u.a. 1999

Augustson, S.: La doctrine d'education de Georg Kerschensteiner, Paris 1936

Baader, M./Jacobi, J./Andresen, S.(Hrsg.) Ellen Keys reformpädagogische Vision. Das Jahrhundert des Kindes und seine Wirkung, Weinheim 2000

Bäcker, M.: Die Landerziehungsheime in Frankreich, Langensalza 1914

Baden, Markgraf, B. von: Rede zur Wiedereröffnung der Schule Schloss Salem am 12. November 1945, in: Schule Schloss Salem, Nr. 28, April 1949, S. 18-20

Baden, Prinz Max von: Erinnerungen und Dokumente, Stuttgart 1968

Badley, J. H.: Bedales. A Pioneer School, London 1923

Ballauff, T.: Die Idee der Paideia, Meisenheim/Glan 1952

Balmer, H.(Hrsg.): Die Psychologie des 20. Jahrhunderts, Band I, Die europäische Tradition. Tendenzen. Schulen. Entwicklungslinien, Zürich 1976

Bangerl, W./Bangerl, H.-P.: Ich-Du-Wir. Ein psychotherapeutischer Segeltörn mit Buben und Mädchen im Alter von neun bis vierzehn Jahren, in: Zeitschrift für Erlebnispädagogik, 13 Jg., Heft 4, April 1993, S. 17-40

Banuls, A.: Heinrich Mann: Werke, Düsseldorf 1976

Barth, H.(Hrsg.): J. H. Pestalozzi. Grundlehren über Mensch – Staat – Erziehung, Stuttgart 1956

Bauer, H. G.: Erlebnis- und Abenteuerpädagogik. Eine Literaturstudie, München 1996

Bauer, H. G.: Erlebnispädagogik im Atomzeitalter. Oder: Von Versuchen, den Bildungsbegriff zu erweitern, in: Bauer, H. G./ Nickolai, W. (Hrsg.): Erlebnispädagogik in der sozialen Arbeit, Lüneburg 1989, S. 7-36

Batson, C.D.: Prosocial motivation: Is it ever truly altruistic?, in: Berkowitz, C.(Hrsg.): Advances in experimental social psychology, Bd. 20, San Diego 1987

Becker, G.: Lietz und Geheeb. Vortrag vom 12.04.1996 auf der 10. internationalen Wagenschein-Tagung an der Ecole d'Humanite Goldern, Goldern 1996

Becker, H.: „Kurt Hahn, der Erzieher", in: Neue Sammlung, 15 Jg., Nr.2 Göttingen 1975, S. 109-113

Bedacht, A. u.a. (Hrsg.): Erlebnispädagogik: Mode, Methode oder mehr?, München 1992

Bergson,H.: Materie und Gedächtnis. Essays zur Beziehung zwischen Körper und Geist, Jena 1908

Blanke, L.: Erziehung und Sittlichkeit. Ideengeschichtliche Studien zu den Anfängen heutiger Aufklärung, Heinsberg 1984

Blättner, F.: Geschichte der Pädagogik, Heidelberg 1968

Blendinger, H.(Hrsg.): Salem – Die neue und die alte Schule, Lindau 1948

Bodensee-Rundschau vom 04.03.1933

Bondy, B.: Die Leidenschaft des Rettens. Zu einem pädagogischen Jubiläum, in: Süddeutsche Zeitung, Nr.46, 22.02.1962

Bress, H.: Outward Bound- Persönlichkeitsbildung durch Erlebnispädagogik. Die deutschen Kurzschulen als Alternative zu Passivität und Resignation, Berlin 1985

Brüll, H.: Landschaftskunde in Weißenhaus, in: Waldjugenddienst. Pädagogische Vierteljahreszeitschrift für Schule und Jugendführer, 5. Jg., Nr.3, September 1957, S. 5-6

Bryant, A.: Developing Character and Self-Confidence. Gordonstoun School which is now of age, in: The illustrated London News, 21.01.1956, S. 78-79

Byatt, D.: Kurt Hahn. An Appreciation of his Life and Work, Aberdeen 1976

Campbell, J.: Joy in Work. German Work, Princeton 1989

Chew, F. R. G.: Gordonstoun, Aberdeen 1962

Christiansen-Weniger, F.: Kurzschule Nehmten. Versuch einer Vorausbildung des nautischen Nachwuchses für unsere Handelsmarine, in: Die Sammlung, 7. Jg., Heft 7/8, Göttingen 1952, S. 326-336

Crump, G.: Bedales since the war, London 1936

Darvall, L.: The Concept of the Atlantic College, in: European-Atlantic Review. First Journal of the Atlantic Community and the European Economic Cooperation, London 1959

De Garmo, C.: Herbart and the Herbartians, London 1904

Demolins, E.: Anglo-Saxon Superiority, London 1898

Demolins, E.: L'Education nouvelle, Paris 1901

Derbolav, J.: Von den Bedingungen gerechter Herrschaft. Studien zu Platon und Aristoteles, Stuttgart 1980

Deutsche Gesellschaft für Europäische Erziehung e.V.: Ein Bericht, Duisburg 1953

Deutsche Gesellschaft für Europäische Erziehung: Satzungen. Programm. Mitglieder, Privatdruck 1952

Dewey, J.: Die menschliche Natur und ihr Verhalten, Stuttgart 1931

Dewey, J.: Psychology and Social Practice, in: Psychological Review, 7, 1900, S. 105-124

Dewey, J.: „The Reflex Are Concept in Psychology", in: Psychological Review, 3, 1896, S. 357-370

Diem, C.: Wesen und Lehre des Sports und der Leibeserziehung, Berlin 1960

Dietrich, T.(Hrsg.): Die pädagogische Bewegung „Vom Kinde aus", Berlin 1963

Dilthey, W.: Das Erlebnis und die Dichtung, 5. Auflage, Leipzig/ Berlin 1913

Dilthey, W.: Gesammelte Schriften, Bd. 5, Leipzig 1924

Disch, H.: Die Schule Schloss Salem in den Jahren 1933-1945, in: Schule Schloss Salem, Nr. 28, April 1949, S. 3-18

Dönhoff, M.: Eine Schule der Selbstbewährung. Besuch bei dem Pädagogen Kurt Hahn in Schottland, in: Die Zeit, 3 Jg., Nr. 3, 15.01.1948

Ebert, K.-H.: Die Kurzschule Baad, in: Schule Schloss Salem, Nr. 36, 1956/57, S. 14-16

Eigler, G. (Hrsg.): Platon. Politeia, Bd. 4, Darmstadt 1990

Eisermann, W. u.a. (Hrsg.): Maßstäbe. Perspektiven des Denkens von Eduard Spranger, Düsseldorf 1983

Emrich, W. (Hrsg.): Arno Holz: „Werke", Bd. III, Neuwied/Berlin 1962

Erdmann, J. E.: Grundriss der Geschichte der Philosophie, Berlin/Zürich 1930

Esser, W.: Vom besseren Staat im Schlechteren. Bemerkungen zu Kulturpessimismus und Kulturoptimismus bei Kurt Hahn, in: Zeitschrift für Pädagogik, 32 Jg. (1986), Heft 6, S. 811- 827

Euler, M.: Stapellauf der „Fridtjof Nansen", in: Zeitschrift für Erlebnispädagogik, 12 Jg., Heft 6, Lüneburg 1992, S. 71-73

Ewald, M./Altrogge, H.: Bericht über die Zeit vom November 1945 bis September 1948, in: Schule Schloss Salem, Nr. 28, April 1949, S. 21-40

Faarlund, N.: Friluftsliv- a Way Home, in: Dahle, B. (Hrsg.): Nature. The true Home of Culture, Oslo 1993, S. 21-27

Fellmann, F.: Symbolischer Pragmatismus, Freiburg i.Br. 1991

Fichte, J. G.: Reden an die deutsche Nation, Hamburg 1955

Fischer, T.: Das Erlebnis in der Schule, Lüneburg 1998

Fischer, T.: Erlebnispädagogik- das Erleben in der Schule, Lüneburg 1999

Fischer, T./Ziegenspeck, J. W.: Handbuch Erlebnispädagogik. Von den Ursprüngen bis zur Gegenwart, Bad Heilbrunn 2000

Flitner, W./Kudritzki, G.(Hrsg.): Die deutsche Reformpädagogik, Düsseldorf 1962

Flitner, W.: Goethes pädagogische Ideen, Leipzig 1948

Foerster, F.W.: Schule und Charakter, Recklinghausen 1953

Forgas, J.P.: Soziale Interaktion und Kommunikation: eine Einführung in die Sozialpsychologie, 2. Auflage, Weinheim 1994

Frankl, W.: Pflichtfach in Gordonstoun: Nächstenhilfe. Fürstensöhne und Arbeiterkinder lernen Menschen retten und Brände löschen, in: Ziviler Bevölkerungsschutz, 7 Jg., Nr.1, Januar 1962, München 1962, S. 22-26

Friedrich, M.H.: Pubertät und Adolezenz, in: Spiel, W.(Hrsg.): Die Psychologie des 20. Jahrhunderts, Band XI., Konsequenzen für die Pädagogik (1), Entwicklungsmöglichkeiten und erzieherische Modelle, Zürich 1980, S. 172-198

Friese, P.: Kurt Hahn. Leben und Werk eines umstrittenen Pädagogen, Bremerhaven 2000

Frings, M.S. (Hrsg.): Max Scheler: Erkenntnis und Arbeit, Frankfurt/M. 1977

Gage, N.L./Berliner, D.C.(Hrsg.): Pädagogische Psychologie, 4. Auflage, Weinheim 1986

Gall, L.: Arbeitslager in Griechenland, in: Schule Schloss Salem, Nr.34 1954/1955, S. 24-27

Gaudig, H.: Die Schule im Dienst der werdenden Persönlichkeit, Leipzig 1922

Gaudig, H.: Persönlichkeit, Leipzig 1923

Gerber, W.: Zur Entstehungsgeschichte der deutschen Wandervogelbewegung, Bielefeld 1953

Gerlach, E.: Ungewöhnliche Erziehung- ungewöhnliche Landschaft-Bewährung im Abenteuer, in: Phönix- Rheinrohr (Düsseldorf), Nr.19, Mai 1958, S. 6-7

Gesellschaft für Ausbildungsforschung und Berufsentwicklung e.V. (Hrsg.): Erlebnis und Abenteuerpädagogik: Eine Literaturstudie, München 1987

Goethe, J.W.: Wilhelm Meisters Wanderjahre, Stuttgart/Tübingen 1821

Gonon, P.: Georg Kerschensteiner. Begriff der Arbeitsschule, Darmstadt 2002

Gronefeld, G.: Urlaub ohne Freizeit. Kurzschule Haus Bergengruen (über Mädchenkurse in Hirschegg), in: Westermanns Monatshefte, 108. Jg. (1967), S. 52-59

Günther, K.-H.: Über die Persönlichkeitspädagogik Hugo Gaudigs, Berlin 1957

Haf, W./Michl. W.: Psychotherapeutische Wirkungen der Erlebnispädagogik, in: Bedacht, A. u. a. (Hrsg.): Erlebnispädagogik: Mode, Methode oder mehr ?, München 1992, S. 151-160

Hahn, K.: Warnings, Plaistow 1959

Hahn, K.: A Letter to Bishop Lilje, Elgin 1949

Hahn, K.: A memorandum, New York 1954

Hahn, K.: Additional memorandum, New York 1949

Hahn, K.: Address as the Forty Eight Annual Dinner of Old Centralians, London, 17th November 1958, in: The Central, London, No.119, February 1959

Hahn, K.: An Appeal, Elgin 1936

Hahn, K.: Der Niedergang der Demokratie, in: Die Sammlung, 10 Jg., Heft 11, Göttingen 1955

Hahn, K.: Diagnosis. Submitted to the High Commissioner early 1950, Aberdeen 1950

Hahn, K.: Die nationale und internationale Aufgabe der Erziehung. Vortrag, gehalten am 22.4.1958 vor den Mitgliedern des Industrie-Clubs Düsseldorf, Düsseldorf 1958

Hahn, K.: Education for Leisure, Oxford 1938

Hahn, K.: Erziehung und Krise der Demokratie, in: Freiherr vom Stein-Preis 1962, Hamburg 1962, S. 19-44

Hahn, K.: Erziehung und die Krise der Demokratie, Hamburg 1963

Hahn, K.: Fitness of the Young. Letter to „The Times", in: The Times, 03.11.1936

Hahn, K.: Frau Elses Verheißung, München 1910

Hahn, K.: Gästehaus in Gordonstoun, Privatdruck o. J.

Hahn, K.: Grundriss eines pädagogischen Testamentes. Hektographierter Entwurf, Salem 1966

Hahn, K.: Report to the chairman of the London Advisory Committee and the president of the American-British Foundation of European Education, 1st April 1952, London 1952

Hahn, K.: Rückblick. Rundfunkvortrag am 22.10.1950 (BBC London), in: Die Sammlung, 8 Jg., Heft 12, Göttingen 1953

Hahn, K.: Ten Years of Gordonstoun, Welshpool 1944

Hahn, K.: The „Aristokracy of service". Talk given by Kurt Hahn at County Hall. Maidstone, Kent, October 1962, Konstanz 1962

Hahn, K.: The Badge, London 1941

Hahn, K.: The County Badge or the Fourfold Achievement, London 1942

Hahn, K.: The County Badge. 30th May, 1940, Welshpool 1940

Hahn, K.: The practical child and the bookworm. Broadcast of November 1934. reprinted from „The Listener" 28th November 1934, Aberdeen 1935

Hahn, K.: The Protection of Adolescents, Aberdeen 1948

Hahn, K.: The State of the Young in Germany, Inverness 1946

Hahn, K.: The state of the young in Germany. Impressions gathered on a journey through Germany in April 1946, Inverness 1946

Hahn, K.: The Young and the Outcomer of the War. The Essex Hall Lecture, London 1966

Hahn, K.: Training for and through the Sea, Glasgow 1947

Hahn, K.: Two Sermons, Welshpool 1943

Hall, W.: Das Projekt des Herzogs von Edinburgh, in: Die Leibeserziehung, 7. Jg., Heft 3, Schorndorf 1958, S. 86- 88

Hannover, G.W. Prinz von: Das Wesen der Mitverantwortung in den Salemer Schulen. Vortrag, gehalten anlässlich der Elterntagung in Salem am 22.05.1952, Überlingen 1952

Harder, G.: „Ich kann was!" Erlebnispädagogik mit behinderten Jugendlichen, in: Jugendschutz heute, Heft 2/1991, S. 12-18

Hasselhorn, M.: Kurt Hahn und das Salemer Erziehungssystem. Eine Studie über Kurt Hahn und die Salemer Pädagogik von 1920 bis 1933, Überlingen 1964

Hayward, F. H.: The Critics of Herbartianism, and other Matter Contributory to the Study of the Herbartian Question, London 1903

Heckmair, B./Michl, W.: Erleben und Lernen. Einstieg in die Erlebnispädagogik, Berlin 1994

Heckmair, B./Michl, W./Walser, F. (Hrsg.): Die Wiederentdeckung der Wirklichkeit- Erlebnis im gesellschaftlichen Diskurs und in der pädagogischen Praxis, Alling 1995

Heiland, H.: Literatur und Trends in der Fröbelforschung: ein kritischer Literaturbericht über Quellen und Sekundärliteratur von den Anfängen bis zur Gegenwart mit vollständiger Bibliographie zur Fröbelliteratur, München 1972

Heinemann, K. (Hrsg.): Goethes Werke: Wilhelm Meisters Wanderjahre, Leipzig 1948

Henke, H.: Schule auf dem Meer- „High Seas- High Schools", in: Ziegenspeck, J. W. (Hrsg.): Fahrt ins Leben. Der „Outward Bound- Preis 1994": Erlebnispädagogische Projekte stellen sich vor, Lüneburg 1996, S. 29-40

Herkner, W.: Lehrbuch Sozialpsychologie, 2. Auflage, Bern u.a. 2001

Herzog, F. (Hrsg.): Erlebnispädagogik. Schlagwort oder Konzept?, Biel 1993

Hesse, H.: Gesammelte Briefe. Erster Band 1895-1921, Frankfurt/M. 1973

Hetzer, H.: Angewandte Entwicklungspsychologie des Kindes- und Jugendalters, Heidelberg/Wiesbaden 1990

Hickson, K.: Outward Bound Schools, in: Journal of Education, Vol. 83, London 1953

Hoenn, K. (Hrsg.): Platon. Der Staat, Zürich 1950

Hoffmann, E.: Friedrich Fröbel. Ausgewählte Schriften, Band II, Die Menschenerziehung, Düsseldorf/München 1951

Hübner, K. A.: Salem. Idee. Aufgabe. Weg. Eine Informationsschrift über die Schulen Salems, Heidelberg 1965

Hunt, J.: The Duke of Edinburgh's Award Scheme, in: Journal of the Royal Societies of Arts, London, Vol CX, No. 5068, März 1962, S. 205-227

Huxley, J.: County Badge Progress, in: The Spectator, 27.11.1942

Ibald, L.: Der Schulmeister von Salem. Kurt Hahn, der Pädagoge, Politiker und Diplomat, in: Rheinischer Merkur, Nr. 40, 8. Jg., 02.10.1953

Jäger, H. J.: War Weißenhaus sinnlos?, in: Schulzeitung der Gesamtschule Nordweststadt, 2. Jg., Nr.2, Frankfurt/M. 1966

Jäger, W.: Paideia, 3. Bd., Berlin 1947

Jacobi, J.: Die Psychologie von C.G. Jung, Frankfurt/M. 1984

James, D. (Hrsg.): Outward Bound, London 1957

James, W.: Memorial and studies, London 1911

James, W.: The principles of psychology, Vol I., New York 1950

Janis, I.: Victims of Groupthink, Boston 1972

Janis, I./Mann, L.: Decision Making. A Psychological Analysis of Conflict, Choise and Commitment, New York 1977

Kelsen, H.: Die Illusion der Gerechtigkeit: eine kritische Untersuchung der Sozialphilosophie Platons, Wien 1985

Kemper, H. C. G.: The Amsterdam growth study. A longitudinal analysis of health, fitness and lifestyle, Champaign 1995

Kerschensteiner, G.: Grundfragen der Schulorganisation, Leipzig/Berlin 1921

Key, E.: Das Jahrhundert des Kindes, Königstein/Taunus 1978

Kilpatrick, W. H./Dewey, J.: Der Projekt-Plan. Grundlegung und Praxis, Weimar 1935

Kipphoff, P.: Erziehung durch die See. Zum zehnten Geburtstag eines Experimentes, das schon lange ein Erfolg ist, in: Die Zeit, 17. Jg., Nr.23, 08.06.1962

Klages, L.: Der Geist als Widersacher der Seele, Leipzig 1929

Klingenberg, E.: Platons Nomoi georgikoi und das positive griechische Recht, Berlin 1976

Knoll, M. (Hrsg.): Kurt Hahn: Reform mit Augenmaß. Ausgewählte Schriften eines Politikers und Pädagogen, Stuttgart 1999

Koerrenz, R.: Hermann Lietz. Ein Wegbereiter der modernen Erlebnispädagogik?, Lüneburg 1994

Koerrenz, R.: Landerziehungsheime in der Weimarer Republik, Frankfurt/M. 1992

Kotzsch, R.: Our Visit to Russia, in: Horizon, Nr. 10, The AEE Newsletter. Boulder (USA), Mai 1993

Köppen, W.: Die Schule Schloss Salem in ihrer geschichtlichen Entwicklung und ihrer gegenwärtigen Gestalt, Ratingen 1967

Kölsch, H./Wagner, F.-J.: Erlebnispädagogik in Aktion. Lernen im Handlungsfeld Natur, Neuwied 1998

Kölsch, H. (Hrsg.): Wege moderner Erlebnispädagogik, München 1995

Kötteritz, E.-I.: Georg Kerschensteiners Arbeitsschule und die Arbeitslehre der Gegenwart, München 1981

Krämer, H. P.: Arete bei Platon und Aristoteles, Heidelberg 1959

Krajncan, M.: Erlebnispädagogik in Slowenien, in: Zeitschrift für handlungsorientierte Pädagogik, Heft 20, Neuwied 1994, S. 24-26

Krajncan, M.: Die Einführung der Erlebnispädagogik in Slowenien, in: Zeitschrift für Erlebnispädagogik, 20. Jg., Heft 6 und 7, Lüneburg 2000

Kühle, B.: Entwicklung und philosophische Begründung der Arbeitsschultheorie bei Kerschensteiner und Gaudig, Leipzig 1932

Kutzer, E. (Hrsg.): Hermann Lietz- Zeugnisse seiner Zeitgenossen, Stuttgart 1968

Lassahn, R. (Hrsg.): Hermann Lietz. Schulreform durch Neugründung. Ausgewählte pädagogische Schriften, Paderborn 1970

Lawrence, L.: Outward Bound. Rugged challange for teenagers, in: Reader's digist, Pleasantville, Vol. 82, Nr. 492, April 1963, S. 182-191

Levin, R.: Praxisbericht eines erlebnispädagogischen Segeltörns mit straffällig gewordenen Jugendlichen an der Mecklenburgischen Küste, in: Ziegenspeck, J. W. (Hrsg.): Fachtagung zur Erlebnispädagogik und Vergabe des Outward Bound-Preises 1993 in Köln, Lüneburg 1994, S. 130-134

Lichtwark, A.: Der Deutsche der Zukunft, Berlin 1905

Lietz, H.: Deutsche Nationalerziehung, Weimar 1938

Lietz, H.: Die ersten drei deutschen Landerziehungsheime zwanzig Jahre nach der Begründung, 2. Auflage, Veckenstadt/Harz 1919

Lietz, H.: Emlohstobba, Berlin 1897

Lindsay, Lord: Letter to „The Times", in: The Times, 07.12.1940

Linn, F./Picht, G./Specht, M.(Hrsg.): Kurt Hahn. Erziehung zur Verantwortung. Aus den deutschen Landerziehungsheimen. Heft 2, Stuttgart 1958

Loschew, P.: Kutter, Knoten und Kadetten. Das Experiment von Nehmten. Ordnung ohne Drill und selbstverständliche Kameradschaft, in: Die Zeit, 6. Jg., Nr. 46, 06.12.1951

Lüding, W.: Die Kurzschule Weißenhaus, in: Hamburger Lehrerzeitung, 10 Jg., Heft 5, Hamburg 1957, S. 1-9

Lunnon, V. M.: Outward Bound, in: Physical education, Vol. 50, Juli 1958, S. 55-60

Mackenzie, C.: Gordonstoun at Altyre 1951-1960, in: Gordonstoun Record 1960, Serial No. 41, Annual No. 5, S. 20-22

Mann, H.: Der Untertan, München 1979

Mann, T.: Buddenbrooks, Berlin 1930

Mc Adams, D.P./de St. Aubin, E./Logan, R.L.: Generativity among young, midlife and other adults, in: Psychology and Aging, 8, S. 221-230

Meissner, E. (Hrsg.): Von Leben und Arbeit eines deutschen Erziehers (Lebenserinnerungen), Veckenstedt am Harz 1922

Meissner, E.: 36 Thesen zur Salemer Erziehung. Unsere Aufgabe, Salem 1960

Meissner, E.: Asketische Erziehung. Hermann Lietz und seine Pädagogik. Ein Versuch kritischer Überprüfung, Weinheim 1965

Meissner, E.: Gordonstoun und Salem, Ravensburg 1947

Meseke, H.: Unternehmen Stranddistel, in: Unser Pütt. Informationen der Essener Steinkohlebergwerke AG und des Mannesmann- Erzbergbaues, Heft 11, Essen 1960, S. 18-19

Michl, W./Riehl, J. (Hrsg.): Leben gewinnen. Beiträge der Erlebnispädagogik zur Begleitung von Jugendlichen mit mehrfacher Behinderung, Alling 1996

Mitarbeiter der Odenwaldschule (Hrsg.): Erziehung zur Humanität. Paul Geheeb zum 90. Geburtstag, Heidelberg 1960

Möhlmann, C.: Die Kurzschule Weißenhaus, in: Die Sammlung, 10 Jg., Göttingen 1955, S. 271-280

Münch, H.: Die Kurzschule, in: Basler Schulblatt , 28. Jg., Heft 3, Basel 1967, S. 70-76

N.N.: Bald segelt die „Pamir" unterm Passat, in: Die Neue Zeitung, Nr.10, 12.01.1952

N.N.: Die Strandsdistel: Symbol einer neuen Generation. Zehn jugendliche Belegschaftsmitglieder bei einem Kurzlehrgang in Weißenhaus/Ostsee, in: Der Kumpel. Werkszeitung der Bergwerksgesellschaft Walsum AG, 13 Jg., Nr. 43, 01.11.1963

N.N.: Im Zeichen der Silberdistel. Berichte und Bilder vom Aufenthalt der Klasse 11a in der Kurzschule Baad vom 6. Oktober bis 3. November 1962. Sondernummer des Gymnasiums für Jungen in Harburg (GJH), 10.03.1963, S. 15-18

N.N.: Spreading network of Kurt Hahn schools, in: The Observer, 28.01.1962

N.N.: Vor der Fahrt ins Leben. Kurzschulen für Jungen in England und Deutschland, in: Frankfurter Allgemeine Zeitung, Nr. 254, 31.10.1953

Natorp, P.: Platos Ideenlehre, Darmstadt 1961

Neel, A.F.: Handbuch der psychologischen Theorien, 2. Auflage, München 1974

Neimark, E.D.: Die Entwicklung des Denkens beim Heranwachsenden. Theoretische und empirische Aspekte der formalen Operationen, in: Steiner, G. (Hrsg.): Die Psychologie des 20. Jahrhunderts, Band VII., Piaget und die Folgen. Entwicklungspsychologie. Denkpsychologie. Genetische Psychologie, Zürich 1978, S. 155-171

Nettleship, R.: Lectures on the Republic of Plato, London 1958

Neuber, U. u.a.: Zwei Welten begegnen sich, in: Ziegenspeck, J. W. (Hrsg.): Fachtagung zur Erlebnispädagogik und Vergabe des Outward Bound- Preises 1993 in Köln, Lüneburg 1994, S. 92-101

Neubert, W.: Das Erlebnis in der Pädagogik, 2. Auflage, Lüneburg 1990

Nicklis, W. S.: Das Verhältnis der Pädagogik Georg Kerschensteiners zu Pestalozzi, Berlin 1960

Nitzschke, B.: Freud und die akademische Philosophie, München 1989

Oellers, J.: Reformpädagogik. Eine kritische Dogmengeschichte, Weinheim 1989

Oerter, R./Montada, L.(Hrsg.): Entwicklungspsychologie, 5. Auflage, Weinheim 2002

Passarge, W.: Die Kurzschule Baad, in: Die Musterschule. Schulzeitung der Musterschule, Frankfurt/M., Nr. 3, September 1957, S. 4-5

Pauli, G.: Bericht über die Teilnahme der Klasse 7a der Rupprecht-Oberrealschule München an einem Lehrgang der Kurzschule Baad vom 4. Juni bis 1.Juli 1957, München 1957

Pauli, G.: Die Kurzschule Baad, in: Neues Land. Zeitschrift des Bayrischen Philologenverbandes, 12 Jg., Heft 4, Juli 1960, S. 82-86

Pielorz, A.: Werte und Wege der Erlebnispädagogik. Schule Schloss Salem, Neuwied 1991

Piliavin, J.A. u.a.: Emergency intervention, New York 1981

Pongratz, L.: Problemgeschichte der Psychologie, Bern/München 1967

Reble, A.: Geschichte der Pädagogik, Stuttgart 1964

Reddie, C.: Abbotsholme, London 1900

Reddie, C.: John Bull: His Origin and Character, London 1901

Reich, K.: Systemisch- konstruktivistische Pädagogik. Einführung in Grundlagen einer interaktionistischen- konstruktivistischen Pädagogik, 3. Aufl., Neuwied 2000

Rein, W.: Zur Geschichte der Landerziehungsheime, in: Vierteljahreszeitschrift für philosophische Pädagogik, Heft 7 (1926), S. 108-113

Reis, O.: Risiken und Ressourcen für die Persönlichkeitsentwicklung im Übergang zum Erwachsenenalter, Weinheim 1997

Peterson, B.E./Stewart, A.J.: Generativity and social motives in young adults, in: Journal of Personality and Social Psychology, 65, S. 186-198

Richter, G./Münch, H.: Kurzschule und Charakterbildung. Ein Bericht aus der Arbeit, München 1960

Richter, L.: Bürgersinn, in: Die Sammlung, 2.Jg, Heft 9, Göttingen 1947, S. 497-501

Richter, L.: Politiker und Erzieher Kurt Hahn, in: Die Zeit, 11. Jg., Nr. 22, 31.5.1956

Röhrs, H. (Hrsg.): Bildung als Wagnis und Bewährung. Eine Darstellung des Lebenswerkes von Kurt Hahn, Heidelberg 1966

Röhrs, H.(Hrsg.): Die Schulen der Reformpädagogik heute, Düsseldorf 1986

Röhrs, H./Lenhart, V.(Hrsg.): Die Reformpädagogik auf den Kontinenten, Frankfurt/M. 1994

Röhrs, H.: Die Pädagogik Aloys Fischers, Heidelberg 1967

Röhrs, H.: Reformpädagogik, Hannover u a. 1980

Röhrs, H.: Die Reformpädagogik, 4. Auflage, Weinheim 1994

Rosenbusch, S.: Die deutsche Jugendbewegung in ihren pädagogischen Formen und Wirkungen, Frankfurt/M. 1973

Rubinstein, S.L.: Grundlagen der allgemeinen Psychologie, 10. Auflage, Berlin 1973

Rusch, H./Thiemann, F.: Mitten im Kampfgetümmel. Ethnographische Reportagen aus den Klassenzimmern, Hohengehren 2003

Russell, B.: Sceptical essays, London 1935

Rutt, T. (Hrsg.): Hermann Lietz. Schulreform durch Neugründung. Ausgewählte pädagogische Schriften, Paderborn 1970

Sabban, F./Herix, E.: Schule Schloss Salem, in: Stop. Journal du Lycee de Montgeron, Jg. 1963/1964, No. 4, S. 16-26

Sacher, W.: Eduard Spranger 1902-1933, Hamburg 1988

Schäfer, W.: Das Selbstverständnis der Landerziehungsheime in Geschichte und Gegenwart und die Konsequenzen für die Zukunft, in: Neue Sammlung, 4.Jg., Heft 5, Göttingen 1964

Schäfer, W.: Paul Geheeb. Aus den deutschen Landerziehungsheimen, Heft 4, Stuttgart 1967

Schäfer, W.: Paul Geheeb. Mensch und Erzieher. Eine Biographie, Stuttgart 1960

Schäfer, W.: Schülermitverantwortung in den deutschen Landerziehungsheimen, Stuttgart 1964

Scheibe, W.: Die reformpädagogische Bewegung 1900-1932, 9. Auflage, Weinheim 1984

Scheiber, O.: Arbeitsschule in Idee oder Gestaltung, Heidelberg 1962

Scheler, M.: Der Formalismus in der Ethik und die materielle Weltethik, Halle 1916

Scheler, M.: Wesen und Formen der Sympathie, Bonn 1948

Schleske, W.: Abenteuer-Wagnis-Risiko im Sport, Schorndorf 1977

Schmid, P.: Philipp Emanuel von Fellenberg, Zürich 1932

Schmidt, F.: Wieder Langreisesegler unter deutscher Flagge. Von der Arbeit der Schliewensegler, in: Seemannskalender, 27 Jg., Heft 54, Januar 1952, S. 3-9

Schröder, H.: Grundwortschatz Erziehungswissenschaft, 2. Auflage, München 1992

Schulze, H.: Die Erlebnisgesellschaft, Frankfurt/M./New York 1992

Schwarz, K.: Die Kurzschulen Kurt Hahns- Ihre pädagogische Theorie und Praxis, Ratingen 1968

Schwarz, K.: Die Pädagogik Kurt Hahns und die Leibesübungen, in: Die Leibeserziehung, 12 Jg., Heft 9, Schorndorf 1963, S. 291-297

Selleck, R. J.: The New Education 1870-1914, London 1956

Sieverts, R.: Ansprache des Rektors der Universität Hamburg, anlässlich der Verleihung des Freiherr-vom-Stein-Preises 1962 am 11.Juli 1962 an Dr. h. c. Kurt Hahn, in: Stiftung Freiherr-vom-Stein zu Hamburg (Hrsg.): Freiherr-vom-Stein-Preis 1962, Hamburg 1962, S. 7-18

Skidelsky, R.: Schulen von gestern für morgen. „Fortschrittliche Erziehung" in englischen Privatschulen: Gordonstoun. Summerhill. Abbotsholme, Hamburg 1975

Spranger, E.: Menschenleben und Menschheitsfragen. Gesammelte Rundfunkreden, München 1963

Stabler, E.: Founders- Innovators in Education, Edmonton 1986

Stewart, W. A. C.: The educational innovators. Vol II. Progressive Schools 1881-1967, London u.a 1968

Stewart, W. A. C.: Progressives and Radicals in English Education, London 1972

Störig, H. J.: Kleine Weltgeschichte der Philosophie, Frankfurt/M. 1993

Straube, H./Hartmann, E.: Erfahrungsberichte über den Aufenthalt der Klasse 10a der Mittelschule Peine in Baad im Kleinen Walsertal, Peine 1963

Stroisch, F.: Über die weltanschaulichen Grundlagen der Gerechtigkeitsidee, Kiel 1940

Strömer, H.: Zur Bedeutung körperlicher Erziehung an den Kurzschulen Kurt Hahns, Essen 1999

Summers, S. G.: Kurzschulen. Outward Bound-Schools, Winsen/ Luhe 1953

Swire, J.: Going to sea in the Merchant Navy. A note upon the Merchant Navy as a career with an account of the training facilities available at Gordonstoun School including practical seamanship and nautical course, Elgin 1957

Swire, J.: Gordonstoun 1934-1955. A survey upon the occasion of the school's coming of age, Colchester 1955

Thorndike, E.L.: Fundamentals of Learning, New York 1932

Thorndike, E.L.: Human Learning, New York 1931

Tiwald, H./Stripp, K.: Psychologische Grundlagen der Trainings- und Bewegungsforschung. Einführung in das psychologische Denken für Sportler, Trainer, Sportpädagogen und Sportpolitiker, Gießen/Lollar 1975

Treleaven, P.: Gordonstoun- eine charakterbildende Schule, in: British Features, Bonn 1965

Vanhoutte, M.: La philosophie politique de Platon dans les Lois, Louvain 1954

Voggenreiter, H./Leese, R.: Schule für Abenteuer und Bewährung. Kurzschule Weißenhaus in Holstein, in: Jugend in Freiheit und Verantwortung, Bad Godesberg 1961, S. 124-143

Weber, H./Ziegenspeck, J. W.: Die deutschen Kurzschulen. Historischer Rückblick-Gegenwärtige Situation-Perspektiven, Weinheim/Basel 1983

Wegener- Spöhring, G.: Aggressivität im kindlichen Spiel. Grundlegung in den Theorien des Spiels und Erforschung ihrer Erscheinungsformen, Weinheim 1995

Wehle, G. (Hrsg.): Kerschensteiner, Bd. II, Paderborn 1966

Wehle, G. (Hrsg.): Kerschensteiner, Darmstadt 1979

Wehr, G.: C. G. Jung, Zürich 1989

Weinholz, M.: Freiluftleben. Eine erlebnispädagogische Lebensphilosophie und ihre Chancen bei der Entwicklung junger Menschen, Lüneburg 1989

Weis, K.: Die Informationsgesellschaft. Zum Wandel der Menschenbilder unter neuen Technologien, in: Tinnefeld, M.- T./ Philipps, L./Weis, K. (Hrsg.): Institutionen und Einzelne im Zeitalter der Informationstechnik, München/Wien 1994, S. 25-38

Wilhelm, T.: Die Reformpädagogik Kerschensteiners. Vermächtnis und Verhängnis, Stuttgart 1957

Wilhelmshavener Zeitung vom 05.12.1994

Willemzig, G.: Lernen und Selbständigkeit, Entdeckendes und exemplarisches Lernen in der Arbeitschulkonzeption Kerschensteiners, Hamburg 1984

Winthrop-Young, J.: Zur Geschichte Salems, in: Schule Schloss Salem. Salemer Hefte 53, Herbst 1980, S. 19-33

Wisst, G.: Gemeinsames Skiprojekt der Körperbehindertenschule Mössingen und der Friedrich- List- Realschule Mössingen, in: Zeitschrift für Erlebnispädagogik, 21 Jg., Heft 1 und 2, Lüneburg 2001, S. 44-63

Witte, M.D.: Erlebnispädagogik- Transfer und Wirksamkeit. Möglichkeiten und Grenzen des erlebnis- und handlungsorientierten Erfahrungslernens, in: Zeitschrift für Erlebnispädagogik, Heft 5/6, 22 Jg., Göttingen 2002

Wittig, H.: Die Kurzschulen Kurt Hahns, in: Westermanns Pädagogische Beiträge, 15. Jg., Nr. 11, November 1961, S. 231-232

Wittig, H.: Zur Kritik H. v. Hentigs an Kurt Hahns Erziehung zur Verantwortung. Ein Versuch, Lörrach 1970

Wyneken, G.: Schule und Jugendkultur, Jena 1913

Young, J. W.: Early days at Gordonstoun: seamanship, in: Gordonstoun Record 1957, Serial No.38, Annual No.2, S. 48-49

Ziegenspeck, J. W. (Hrsg.): Outward Bound: Geschütztes Warenzeichen oder offener pädagogischer Begriff? Stellungsnahme und Dokumente zu einem Streitfall, Lüneburg 1986

Ziegenspeck, J. W.: Lernen für's Leben- Lernen mit Herz und Hand. Ein Vortrag zum 100. Geburtstag von Kurt Hahn (1886-1974), 2. Auflage, Lüneburg 1993

Ziegenspeck, J. W. (Hrsg.): Segeln auf dem Dreimast-Toppsegel-schoner
„Thor Heyerdahl". Outward Bound für Jugendliche und junge Erwachsene. Erlebnispädagogische Grundsätze und praktische Erfahrungen (1983-1994), Lüneburg 1995

Ziegenspeck, J. W. (Hrsg.): Kurt Hahn. Erinnerungen- Gedanken-Aufforderungen. Beiträge zum 100. Geburtstag des Reformpädagogen, Lüneburg 1987

Ziegenspeck, J. W./Händel, U.: „Pädagogik mit Segeln und Bergsteigen", in: betrifft Erziehung, 16 Jg., Nr.12 (1983), S. 56-63

Ziegenspeck, J. W./Riess, A. (Hrsg.): Fahrt ins Leben. Der „Outward Bound-Preis 1994": Erlebnispädagogische Projekte stellen sich vor, Lüneburg 1996

Ziegenspeck, J. W. (Hrsg.): Fachtagung zur Erlebnispädagogik und Vergabe des Outward Bound- Preises 1993 in Köln, Lüneburg 1994

Ziegler, L.: Magna Charta einer Schule, Darmstadt 1928

Zimbardo, P.G.: The human choice. Individuation, reason and order versus deindividuation, impulse and chaos, in: Arnold, W.J./ Levine, D.(Hrsg.): Nebraska Symposium on Motivation 1969, Lincoln 1970